江西工业化进程的劳动力就业效应研究

黄小勇 ／ 著

Research on Labor Force Employment Effects of
Industrialization Process in Jiangxi

经济管理出版社
ECONOMY & MANAGEMENT PUBLISHING HOUSE

图书在版编目（CIP）数据

江西工业化进程的劳动力就业效应研究/黄小勇著．—北京：经济管理出版社，2015.11
ISBN 978 - 7 - 5096 - 4048 - 7

Ⅰ.①江…　Ⅱ.①黄…　Ⅲ.①劳动就业—研究—江西省　Ⅳ.①D669.2

中国版本图书馆 CIP 数据核字（2015）第 268091 号

组稿编辑：杜　菲
责任编辑：杜　菲
责任印制：司东翔
责任校对：车立佳

出版发行：经济管理出版社
　　　　　（北京市海淀区北蜂窝 8 号中雅大厦 A 座 11 层　100038）
网　　址：www. E - mp. com. cn
电　　话：(010) 51915602
印　　刷：北京九州迅驰传媒文化有限公司
经　　销：新华书店
开　　本：720mm × 1000mm/16
印　　张：11.75
字　　数：234 千字
版　　次：2015 年 11 月第 1 版　　2015 年 11 月第 1 次印刷
书　　号：ISBN 978 - 7 - 5096 - 4048 - 7
定　　价：58.00 元

前　　言

　　加速工业化进程是经济发展和劳动力就业增加的基础，但是加速工业化进程也会带来两种结果：一方面，由于工业化进程的加速推进，资本深化、技术进步必然会挤出一部分劳动力；另一方面，工业化进程的加快对高素质劳动力的需求又会增加，会产生对劳动力的需求。这两方面的原因所导致的结果在其他地区可能也存在，但是对于本来就存在大量农村剩余劳动力的江西来说，问题就更加严重了，处理不好一方面会影响江西地区工业化进程的推进，制约经济的发展；另一方面可能导致失业的增加，影响社会和谐，违背了就业是民生之本的政策。正是基于工业化进程的加速推进与劳动力就业之间的不协调，据此提出了本书的研究主题。本书研究内容如下：

　　第一，通过理顺工业化进程的劳动力就业效应理论基础，为建立理论分析模型提供思路；同时，通过实证分析综合评价江西工业化水平，结合当前劳动力就业总体状况，初步分析了工业化与劳动力就业的基本现象。通过这两方面的工作，为工业化进程中劳动力就业效应的系统分析提供理论和实践上的可行性。

　　第二，在基于工业化进程中产业结构对劳动力就业结构效应基础上，建立了偏离模型、关联模型、弹性模型和熵数模型，并对江西 1978～2008 年三次产业产值与劳动力就业进行了偏离效应、关联效应、弹性效应和熵数效应实证分析，发现江西第三产业劳动力就业接近饱和，第一产业劳动力没能得到有效转移，第二产业劳动力就业弹性发展趋势放慢。

　　第三，通过建立二部门结构下工业化对劳动力就业的影响模型，实证分析工业化对劳动力就业的影响，工业化发展战略的选择会通过有效需求影响工业部门的劳动力需求，进而影响社会整体就业。江西工业部门产值对工业部门劳动力就业和非农就业都具有重要的影响，资本和劳动密集型工业发展战略的有效选择可以促进劳动力就业，并增加劳动力收入，从而促进消费，进一步促进工业产业的发展。同时通过回归分析可以发现，非农产业就业和居民收入对工业产值的增长具有重要的推动作用，因此，增加收入和促进就业是工业化进程中必须首先考虑的问题。

第四，通过建立资本深化对劳动力就业效应模型，实证分析工业化进程中资本深化对劳动力就业的影响，江西在 1994 年以后，工业部门确实存在资本深化的迹象，论证了资本深化对就业会产生挤出效应和补偿效应。

第五，通过建立重工业化对劳动力就业的影响模型，实证分析重工业发展对劳动力就业的影响，在重工业发展对劳动力就业的总效应中，从数据分析中可以看到收入效应是大于替代效应的，社会从业人数是不断增加的，虽然增加幅度不大；同时随着重工业的发展，技术的进步、资本的深化，资本有机构成提高，江西劳动力就业呈现出索洛技术中性的状态，资本—劳动比增加，对劳动力就业存在挤出的现状；但是从长期来看，重工业发展对社会带来具有滞后影响的收入效应，它会不断地促进劳动力就业，对就业的综合影响是有利的。

第六，结合劳动力就业效应的理论分析及江西的实证分析结果，从三大方面提出了相应的策略：基于相对规模就业的工业化策略选择；基于工业化进程加速发展的劳动力就业策略选择；后金融危机时期江西劳动力就业策略选择。

第七，从策略出发，认为江西走新型工业化道路是促进江西工业化进程和劳动力充分就业的最佳途径，并在此基础上提出了江西走新型工业化的道路选择。

本书是在江西师范大学博士启动基金项目"地区工业化进程与劳动力就业——以江西省为例"（3540）和"江西师范大学青年英才培育计划资助"的研究基础上完成的，凝聚了相关课题组成员的巨大心血，由江西师范大学财政金融学院黄小勇副教授总负责完成。该书的出版得到了江西省重点学科管理科学与工程、江西省高校人文社科基地管理决策与评价中心、江西省产业转型升级软科学研究基地和江西师范大学财政金融学院的出版资助，在此一并表示衷心的感谢。在课题研究和写作过程中参阅了大量工业化进程和劳动力就业方面的文献，并得到相关课题项目的支持，在此对文献作者和相关课题组表示深深的谢意。由于水平有限，书中难免有不妥之处，敬请读者批评指正。

黄小勇
二〇一五年十月于洪城

目　　录

第一章 引言

一、研究背景及意义

中共十六大和十七大政府报告都指出，就业是民生之本。扩大就业、实现充分就业是我国宏观经济发展的目标，也是工业发展进程中应该重视的关键因素。在后金融危机时期，促进劳动力就业，增加居民信心和提高城乡收入水平是当前经济发展中的重大问题，目前全国农村劳动力总量约有 5 亿人，其中从事农业生产的劳动力为 3.3 亿人，而根据现有的资源状况，农业部门仅能容纳 1.4 亿人左右的劳动力，农村潜在的剩余劳动力总量达 1.8 亿人以上，[①] 也即到 2020 年，城市在当前吸纳 1 亿农民工的基础上，平均每年大约还有 1000 万人需要从农村中转移出来。城乡二元结构的有效解决、农业文明向现代工业文明的转化，就必须使亿万"乡村人"转化为"城市人"，以实现完全意义上的现代化。然而，随着工业化进程的加速推进，大批农民工涌向大中城市，使农民工、大中专毕业生和下岗职工成为城市三大就业难题。

工业化进程的加速推进与劳动力就业之间必然产生一定的矛盾。加速工业化进程对欠发达地区的结果势必带来这样两种结果，一方面，由于工业化进程的加速，资本的深化，必然会挤出一部分劳动力；另一方面，工业化进程的加快对高素质劳动力的需求又会增加，产生对劳动力的需求。这两方面的原因所导致的结果在其他地区可能也存在，但是对于本来就存在大量农村剩余劳动力的欠发达地区来说问题将更加严重，处理不好一方面会影响欠发达地区工业化进程的推进，

---

① 对中国剩余劳动力的说明：据中国农业部估计，中国现有农村剩余劳动力 1 亿人左右；国内一些经济学者则认为，可能没有那么多，现有农村剩余劳动力为 7000 万～8000 万人，而中国社科院学者蔡昉估计得更低。

制约经济的发展，另一方面导致失业的增加，影响社会和谐。世界各国工业化一般趋势表明，任何一个国家的工业化过程，都是一种产业结构和就业结构的调整过程，虽然在一定时期，特别是工业化初期，就业结构的变动滞后于产业结构，但从长期来看，两者之间具有一致性，即随着工业化程度的提高和产业结构的调整，就业结构必然会发生相应的变化。现阶段，我国一方面面临着产业结构升级的迫切任务，另一方面又面临着巨大的就业压力，实现产业结构优化调整与劳动力充分就业是当前我国经济社会发展过程中的两个重大课题。江西是一个中部省份，工业化正处于快速推进的过程中，每年需要新增就业岗位 100 万人左右，而江西经济发展所能提供的岗位为每年 33 万人左右，[①] 这将给江西经济社会发展带来巨大的压力。随着信息技术的发展和知识经济的到来，江西劳动、技术和资金等手段对经济增长的推动作用发生了较大变化，技术和资金的作用不断增强，而依靠大量投入劳动的作用相对减弱。工业化进程的加速推进进一步加大了当前劳动力就业的供需矛盾，工业化进程对江西劳动力就业效应的影响将是巨大的。

围绕推进江西工业化进程的关键因素，即产业结构升级、技术进步和资本生化，提出了以下问题，产业结构升级是如何影响劳动力就业的，产业结构如何升级才能更好地保证劳动力就业；技术进步对劳动力就业效应是怎样的，江西应采取什么样的技术策略，以更好地促进就业；资本深化对劳动力就业的效应是怎样的，江西在资本深化上应该做好哪些工作，以促进劳动力就业。既要保证工业化进程的加速推进，又得促进劳动力就业，江西应采取什么样的策略行为，以更好地促进工业化进程和劳动力和谐就业。正是基于这些问题的思考，构成了本书研究的逻辑起点。

二、主要概念的界定

为了在分析问题时能够更准确地表述研究的对象与内容，行文之前，有必要先就本书所涉及的主要概念进行界定与假设。

（一）工业化

关于工业化的具体概念，目前仍未有统一的界定，具有代表性的有以下几种：从生产工具的角度，以德国经济史学家鲁道夫·吕贝尔特（1983）为代表，

---

① 对于江西新增岗位说明：根据 2001～2008 年江西省城镇实际新增就业人数计算出来的平均数，约是 33.4 万人。

认为工业化就是以机器生产取代手工操作为起源的现代工业发展过程。在此基础上，周天勇（2001）认为，工业化是社会生产方式的一种变革，是一场包括工业发展和农业改革在内的"社会生产力变革"，是社会生产力的一场带有阶段性（由低级阶段到高级阶段）的变化。他从结构演变的角度，从一国的经济结构的变动入手，指出工业化乃是机器大工业诞生以来经济结构的变动过程。这主要是发展经济学家所持有的观点。国内学者对此定义进行了完善，工业化是指一国通过发展制造工业，并用它去影响和装备国民经济其他部门，使国家由农业国变为工业国的过程。新帕尔格雷夫经济学大辞典中认为，工业化是具有以下特征的过程：第一，来自制造业活动和第二产业的国民收入份额一般上升；第二，从事制造业和第二产业的劳动人口一般也表现为上升的趋势。[5]

从以上分析可以把工业化的概念分为广义和狭义两方面，广义的工业化首先表现为生产技术和社会生产力的变革，然后表现为这一过程引起的经济结构的调整和变动，进而影响相关产业的发展。本书从资本深化和技术进步的微观角度分析的工业进程对劳动力就业的影响，可以看成是广义的工业化进程中所带来的劳动力就业特征。狭义的工业化从经济部门的角度或产业的角度把工业看作农业的替代产业，因而工业化就是工业产值和就业人口的比重不断上升，而农业产值和就业人口比重不断下降的过程。本书关于工业化进程中基于产业结构角度对劳动力就业的影响的分析，可以说是建立在这一狭义观点上的。工业化是一个急剧的和长期的经济结构全面变化的过程，这种结构变化既包括工业在国民生产总值中的比重上升所引致的产业结构的变化，也包括由此派生出来的就业结构、需求结构、供给结构和城乡人口分布结构的变化。从效率来看，工业化是经济增长质量和效率提高的过程，也是使人民物质生活水平和选择自由度提高的大改观、大进化的过程。分析这一过程对劳动力就业的影响，本书主要通过长时间、阶段式的分析方法，在一个较长时期分析了工业化对劳动力就业的影响。

（二）产业结构

产业结构是经济结构的重要组成部分，它是一个历史范畴，是伴随着生产力和社会分工的深化而产生和不断扩展的。贝恩（1996）认为，产业结构是指产业内的企业关系。国内有些专家认为，产业内部企业之间的关系问题属于产业组织理论研究的范畴，不应包含在产业结构体系之中，产业结构应单纯指产业之间的关系结构。决定和影响一个国家产业结构的因素一般有需求结构、资源供给结构、科学技术因素和国际经济关系。而产业结构又与劳动力就业结构有着密切的联系，从广义上看，产业结构本身就包含了就业结构的内容。因为各次产业要进行生产并取得发展，就必须有一定的投入，这些投入即进行物质资料或服务品生产时必须具备的因素就是生产要素，而这其中劳动力又是最基本的要素之一。劳动力在各产业间的分布状况，不但直接反映了各产业间、各产业内的比例关系即产业的构成情况，还反映出产业结构的变动状况和效益情况。可以说产业结构就是指各产业在其经济活动过程中形成的技术经济联系以及由此所体现的联系方式。本书考察产业结构变动过程中的就业结构，对产业结构的分析侧重产业内部的比例关系及其结合状况。

（三）劳动力就业效应

检索关于劳动力就业的相关文献，许多文献把诸多因素对劳动力就业的影响描述成劳动力就业效应，龚玉泉等（2002）、邢春冰（2005）、常进雄（2005）等分析了经济增长对劳动力的就业效应，谢千里等（1995）、蒋选（2002）、丁仁船等（2002）研究了技术创新对劳动力的就业效应，张晓旭（2007）、舒元（2007）、吴江（2007）等研究了产业结构对劳动力的就业效应。在本书研究中，劳动力就业效应就是基于工业化进程中的产业结构、资本深化、技术进步对劳动力就业的影响，认为"影响"和"效应"是等价的，主要体现在正面影响和负面影响，正面影响也就是对劳动力就业的促进作用，根据研究需要，书中所提到的促进效应、补偿效应和收入效应其实指的就是正面影响；负面影响就是对劳动力就业的阻碍影响，本书中也有表述成挤出效应、替代效应。在论述产业结构对劳动力就业结构影响时，也提到了偏离效应、关联效应、弹性效应和熵数效应，在此"效应"和"影响"是类似的，并不表达哪一种效应是大还是小，哪一种是优还是劣。

（四）相对规模就业

相对规模就业概念的提出是基于这样的考虑，为了加速推进工业化进程的健康发展，就需要运用高新技术来改造传统产业，高新技术会对劳动力产生挤出效应，对当前劳动力就业是不利的，但是对未来经济发展和劳动力就业是非常有利的。考虑代际公平问题，需要平衡好当前劳动力就业和未来劳动力就业的关系，在不至于影响当前的社会稳定下，当代人应该作为创业者的姿态尽可能地做出一点牺牲，保护好生态环境为后代创造一个健康的社会环境、经济环境和就业环境；相对规模就业与充分就业有一定的区别，充分就业是在严格条件下，在国外其他国家的基础上确定的 3%～4% 的国际失业率标准，但这一标准用来衡量我国就业的充分性确实值得商榷，[①] 而相对规模就业是在较宽松的条件下提出的，

---

① 因为我国存在二元经济结构，农村还存在隐性失业问题，同时我国的失业是城镇登记失业率，可能还存在城镇未登记失业率以及农村的失业率问题，故用3%～4%的失业率标准对我国充分就业的衡量是不恰当的。

既有利于工业化进程的加速推进，又不会影响社会稳定的劳动力就业，更能够体现当前各阶层相关利益主体的社会责任。

除此之外，根据研究的需要，在统计数据的收集和整理过程中对劳动力就业数据做了相应的界定，在分析产业结构对三次产业就业结构的影响时，主要运用了江西总体就业和三次产业就业数据来说明问题；在分析工业化对劳动力就业的影响时，主要运用了工业部门就业和非农产业就业数据；在分析资本深化时，为了突出工业化这一范畴，选定了工业部门的劳动力就业数据；在分析重工业化对劳动力就业时，选定了社会整体就业数据来进行分析。总之，本书劳动力数据的收集和整理都是基于分析的需要来进行的。

三、研究目标和主要内容

（一）研究目标

基于江西地区加速工业化进程和劳动力就业矛盾的客观事实，研究工业化进程中产业结构、资本深化和技术进步对劳动力就业的影响模型，并在此基础上，利用江西相关统计数据进行了实证分析，结合理论和实证分析结果，为相对规模就业的工业化路径策略选择和工业进程加速推进的劳动力就业策略选择提供依据，以实现工业化与劳动力就业的协调发展。

具体而言，本书研究的主要问题是：江西地区工业化进程的实证分析与劳动力就业的综合评价；产业结构对劳动力就业结构的相关效应分析；资本深化对劳动力就业效应；重工业化对劳动力就业效应；江西加速工业化进程与劳动力就业策略选择。

（二）主要内容

按照上述研究目标，全书共分九章：

第一章是引言。全书的纲领，它探讨了选题的背景意义、方法和内容等。主要包括研究背景及意义，书中主要概念的界定，研究目标和主要内容，研究的方法、技术路线和创新点。

第二章是工业化与劳动力就业相关性的文献综述。主要从产业结构角度和关键要素角度回顾了工业化进程中劳动力就业效应的理论基础，认为工业化会不断地影响产业结构的变化，进而影响就业结构，综述相关的理论流派提出的理论；

通过对国内外专家学者关于工业化进程中劳动力就业效应的文献综述和评价，得出了工业化进程中劳动力就业存在促进效应和抑制效应的观点。本章的文献综述可以为后续章节的展开提供理论支撑和研究空间。

第三章通过实证分析对江西工业化进程做出基本的判断和综合评价，再结合劳动力就业现状，对工业化与劳动力就业发展趋势的一致性做了初步的分析和把握。对江西工业化水平进行判断，并从现象上了解劳动力就业的现状，为后续章节的劳动力就业效应的研究做铺垫和提供统计依据。

第四章是工业化进程的劳动力就业效应理论分析。本章从结构角度和要素角度两方面提出理论分析模型。结构角度主要从偏离模型、相关性模型、弹性模型和熵数模型论证了工业化进程中产业结构对劳动力就业的影响，并进行了分析；要素角度主要是先从工业化对劳动力需求的影响模型分析入手，研究工业化战略选择对劳动力就业的影响，并通过进一步论证资本深化和技术进步对劳动力就业的影响，以更好地揭示工业化进程的进一步推进（重工业化）对劳动力就业的影响机理。通过本章的理论分析，可以为后续章节的实证分析提供理论模型。

第五章是江西工业化进程中产业结构对劳动力就业效应的实证分析。本章主要是依据第四章第一节的相关理论，在工业化不断推进的过程中，结合产业结构，对劳动力就业结构偏离效应、关联效应、弹性效应和熵数效应进行实证分析，论证了第四章中关于产业结构对劳动力就业结构效应，为工业化过程中产业优化升级方向提供依据。

第六章是江西工业化进程中基本要素对劳动力就业效应的实证分析。根据第四章基于要素角度的工业化进程中劳动力就业效应的理论分析，在此可以实证分析工业化对劳动力就业需求的影响，分析资本密集型工业和劳动密集型工业在江西工业化进程中对劳动力就业的影响，进而实证分析资本深化过程对劳动力就业的影响以及在资本深化、技术进步双重作用下重化工业化对劳动力就业的影响。通过本章的分析可以为江西技术进步、资本深化和重工业发展的方向提供实证依据。

第七章是江西加速工业化进程与劳动力就业策略选择。实现工业化与劳动力就业协调发展的策略主要体现在，江西实现相对规模就业的工业化进程推进策略选择、工业化进程加速推进的劳动力就业策略选择和应对后金融危机的就业策略选择。

第八章是江西新型工业化路径选择。从策略出发，认为江西省走新型工业化道路是促进江西工业化进程和劳动力充分就业的最佳途径，并在此基础上提出了江西走新型工业化的道路选择。

第九章是结论与展望。在前面研究的基础上，得出全书的主要结论，并提出了需要进一步研究的问题和研究方向。

四、研究方法、技术路线及论文创新

（一）研究方法

1. 理论研究与实证研究相结合

本书研究既包括了江西工业化进程中劳动力就业效应的理论分析，也包括了对江西工业化进程中劳动力就业效应的实证分析，以后者为主。理论研究部分主要依据工业化对劳动力就业影响的主要流派和理论模型、资本深化和技术进步理论以及有关工业化对劳动力就业影响的相关研究，在工业化进程中，就产业结构对劳动力就业结构效应，资本深化对劳动力就业效应，技术进步、资本深化作用下的重工业化对劳动力就业效应等问题做出理论上、逻辑上的分析和概括，并在此基础上演绎出能够根据经验事实进行检验的理论命题或理论陈述。实证研究部分主要是在理论分析的基础上，运用计量经济分析方法评价产业结构和技术进步、资本深化作用下的重工业化对劳动力就业的影响。

2. 定性分析与定量分析相结合

在理论分析部分，大多是从定性分析的角度就产业结构对劳动力就业结构的影响、资本深化和技术进步对劳动力就业的影响进行了阐述与说明。而在实证分析部分，依据江西相关的统计数据，对上述问题进行了定量分析，从实证上论证了理论分析的结果。

（二）技术路线

本书遵循的技术路线如图 1-1 所示。

根据研究的技术路线可知本书研究逻辑：提出问题，研究工业化与劳动力就业是必要的也是有价值的，此为第一步。第二步是通过理顺工业化进程中劳动力就业效应的理论基础，为后续章节建立理论分析模型提供思路；同时通过实证分析综合评价江西工业化水平，结合当前劳动力就业总体状况，初步分析工业化与劳动力就业的基本现象。为工业化进程中劳动力就业效应的分析提供理论和实践上的可行性。第三步根据理论综述建立相应的理论分析模型，从理论上进一步论证工业化进程中劳动力就业效应。第四步根据理论分析模型，利用江西历年统计年鉴，收集和整理模型所需的相关数据，进行实证分析。第五步根据实证分析结果，提出江西实现加速工业化进程和劳动力相对规模就业的相关策略和江西走新型工业化道路的路径选择。第六步对研究结论进行总结，并提出研究展望。

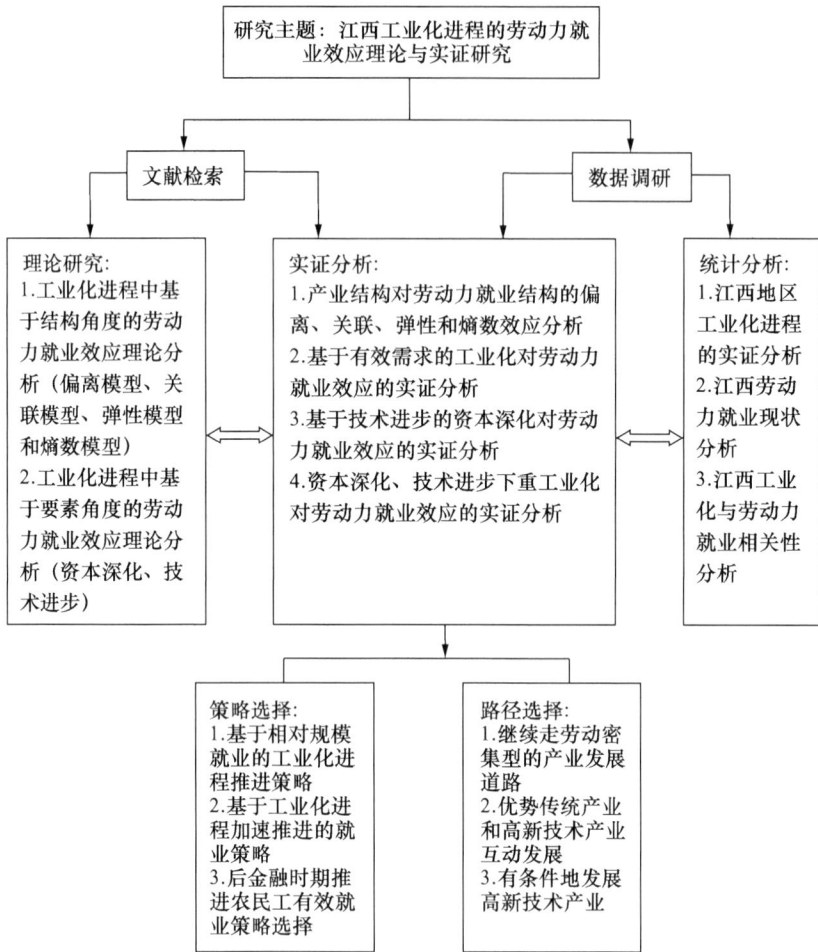

研究主题：江西工业化进程的劳动力就业效应理论与实证研究

文献检索

数据调研

理论研究：
1.工业化进程中基于结构角度的劳动力就业效应理论分析（偏离模型、关联模型、弹性模型和熵数模型）
2.工业化进程中基于要素角度的劳动力就业效应理论分析（资本深化、技术进步）

实证分析：
1.产业结构对劳动力就业结构的偏离、关联、弹性和熵数效应分析
2.基于有效需求的工业化对劳动力就业效应的实证分析
3.基于技术进步的资本深化对劳动力就业效应的实证分析
4.资本深化、技术进步下重工业化对劳动力就业效应的实证分析

统计分析：
1.江西地区工业化进程的实证分析
2.江西劳动力就业现状分析
3.江西工业化与劳动力就业相关性分析

策略选择：
1.基于相对规模就业的工业化进程推进策略
2.基于工业化进程加速推进的就业策略
3.后金融时期推进农民工有效就业策略选择

路径选择：
1.继续走劳动密集型的产业发展道路
2.优势传统产业和高新技术产业互动发展
3.有条件地发展高新技术产业

图 1-1　本书研究的技术路线图

（三）创新之处

本书的创新之处可以归纳为以下三点：

（1）把工业化进程综合评价指数与劳动力就业增长率联系起来，探索性地提出了工业化水平就业弹性（工业化水平综合指数每增加 1% 所带来的全省就业人员增长的百分比），用来衡量工业化发展各阶段对劳动力就业的影响程度，比

传统的产业就业弹性等指标更具综合性，为工业化对劳动力就业的影响提供了一种新的衡量方法。通过该指标的构建，得到了江西在工业化进程中工业化与劳动力就业差距较大的初步判断。

（2）在工业化高度发展的前提下，构建了三部门框架下基于有效需求理论的工业化对劳动力就业效应影响模型，得到了劳动力就业与社会总产值的函数关系，弥补了二部门框架下只考虑工业化发展的初级阶段的不足，为工业化整体演化过程中劳动力就业效应的理论判断提供了标准。

（3）通过构建偏离效应、关联效应、弹性效应和熵数效应模型，提出了相应的判别法则，基于此判别法则，通过实证分析，揭示了江西在当前工业化中期阶段，第二、第三产业就业并没有得到较大增加，此结论与配第—克拉克定理、库兹涅茨法则以及钱纳里定理等传统理论所认为的在工业化中期，第二、第三产业劳动力就业将得到较大增加不相符，说明传统经济理论在欠发达地区有其特殊性。

第二章 文献综述：工业化进程的 劳动力就业效应理论基础

本章主要从产业结构角度和关键要素角度回顾了工业化进程中劳动力就业效应的理论基础，认为工业化会不断地影响产业结构的变化，进而影响就业结构。相关的专家学者提出了相应的理论，并形成了各自的理论流派（见表 2-1）；通过对国内外专家学者关于工业化进程中劳动力就业效应的文献进行综述和评价，认为工业化进程中劳动力就业存在促进效应和抑制效应的观点。通过本章的文献综述可以为后续章节的展开提供理论支撑。

表 2-1　工业化对劳动力就业效应的相关理论研究

角度	代表理论	研究重点
宏观：产业结构角度	配第一克拉克定理、库兹涅茨法则、钱纳里工业化阶段理论、刘易斯二元经济模型、费景汉和拉尼斯模型	研究工业化带来产业结构的变化，伴随着产业结构的变化，劳动力通过转移就业实现部门就业结构的变化
微观：关键要素角度	马克思的资本有机构成理论、李嘉图之谜、新古典模型、舒尔茨等人的新增长模型、萨缪尔森和 Solow 的资本深化理论	研究技术进步、资本有机构成的提高，资本和劳动的比例发生深刻的变化（资本深化），从而影响劳动力就业

一、工业化进程的劳动力就业效应的理论依据

工业化与劳动力就业效应具有深厚的理论基础，工业化的加速推进会不断地改变产业结构，以致劳动力就业结构会随之变化，产业经济学中关于产业结构与就业结构的理论正是对这一问题的研究。当然，工业化的加速推进是受到巨大力

量推动的，其基本力量是技术进步和资本深化，它们亦会对劳动力就业效应产生深远的影响。在产业结构、技术进步和资本深化的作用下，工业化进程中劳动力就业效应的影响表现出了促进和抑制效应。而劳动力本身就是生产要素中最活跃的因素，对工业化进程也会产生一定的影响。

（一）基于产业结构角度的工业化对劳动力就业效应理论

发展经济学家认为，从结构演变的角度工业化乃是机器大工业诞生以来经济结构的变动过程，在发展中国家，劳动对资本的替代度是极低的，或者说是根本不可能的。这样，工业化的结果就是不断排斥生产过程中的劳动力，并且不发达经济在经济发展过程中所出现的失业是结构性的。发展经济学家认为利用本国比较优势加快现代工业部门的资本积累，可以增强其吸纳传统农业部门劳动力的能力，最终达到解决二元结构失业问题。

1. 配第—克拉克定理

工业化进程的加速推进，对劳动力就业总量和结构产生重大影响。从其理论渊源来看，可以追溯到英国古典经济学的创始人——威廉·配第在其著作《政治算术》中运用算术数字计量的方法，对英国、法国、荷兰等国从事农业、制造业和商业的收入差异进行分析，揭示出产业间收入相对差异的规律性，提出"工业的收益比农业多得多，而商业的收益又比工业多得多"。形成了著名的配第定理。受配第研究的相关思想的启示，根据费雪提出的三次产业分类法，收集和整理了二十几个国家总产出和部门劳动投入的时间相关数据，通过开创性的统计分析和经验研究，克拉克（Clark，1940）揭示了工业化过程中劳动力由生产率低的部门向生产率高的部门转移的规律，反映了经济增长方式的转变过程，表明就业结构是一个国家或地区经济发展阶段的重要标志。而且他在《经济进步的条件》一书中对经济发展过程中就业的产业比重变化情况进行了开创性研究，并发现随着经济的持续发展，即随着人均国民收入水平的提高，劳动力首先由第一产业向第二产业推移；当人均收入水平进一步提高时，劳动力便向第三产业推移；劳动力在产业间的分布情况，第一产业减少，第二、第三产业增加，这就是著名的配第—克拉克定理。

这一定理通过大量研究，揭示了工业化是实现国家富裕的基本途径，工业化进程的推进不断地促进经济增长，并改变着经济结构，伴随着经济结构的变化，工业和服务部门的产出与就业比重不断上升；农业部门的产出与就业比重不断下降。

2. 库兹涅茨法则

克拉克是现代产业结构理论研究的先驱，在产业结构方面做了开创性的研究，而美国经济学家库兹涅茨（1941）却从经济结构包括产业结构角度真正做了全面的经验研究和系统计量分析，他在继承克拉克关于产业就业结构研究成果的基础上，仔细发掘了各国的产业发展数据资料，利用其对国民经济统计分析的擅长，大大地改进了产业研究的方法，通过进一步收集和整理多个国家的庞大数据，不仅从劳动力结构，而且从部门产值结构方面，对人均产值与产值结构变动的关系作了更为深入的研究。除了对观察值的充分利用外，对截面数据和历史数据也做了统计回归分析，得出了按人口平均产值与相应份额的某些合理有用的"基准点价值"的结论；不仅分析和研究了总量增长和结构变化的一般关系，而且分析了结构变动在不同总量增长时点上的状态；不仅再现了各国经济发展的历史进程，而且使经验分析更具有普遍性的意义，提出了具有更大影响的部门结构变动理论，认为农业部门的国民收入在整个国民收入中的比重和农业劳动力在全部劳动力中的比重均处于不断下降之中；工业部门的国民收入在整个国民收入中的比重大体上是上升的，但是工业部门劳动力在全部劳动力中的比重则大体不变或略有上升；服务部门的劳动力在全部劳动力中的比重基本上都是上升的，然而其国民收入在整个国民收入中的比重却不一定与劳动力的比重一样同步上升，综合地看，大体不变或略有上升。库兹涅茨的理论进一步证明了配第—克拉克定理，认为现行国家在其工业化的过程中，随着工业部门产出的扩张，工业部门的就业比重会相应地上升。

3. 钱纳里工业化阶段与劳动力就业理论

在进一步研究产业结构变动的一般趋势的过程中，工业化与劳动力就业关系的理论也得到不断地发展。钱纳里通过对诸多准工业国经济发展的实证研究发现，这些国家和地区的经济发展从时间上看都会经过六个阶段的有序发展，从一个阶段向更高阶段的推进都是通过产业结构的转化来实现的，因此，做出了这样的结论，即产业结构的演进从时间上来考察，一般会经过六个阶段的规律运动。如下所述：

第一个阶段：传统社会阶段。产业结构主要以农业为主，绝大部分人口集中在农业部门，现代化工业基本没有，生产力水平很低。而且传统社会发展水平也非常低，基础设施和技术水平都比较落后。

第二个阶段：工业化初期阶段。产业结构在逐渐演变，即由以落后农业为主的传统结构向以现代工业为主的工业化结构转变，工业部门中则以烟草、食品、建材和采掘等初级产品的生产为主。在这个阶段，产业发展开始走上工业化的发展之路，居民生活水平逐步提高，市场逐步扩大，消费得到促进，投资环境得到相应的改善。这一阶段的产业体现出劳动密集型产业为主的特征，利用廉价劳动力不断降低成本，提高产业竞争能力。

第三个阶段：工业化中期阶段。工业化进程继续推进，制造业内部发生变化，由轻型工业的迅速增长向重型工业的迅速增长转变，非农就业开始占主体地位，第三产业开始迅速崛起和发展，这就是所谓的重化工业化阶段。重化工业能够产生较大的规模经济效益，制造业的大规模发展能够支持经济增长以较高速度增长，因此，工业化中期阶段通常被认为是经济能够实现高速发展的阶段。这一阶段的产业大部分集中在资金密集型产业，具有资金需求量大的特点，同时工业劳动力开始占主体地位，城市化水平迅速推进，市场稳步成长，投资领域更加宽广，机械工业和电子工业作为先导产业，居民服务性轻工业、耐用消费品工业以及第三产业等得到迅速发展。因此，工业化中期阶段是经济发展由传统社会向现代社会发展的关键性阶段。

第四个阶段：工业化后期阶段。在这一阶段，第一、第二产业会得到协调发展，同时第三产业开始由平稳增长向持续的高速增长转变，并成为经济增长的主要动力。这一阶段的主要特征是第一、第二产业将获得较高水平发展，在此基础上第三产业保持全面、持续、高速发展，是经济增长的主要贡献者。这一阶段发展最快的领域将是第三产业，特别是新兴服务业，如信息、金融、公用事业、广告和咨询服务业等。其中第二、第三、第四阶段合称工业化阶段，是一个区域由传统社会向现代社会过渡的重要阶段。

第五个阶段：后工业化社会。在这一阶段，制造业内部结构由以资本密集型产业为主导转向以技术密集型产业为主导的产业，同时，生活方式倾向现代化，高档耐用消费品在广大群众中得到大力推广和普及。技术密集型产业得到迅速发展。

第六个阶段：现代化社会。第三产业内部开始分化，智能密集型和知识密集型产业开始从服务业中逐渐分离出来，并占主导地位，人们消费的欲望呈现出多元化和多变性，个性化趋势非常明显。用知识和智能来追求个性发展是现代社会的主要特征，其投资领域主要集中于知识密集型产业和现代化生产和生活服务业，多样化是其基本特征。

钱纳里将经济结构变化研究的重点由发达国家转向发展中的低收入国家，通过实证研究，得出了工业化的六阶段理论。从理论上进一步论证了"发展中国家经济结构的转变就是经济增长的核心，而结构转变又是直接由工业化推进的"。他认为，经济增长乃至发展以及结构转变的中心内容就是工业化，而工业化也在不断地改变产业的就业结构。

4. 刘易斯二元经济模型

1954年，刘易斯（W. Arthur Lewis）在《劳动力无限供给条件下的经济发展》一文中，首次深入研究了二元经济向一元经济转型过程中所包含的经济增长问题。他认为，发展中国家的经济可以分为两个不同部门："资本主义"部门（以工业为主的现代部门）和"维持生计"部门（以农业为主的传统部门）。现代部门是以资本投入为基础，能产生较高的边际劳动生产率，并能够产生经济剩余。而传统部门土地非常有限，投入资本很少，人口增长迅速，产生劳动力相对过剩的结果，而且边际生产率很低甚至为零，因而传统部门收入水平很低，一般只能维持自己和家庭的基本生存需要。这种基本生存收入水平决定了现代部门的最低工资界限，在传统部门剩余劳动力转移完成之前，传统部门的基本生存收入保持不变，从而现代部门的工资率也相应保持基本不变。可以用图 2 - 1 来描述刘易斯模型的基本思想。

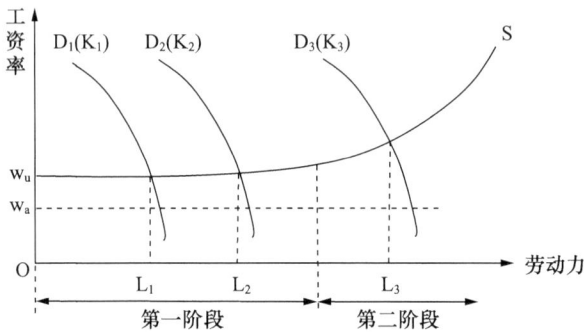

图 2 - 1　刘易斯模型的基本思想

在图 2 - 1 中，S 为劳动力的供给曲线，w_u 为城市现代工业部门工资的下限，w_a 为农业中生存水平的工资，D_1、D_2 和 D_3 为不同的劳动力需求，分别对应不同水平的物质资本积累 K_1、K_2 和 K_3（$K_1 < K_2 < K_3$）。刘易斯模型的一个重要假设是无限劳动力供给：即现代部门能够随时以一个固定水平的工资从农业中获得所需的劳动力，在当前城市工资水平 w_u 下，现代工业部门总是能从农业中雇用到它所需要的劳动力，以扩大生产规模。这可以归纳为发展中国家经济发展的第一阶段——劳动力无限供给阶段。在这一阶段的特征是劳动力比较丰富，而资本相对稀缺。在此情况下，资本积累成为经济发展和劳动力转移的唯一推动力。随着资本的不断扩张，对劳动力的需求相应上升，劳动力逐渐由农业转移到工业。当所有的农业剩余劳动力都向工业转移时，经济发展进入第二阶段。在这一阶段，所有的生产要素都会变成稀缺，因此工业部门的工资不再固定不变，而是随劳动力市场上的供求变化而变化，劳动力供给曲线由水平状向右上方倾斜，二元经济逐渐转变为一元经济。

刘易斯模型实质上是一个非常典型的工业化模型，虽然其模型是劳动力由农村转移到城市的劳动力转移模型，但它包含了农业资源特别是劳动力资源不断地由农村农业部门向城市工业部门转移的含义，并最终推动工业部门不断膨胀、工业化程度不断提高和经济不断增长的宏观经济模型。刘易斯模型的重要意义是它抓住了二元经济结构这一发展中国家经济的本质特征，并且充分考虑了农业劳动力转移这一核心问题，把经济发展过程和劳动力转移过程有机地结合起来进行了动态分析，充分论证了经济发展过程中产业结构和就业结构变动的一般规律，分析了促进这种结构变动的必要条件。当然，刘易斯理论也存在着一些明显的缺陷，其中最突出的问题是忽视了人口自然增长、农业部门自身发展、城市就业状况、工业化过程中的技术选择以及工资率上升趋势等宏观经济变量对农业劳动力转移的影响，从而在一定程度上影响了其理论模型的应用价值。

5. 费景汉—拉尼斯模型

美国经济学家费景汉和拉尼斯（1961），一起发表了《经济发展中的一种理论》的重要论文，针对刘易斯模型存在的不足，通过分析进行了修正和扩展，构建了费景汉—拉尼斯模型。他们的修正模型仍然是以二元结构的分析方法为基础，另外，他们提出了工业化发展中的技术创新的劳动力偏向性、资本深化和浅化方式、工业利润和农业剩余共同决定资本积累总量等问题，并认为现代工业部门不同的发展方式，会产生不同的劳动力吸纳作用，其效应不是唯一的。把农业劳动生产率提高和剩余增加当作决定经济顺利发展的内生变量，农业增长也可以使现代部门和传统部门达到协调发展。他们把劳动力向工业部门的转移过程划分为三个阶段。

第一阶段，农业边际生产率等于零，传统农业部门存在大量的显性失业人口，劳动力的供给弹性无限大，劳动力从传统部门转入工业部门后，农业部门出现了剩余产品，正好为流入工业部门的就业者提供了粮食保障。

第二阶段，工业部门吸收那些边际劳动生产率低于农业部门平均产量的劳动力，此时劳动力的边际产量为正值，他们向工业部门的转移导致农业部门的萎缩，从而农业向工业提供的剩余减少，农产品供给短缺，使工农业产品间的贸易条件转而有利于农业，工业部门工资开始上涨。

第三阶段，农业部门已不存在剩余劳动力，农业边际生产率高于不变制度工资水平，农业部门商业化，农业劳动者的收入水平不再取决于制度工资，而由农业劳动边际生产率和市场共同决定。此时，农业与工业两部门平衡发展，农业剩余劳动力消失，劳动力转移进入商业化时期，相对于每一个工资水平，都会从农业部门释放出一定量的劳动力。在第三阶段，经济完成了对二元经济的改造，农业完成了从传统农业向现代农业的转变。

经过改进后的模型注意到农业部门发展的重要性，修正了刘易斯的单纯发展城市现代部门的观点，更准确地反映了二元经济发展的内在联系和自然演进过程。但同刘易斯模型一样，费景汉—拉尼斯模型也假定工业部门不存在失业、工业部门工资由农业部门的收入水平决定，这些被认为与发展中国家的实际情况不相符合。为此，托达罗假定发展中国家的农业部门不存在剩余劳动力，而城市工业部门却有大量失业，同时城市工业部门的工资水平是由政治因素——政府和工会决定的，因而不是固定的，而是上升的。托达罗模型比刘易斯、费景汉—拉尼斯模型更贴近发展中国家的现实，能够较好地解释农业人口向城市流动与城市失业并存的现象。模型解释了农业部门不一定有剩余劳动力，工业部门却可能存在失业。

（二）基于关键要素角度的工业化对劳动力就业效应理论

发展经济学专家学者从宏观的产业结构角度对工业化与劳动力就业效应的关系进行了大量的研究，得出了一些有代表性的观点。在这些观点中无不散布着技术进步、资本深化等因素，这些因素正是推动工业化进程的基本动力，对劳动力效应的影响也是巨大的。为此，理论界从要素角度提出了工业化与劳动力就业效应关联性理论。

1. 马克思主义的经典失业学说

从资本主义的生产关系来看，工人阶级在出卖劳动力的过程中受到剥削（表现为工人阶级生产出来的价值大于劳动力自身的价值即工资）的同时，资本的本性又使得技术创新成为资本家进一步剥削工人的手段，机器的广泛使用导致资本出现集中和集聚趋势、资本有机构成不断提高，劳动力数量与它所推动的生产资料数量相比出现减少，由此不断出现机器代替人、劳动力在生产过程中的使用比重下降的现象。未被雇用的劳动者就成了失业者，造成了一支"增长着的失业产业大军"。正如马克思在《资本论》中所说："资本主义积累不断地并且同它的能力和规模成比例地生产出相对的，即超过资本增值的平均需要的，因而是过剩的或追加的工人人口。"马克思认为，在资本主义社会必然出现资本排挤劳动力的现象，从而导致失业。因为，随着资本主义的发展，竞争的压力不断加大，迫使资本家走一条不断提高生产率之路，结果使资本有机构成不断提高，从而严重制约了可变资本量的增长，这时就会出现资本对劳动力的需求不能满足求职者的需要，导致失业产生。而这种失业完全是相对于资本对剩余价值的追求而产生的，因此叫作相对过剩人口。马克思认为，相对过剩人口不仅是资本主义制度的产物，而且是资本主义生产方式存在和发展的必要条件，是资本主义生产所必备的"蓄水池"。

马克思揭示了，现代工业的周期波动或增长是建立在过剩人口不断形成、吸收的基础之上的。由此，在资本主义制度，技术进步和社会组织形式各自演变发展的结果导致失业和无产阶级的贫困化。当然也有它的局限性，当代技术创新使资本有机构成的变动力方向出现了新的特点。在一些知识、技术密集的行业部门，由于创新劳动的作用逐渐强化，企业投资于劳动要素部分的份额相对于物质资本增长更快，造成这些行业的资本有机构成呈现不变甚至下降的趋势。这一变动将使劳动力的需求数量、需求类型发生重要改变。

2. 技术进步与劳动力就业效应理论

张培刚（1949）认为，工业化是一系列基于生产函数连续发生变化的过程，而引起"生产函数"变化的重要而必不可少的原因之一是技术，每一次技术的升级换代，都会引领其他产业部门跨入新技术的领域，同时技术进步对劳动力就业也会产生深远的影响。古典经济学家认为技术进步增加生产部门的劳动力需求是由于新机器的生产在资本品部门创造出新的工作机会。萨伊认为，没有一定数量的劳动力，机器是不会被生产出来的，新机器的问世让失业的人找回工作。李嘉图（David Ricardo）最初对于机器作用是持乐观态度的，认为机器的使用，使得生产变得更容易，产品更加便宜，低价刺激了消费，并导致新的就业，因此更多人将拥有工作的机会。正如他在《政治经济学及赋税原理》（1821）一书中论述机器时所表明的，节约劳动的机器除了会带来暂时性的困难之外，只会给消费者的所有各个阶级带来好处。然而，随着机器使用的大量增长，机器代替劳动现象的矛盾日益突出，他与最初的乐观态度背道而驰。李嘉图关于机器的作用的前后矛盾的看法，被称为李嘉图之谜，这在经济学界曾引起一场激烈而又持久的争论。

古典经济学家们，包括拿骚·西尼尔（Nassau Senior）和约翰·斯图亚特·穆勒（John Steuart Mill）都试图为李嘉图的论断进行逻辑推理，但他们始终没有跳出李嘉图的分析框架。在古典理论（萨伊定理，技术的自由选择等）大行其道时，补偿理论是以定理的形式而广为流行，现如今却备受质疑。但是新古典理论仍深陷补偿框架而不能自拔，最关键的问题仍然是"市场机制如何重新消化吸收技术创新带来的失业"。当然新古典理论已发展出一种比较完善的理论来维护古典经济学家所倡导的观点，只是与古典方法不同的是，新古典模型做出了更为严格的假设，设定了可估测的参数，而且新古典模型更为注重有关参数的量化，对新机器、降低价格、通过新投资、工资下降和新产品五种类型的补偿机制重新做出了解释。

20世纪80年代以来，以舒尔茨、罗默、卢卡斯、斯多克和阿温·杨等人为代表的经济学家，将知识、人力资源和"干中学"等因素引入到经济增长模式中来，对新古典增长理论进行了全面的修正和发展，提出了全新的增长观点。在这一新的增长理论模型中，技术不再是一个外生的、人类无法控制的东西，而是人类出于自利需要而进行投资的产物，这就将技术对经济增长的影响内生化了。新增长理论关于技术创新与就业的一个基本主线是：技术创新促进了就业的增长，进而驱动了经济的增长。但是新增长模型认为，虽然经济增长是由技术创新驱动的，但技术创新对于劳动就业来说是一把"双刃剑"：一方面，技术创新在本质上是节约劳动的；另一方面，技术创新将提高资本的报酬率，诱导更多的资本积累，因而导致更多的就业。新增长理论虽然没有直接研究技术创新对就业的影响，但它提出的一系列促进技术创新的措施对各国尤其是对我国等发展中国家实现技术创新与就业增长的良性循环具有重要的政策启示。

3. 资本深化与劳动力就业效应理论

资本深化这一概念由萨缪尔森（1962）等首次提出，萨缪尔森认为资本深化是指人均资本量随时间推移而增长的过程。此后，Bcmcister 和 Tumovsky（1972）等进一步提出了资本深化反应的概念，认为资本深化导致稳态利息率和收益率下降，并表现为物质资本—劳动比率的均衡增长。在长期的经济发展中，人口的增长慢于资本的增长，资本与劳动的比例不断提高，即发生资本深化。马克思的资本有机构成理论认为，在科学技术进步条件下，随着资本积累的增加和资本生产规模的扩大，资本有机构成必然趋于提高，从而减少资本对劳动力的需求。阿茨莫格鲁（1999）对美国战后 60 年的资本深化进程的研究表明，随着资本深化的发展，资本密集部门的真实 GDP 增长率会更快，与此同时，非资本密集型部门或者劳动密集型部门如服务业，就业增长则更快。阿茨莫格鲁的研究结果说明资本深化对不同产业部门具有不同的就业效用，资本深化对资本密集部门有就业挤出效应，而对服务业部门有就业带动效应。资本深化总体上讲，是指资本劳动比的上升（Burmeister 和 Turnovshy，1972），即我们通常所说的资本密集度（K/L）的提高，资本深化意味着在以要素组合为特征的生产过程中更多地使用资本而不是劳动。

Solow（1957）采用资本—产出比表示资本深化的指标。根据新古典增长模型在经济增长的稳定状态下，资本和产出以不变的外生技术变化率增长，从而资本—产出比（k/y）大致上保持为常数。如果资本—产出比在一定阶段上升，那么这种上升不仅反映了资本积累的增加，说明生产同样多的产出需要更多的资本投资和更少的劳动投入。张军（2002）在研究中国的经济增长与资本形成关系时发现，如果投资的增长能够持续有效地驱动更多的劳动投入到生产过程，并使资本—劳动比保持稳定，资本产出比就不会随着经济的增长而上升。这意味着只要技术的效率不断改善，技术选择不会过分向资本替代劳动的路径偏差，经济增长就会有更长的持续性。相反的情况是，技术的选择不断向资本替代劳动的路径偏差，投资的增长导致资本劳动比率的上升，这将加速资本深化的趋势，结果由于资本的增长持续快于劳动的增长，导致资本的边际回报率递减，最终导致经济增长率下滑。

二、国内外学者关于工业化进程的劳动力就业效应研究

工业化进程对劳动力就业效应的理论基础为深入研究经济发展与劳动力就业问题提供了理论指导。通过对工业化进程与劳动力就业关系文献进行相关梳理，为进一步研究加速工业化进程的关键因素对劳动力就业效应的实证影响提供理论支持。

（一）抑制说：加速工业化进程对劳动力就业的抑制效应

马克思对资本深化理论的研究得出了资本主义社会平均利润率下降和失业率提高的结论，资本深化对劳动力具有挤出效应，对发展中国家来说，选择资本密集程度太高的技术，有可能使现代化部门扩大就业的速度比本来达到的速度慢，进而抑制发展中国家的就业。钱纳里、塞尔昆认为，发展中国家面临着越来越多节约劳动的先进工业技术，现代工业部门创造产值的能力大大高于创业就业机会，特别是对人口众多的国家，就业结构的转移在初期必然是相当缓慢的。Ranils（1981）认为发展中国家发展劳动力密集型工业可以吸收大量的剩余劳动力，抑制收入分配差距扩大。密集型工业在发达国家或地区的工业化过程中具有较长的发展历史，后起的工业化国家和地区如韩国和我国台湾地区劳动密集型工业化阶段只有 20 多年时间，而美国的劳动密集型产业为主导的工业化阶段就持续了110 年，日本持续了 80 年。Banerji 和 Riedel（1980）通过研究印度和我国台湾地区在 1950～1970 年同时迈入工业化的过程，认为资本积累和生产率的增长会影响就业增长，两者的区别是我国台湾地区产业结构转向劳动密集行业，以更快的速度扩大就业，而在印度倾向于资本密集型产业，影响了就业。

继承发展劳动密集型工业的思想，结合我国劳动力资源丰富的国情，我国许多学者在研究基础上提出了有倾向性的观点。胡鞍钢（1998）认为，中国正在走一条资本密集、排斥劳动的工业化技术路线。经济高速增长主要依赖资本高投入，劳动投入的增长贡献率越来越小，就业增长弹性越来越低。他认为，这种排斥劳动的经济增长方式是与中国国情相悖的，要从根本上转变这一经济增长方

式；否则，中国的人口压力将越来越大，并将引起越来越多的社会问题。尚启君（1998）认为，以劳动密集型工业为主导的工业化阶段持续时间最长是工业化基本完成的国家和地区的共同特征，我国目前不具备工业结构重型化的条件，离农业劳动力份额下降 30% 以下尚距遥远，不可能跨越以劳动密集型工业为主导的工业化阶段型工业，如果非农产业在吸收全部新增劳动力的同时，再每年吸纳农业劳动力 800 万~1000 万人，农业劳动力份额每年大约下降 1.5 个百分点，到 2015 年农业劳动力绝对量将减至 1.8 亿人左右，农业劳动力份额将降到 25%~28%，从而就可能再次形成资本密集型主导产业。胡军、向吉英（2000）也认为，我国 80 年代末以来摒弃了 80 年代的以轻工业为主的工业化模式而着力发展重工业，即放弃了劳动密集型产业为主导转而以资本密集型产业为主导，这个过程的结果是抑制了农村人口收入的增长，也使农业劳动力向非农化转移受到扼制。为此，在全面转型阶段中，劳动密集型产业仍然存在着发展的巨大潜力和空间。继续发展劳动密集型产业不仅有助于我国工业化的真正完成，有助于产业结构调整有坚实的产业基础，而且对我国进入 WTO 后发挥比较优势同样具有巨大的作用。陈耀（2003）认为，与世界很多国家不同，中国以往的工业化实际是"以产出增长为中心"，它在推动经济高速增长的同时，造成就业增幅长期下降。今后中国的工业化应转向"以就业增长为中心"，这既是工业化的本质内涵，也是充分发挥中国劳动力资源丰富的优势，解决失业问题，提高人民生活水平的根本要求。为实现劳动力的充分就业，对工业化路径模式的选择更加倾向于发展劳动密集型工业。陈在余、张运华（2004）认为，工业部门自身发展应重点选择劳动密集型产业，提高现代部门的就业份额，直至消除二元结构，这既符合比较优势原则，也是发展中国家工业化的主要目标。严英龙、陈在余（2004）进一步认为，就业需求与工业化存在依赖关系，当以劳动密集型方式发展工业化时，农村剩余劳动力转移加快，将会提高全体居民的收入水平，从而刺激需求，促进工业化的发展；如果工业化进程中以资本替代劳动，劳动力转移受阻，将会减少全体居民的收入水平，产生有效需求不足，从而抑制工业化的发展，工业化进程减慢。谢伏瞻（2003）认为，20 世纪 80 年代中期以来，信息革命的迅猛发展使知识经济成为世界经济发展的主导力量，科技含量和技术水平的不断提高虽然有利于加快工业化的进程，但总体上并不利于扩大就业。蔡昉（2005）认为，中国还不具备重新重工业化的条件，急于较早扶持重工业，会违背比较优势，降低经济增长过程对就业的吸纳，影响农村劳动力的加速转移，使社会就业不充分，不利于收入分配的平衡。陈勇、唐朱昌（2006）进一步认为，资本深化在理论上能促进技术进步与产业升级，但资本深化造就了 GDP 就业弹性下降，因此，在中国这样劳动力剩余的发展中国家，应进行适宜的技术选择，避免在要素禀赋发生变化前出现过早的资本深化。

（二）促进说：加速工业化进程对劳动力就业的促进效应

Chenery（1961）认为，基于比较优势理论的劳动密集型产业优先的发展模式却在现实中一直受到基于经济增长理论的平衡增长模式的挑战，霍夫曼（1958）认为工业化后期阶段重工业将成为国民经济中的主导产业，资本深化和重化工业化是工业化升级的必然阶段。为平衡经济发展，促进发展中国家的产业升级，Galenson 和 Leibenstein（1955）认为资本深化最终可以扩大资本存量，吸收更多的劳动力，主张大力发展吸收新技术的资本密集型或技术密集型产业。资本密集技术不一定比劳动力密集技术创造的就业机会少，至少对使用含有较高劳动量的资本货物的那些资本密集技术是如此。他们还认为，发展资本密集型产业虽然在短期内产量较高而就业少，但从长期来看，可以导致更多的就业。因为发展资本密集型产业不需要像发展劳动密集型产业那样将大量收入分配给劳动者，从而有利于提高储蓄量。储蓄越高，投资越大，经济增长率越高。

在国外此种理论的影响下，我国众多的专家学者在研究的基础上提出了相呼应的观点。袁志刚、范剑勇（2003）认为，随着中国经济日益融入世界经济，大量外资的涌入直接带来了先进的技术、管理经验与雄厚的资本，并将资本接受地的制造业跳跃式地提升到资本、技术密集型阶段，如部分沿海开放型城市上海、苏州、东莞、深圳等。武力、温锐（2006）认为，劳动密集型工业是资本主义国家早期工业化的路径选择，在新时期创新能力强的资本和技术密集型产业和企业，可以带动第三产业的发展，从而吸纳更多的劳动力。中国今天就业问题的关键，是需求制约就业人口数量，而不是资本制约人口就业数量。对整个社会来说，资本和技术密集型产业同样可以扩大就业。王云平（2003）认为，围绕以提高工业化水平为核心的产业结构调整与升级，虽然也会导致一定的结构性失业问题，但也可能增加就业岗位。实践证明，我国工业化水平高的东部地区，不仅每年为大量外地劳动力提供就业机会，而且劳动力就业压力一般还要小于中、西部地区，其主要原因是工业化水平高，工业既提供了大量的就业岗位，又带动了这些地区服务业的发展。赵建军（2005）认为，一味地依靠中国的劳动力资源优势发展劳动密集型产业将会使中国陷入"比较利益陷阱"，发展劳动密集型产业对于缓解我国目前面临的巨大就业压力具有积极的意义，但从长期来看，资本技术密集型产业（即重工业）对就业的效应更为突出。朱劲松、刘传江（2006）从技术中性的理论角度分析了重工业发展对就业影响的作用机制和过程，将这种影响分为替代效应和收入效应，然后构造两个模型并利用有关数据进行回归拟合以检验这两个效应的作用程度，回归结果表明，替代效应会提高全社会的资本—劳动比，被证明是一种索洛技术中性的技术进步；而收入效应会提高全社会的就业量，且作用程度超过了替代效应，从而使得整个社会的就业量不但没有减少反而还增加了。高德步、吕致文（2005）同时根据各个行业的就业弹性及经济增长速度进行计量分析和预测，结果显示，2005～2010 年的就业局势相对比较严峻，而 2010～2015 年的情况将会得到一定的缓解，倾向于逐渐解决就业问题。也就是说，按照目前的工业发展趋势，在短期内会不利于就业问题的解决，但从长期看，还是可以解决就业问题的。

（三）新型工业化对劳动力就业效应的相关研究

新型工业化是工业化进程发展到一定阶段提出来的工业化路径，它是以信息化为基础的有别于传统工业化道路的新型工业化道路，是一条要求人力资源优势达到充分发挥的工业化道路。Zhang 等（1992）认为中国耕地短缺、人口增长和缺乏就业仍然是严重问题，农村劳动力全部转移到城市就业也是不可能的，为了解决就业问题，可以在农村进一步发展乡镇企业。为了更好地解决农村收入和就业问题，Barel（1984）提出了发展农村工业化，以实现农村收入水平的提高和解决就业问题的目标。Lint 和 Yao（1999）肯定了中国农村工业化经验，认为其他发展中国家可以借鉴这种稳定发展的模式。王梦奎（2004）、任保平（2004）、黄晋太（2005）等认为欠发达地区可以通过走农村工业化道路，发展劳动密集型工业，实现劳动力向非农产业转移，并提出了二元工业化构想。二元工业化是在中心城市工业化的基础上，在广大的农村去发展工业，形成城乡二元工业化结构体系，实现农村劳动力不仅向中心城市工业转移，而且更直接向就近的农村工业转移。袁志刚、范剑勇（2003）进一步认为，1978 年改革开放以来中国的工业化进程直接表现为农业剩余劳动力向非农产业快速转移。

国内外关于促进就业的工业化路径选择的研究为新型工业化提供了理论契机。吴敬琏（2006）认为，马克思与霍夫曼的预言并没有实现，其中最重要的原因是经济增长模式发生了变化，增长主要不是靠物质资本积累，而是靠效率提高推动，因此，我国的工业化进程的推进路径只能是新型工业化道路。邱启照（2004）认为，新型工业化道路蕴藏着扩大就业的巨大潜力，以信息技术为先导的高新技术产业的发展，创造出众多的就业机会；用高新技术改造传统工业，带动工业化发展，将吸纳大量的劳动力就业；新型工业化道路并不排斥劳动密集型产业的存在和发展。在推进工业化的过程中，应贯彻"以人为本、发展优先"的原则，通过一系列的政策安排着力解决就业问题。陈佳贵等（2006）在综合评价中国地区工业化进程和进行特征分析中进一步预见，未来地区工业化推进的主要动力之一是人口就业结构。解决劳动力供求问题、实现充分就业，也是新型工业化路径选择要考虑的主要因素之一。他进一步指出要正确处理工业现代化与扩大劳动就业的关系，使技术密集、资金密集和劳动密集型工业协调发展。杨云彦等（2003）认为，在经济全球化背景下，随着我国对外开放程度不断加深、外商直接投资部门不断扩展，沿海地区的区位优势得到充分体现，以劳动密集产业和高新技术产业为主的制造业发展迅速，这些地区正在以一种反梯度模式进行着其特殊的"再工业化"过程，并形成对内地国有部门和传统工业地区的刚性就业替代，地区差距在就业机会方面的表现十分突出。非农就业机会在地区间的转移、替代和重新分配，是解释我国转型时期劳动力跨地区流动的一个新的分析框架。黄新萍、谭义英（2005）认为，新型工业化有利于内在的提升产业结构和优化就业结构，就业结构在对劳动需求的增加上从农业转移到工业和服务业。同时，科技含量高、发展速度快的高新技术产业能引发许多新兴行业的诞生，为就业开辟新的领域。简新华、向琳（2003）认为新型工业化道路有利于引导农村劳动力合理有序流动，向非农产业和城镇转移。引导富余劳动力向非农产业和城镇有序转移，这也是工业反哺农业、城市支持农村、沿海发达地区带动中西部地区的有效实现形式，是推进新农村建设的目标之一。

三、新型工业化的内涵及其特征

新型工业化强调的是科技进步的影响以及产业科技含量的增加，其核心是以信息技术为代表的高新技术的广泛应用及其对农业、工业和服务业的优化和提升，是经济增长方式的根本性转变，是工业化摆脱传统发展框架的路径转换（周振华，2003）。因此新型工业化道路是有别于传统工业化道路的、被赋予崭新内容的重大路径转换，是一种新的生产方式和工业发展范式。

（一）新型工业化的基本内涵

中共十六大报告指出，"实现工业化仍然是我国现代化进程中艰巨的历史性任务"。"要坚持信息化带动工业化，以工业化促进信息化，走出一条科技含量高、经济效益好、资源消耗低、环境污染少、人力资源优势得到充分发挥的工业化路子"。这是21世纪头20年我国经济建设的一项重要任务，是实现全面建成小康社会奋斗目标的必然选择。

科技含量高，就是要加快科技进步以及先进科技成果的推广应用，把经济发展建立在科技进步的基础上，提高科学技术在经济中的贡献率，特别是要大力推进国民经济和社会信息化，通过信息技术的广泛应用，带动工业化在高起点上迅速发展；经济效益好，就是要注重产品质量和适应市场变化，提高资金投入产出率，优化资源配置，降低生产成本；资源消耗低，就是要大力提高能源、原材料利用率，减少资源占用与消耗；环境污染少，就是要广泛推行清洁生产、文明生产方式，发展绿色产业、环保产业，加强环境和生态保护，使经济建设与生态环境建设相协调；人力资源丰富优势得到充分发挥，就是要提高劳动者素质和利用我国劳动力成本低廉的条件，提高经济竞争力，并妥善处理好工业化进程中提高生产率与扩大就业的关系不断增加就业。[①]

总之，党中央提出的新型工业化道路，就是要充分运用最新科学技术和依靠科技进步的工业化，是提高经济效益和市场竞争力的工业化，是走可持续道路的工业化，是能够发挥我国人力资源优势的工业化。这是在新的历史条件下和时代背景下，加快实现我国工业化、现代化的重大战略部署，是走经济建设新路子的根本指导方针。

(二) 新型工业化的主要特征

与传统工业化道路相比较，新型工业化道路体现了其强大的生命力，具有无可比拟的优越性和重要特征。

1. 信息化与工业化互动发展

当今世界经济的发展已经进入信息时代，信息化潮流已经兴起并以其独特的专业性和通用性迅速发展，产生了光学电子产业、信息及通信设备制造业、软件业、信息服务业等诸多新型产业，创造了大量的产值与需求。同时，以其广泛的适用性和极强的渗透力同传统产业结合，有效地改进微观经济管理和宏观经济管理，不仅使传统产业迅速提高劳动生产率和服务效率，以及加快产品的升级换代、增强产品的竞争能力、提高质量、降低成本，而且为工业化运作提供了全新的市场结构、组织结构、竞争结构以及环境条件，使产业结构向知识密集型产业和高质量服务业转变，催生了新的生产经营方式和产业形态。可以说，信息化是带动工业化的强大动力，信息化与工业化的互动发展是新型工业化的内在要求，它可以迅速提高工业化水平，加快工业化进程。

2. 依托科技创新

新型工业化是在新的历史条件下依靠科技进步和创新为动力，不断提高工业产品科技含量，以产品质量好、价格低的竞争力在国内和国际市场上打开销路，争得更大的市场份额。为此，我国在新的历史条件下，在激烈的国际竞争中实现

---

① 国家经贸委综合司. 专家谈——走新型工业化道路 [M]. 北京：经济科学出版社，2003.

工业化，必须与实施科教兴国战略紧密结合，坚持科技创新为工业化的第一推动力，着重依靠科技进步和提高劳动素质，不断提高经济效益和竞争力。可以说，只有这样的工业化才是符合当今时代要求的工业化，才是真正意义上的新型工业化。

3. 坚持"以人为本"

由于工业化必然伴随着城市化和劳动生产率的提高，因此工业化与扩大就业在客观上存在一定的矛盾。特别是我国人力资源极为丰富，就业和再就业的压力比任何一个国家都大。但同时，极为丰富的人力资源又是我国的宝贵财富和巨大优势。因此，充分发挥我国人力资源优势，妥善处理好工业化提高劳动生产率与扩大就业的矛盾，不仅是扩大内需、保持社会稳定的必要条件，而且是发挥我国独特优势，保持和提高竞争力的重要方面。把这一点提高到新型工业化道路的内容来对待，也是极为重要和必要的。

4. 实现可持续发展

传统的工业化道路是以大量消耗资源和生态环境为代价的。发达国家自工业化以来对资源的大量消耗和生态环境的严重破坏造成了巨大的损失。我国是世界上人口最多的发展中国家，人口规模和经济规模越来越大，国土、资源、生态、环境的承载力存在极大的问题，据联合国的一份调查指出，世界上最不适合人类居住的 20 个城市中中国就占了 16 个。如果不改变主要依靠增加资源投入的粗放型经济增长方式，21 世纪前 20 年要实现国内生产总值翻两番，资源和环境都难以承受。因此，必须把资源消耗低和环境污染少，实现可持续发展，作为走新型工业化道路的基本要求。

以上四个方面的主要特征是相互联系和统一的。在理论上和实践上应不断促使它们相互结合、相互补充和互相促进，为走新型工业化道路提供有效和良好的条件。

四、新型工业化道路的理论依据

新型工业化道路实质上是摆脱对西方发达国家传统工业化和我国已经走过的工业化道路的路径依赖，根据我国工业化资源禀赋的实际国情做出的新的路径选择和转换；依靠以信息化为特征的科技进步等后发优势，实现可持续基础上跨越式发展的工业化战略。因此，它的提出具有一定的理论基础，其主要体现在以下几个方面的理论。

(一) 后发优势理论

后发优势理论源于古典经济学家李嘉图的国际分工、比较生产费用理论和德国经济学家李斯特动态比较费用学说。后发优势理论认为，后起国家或地区由于可以直接吸收和引进先进国家和地区的技术，其技术成本要比最初开发的国家低得多；同时，在同样的资金、资源、技术成本条件下，还具有劳动力成本低的优势；只要在国家的保护下达到规模经济阶段，就可能发展起新的优势产业，从而在其传统的资本或技术密集的分工领域内，追赶或超越先进的国家或地区。这一理论表明，所谓后发优势，指的是一种经济发展态势。而所谓跨越式发展，则是指在特定历史条件下，利用后发国家或地区的某些因素，以实现国民经济的超常规、大跨步的发展。我国走新型工业化就是立足我国国情，发挥后发优势、实现跨越式发展。其理由主要有：一是信息技术和科技革命的迅猛发展为我国实现赶超目标创造了条件。发达国家都是在工业化之后推行信息化的，中国是一个后发展的国家，这些年信息化发展很快，完全可以在工业化的过程中通过信息化的快速发展，以信息化带动工业化，以工业化促进信息化，从而发挥后发优势，实现生产力的跨越式发展。二是经济全球化的快速发展和我国对外开放，为我国实现赶超目标提供了机遇。世界性产业结构调整和国际资本大规模跨国转移，使我国的工业化进程可以更多、更好地利用国际和国内两个市场、两种资源。我们可以更多地利用以信息化为先导的当代技术和管理成果，跨越传统工业化发展的某些阶段，实现产品结构、制造方式、企业组织结构和经营管理方式的变革，加入全球产业分工体系，占据有利的分工地位，实现我国工业化高起点的发展。三是我国现有的工业体系和广阔的国内市场，为我国实现赶超目标提供了基础。我国已经进入了工业化中期阶段，形成了门类比较齐全的工业体系，具有了较好的工业化基础，无论传统产业还是高新技术产业都有着巨大的市场空间，为我国工业经济保持长期持续快速稳定发展提供了支撑。

(二) 科学发展观

中共十六届三中全会提出了"五个统筹"的要求，指出要"坚持以人为本，树立全面、协调、可持续的发展观，促进经济社会和人的全面发展。"这是21世纪提出的"科学发展观"理论。其中的"五个统筹"即统筹城乡发展、统筹区域发展、统筹经济社会发展、统筹人与自然和谐发展、统筹国内发展和对外开放的要求，推进完善社会主义市场经济体制，为全面建成小康社会提供强有力的体制保障，促进经济社会和人的全面发展。可持续发展是"科学发展观"的基本内容，它是指立足于今日人类所面对的日渐紧迫的生存危机这一现实，去寻找解决这一环境危机的办法，强调的是人与自然的统筹发展，它实质上是关于解决人与自然之间、人与人之间健康、和谐发展的发展道路问题。可持续发展的核心理念是"发展"，而发展既包括经济的发展，也包括社会的发展，同时，还要保持、建设良好的生态环境；可持续发展要求我们既要考虑当前发展的需要，又要考虑未来发展的需要，不能以牺牲后代人的利益为代价来满足当代人利益的发展。由此可见，可持续发展观是一种全新的发展观，它是解决人与自然、人与人之间尖锐冲突与对立的道路选择，目的是促进经济、社会、人口、科技、资源与环境的健康、合理与和谐的发展。而这一点正是我国之所以"走新型工业化道路"的精神实质。我国的新型工业化道路与"可持续发展战略"思想是统一的，可持续发展思想是走新型工业化道路的精神实质，新型工业化道路是对可持续发展思想的具体体现。新型工业化道路与可持续发展在实质上是一致的，在内容上是相互包容的。走新型工业化道路就意味着要走可持续发展的工业化道路。可持续发展的核心——经济增长，这是新型工业化道路的首要宗旨；可持续发展强调的资源生态环境，是走新型工业化道路的前提和基础；可持续发展最终要实现社会的全面发展，与新型工业化所要实现的最终目标是完全一致的。[①] 江泽民在十六大报告中指出：走新型工业化道路，"必须把可持续发展放在十分突出的地位，坚持计划生育、保护环境和保护资源的基本国策。稳定低生育水平。合理开发和节约使用各种自然资源。抓紧解决部分地区水资源短缺问题，兴建南水北调工程。实施海洋开发，搞好国土资源综合整治。树立全民环保意识，搞好生态保护和建设。"江泽民关于走新型工业化道路的这段论述，正是对"可持续发展战略"思想的具体说明。他所提出的"科技含量高、经济效益好、资源消耗低、环境污染少、人力资源优势得到充分发挥的新型工业化路子"同时也是可持续发展思想所要解决的问题。因此说，"新型工业化道路"体现了"可持续发展战略"思想的精神实质，是对"可持续发展战略"思想的具体落实。

（三）经济增长理论

新增长理论代表人物罗默和卢卡斯在对经济增长进行研究的过程中，罗默提出"知识外溢长期增长模式"，该模式突出知识资本的作用，强调生产性投入的专业化知识（知识资本）的积累是长期增长的决定性因素。卢卡斯则提出"人力资本完整性增长模式"，突出人力资本的作用，强调人力资本是经济增长的发动机。将这两个理论结合起来，知识资本和人力资本是新经济中的两大资本，前者突出知识的创新，后者突出知识的积累。[②] 新经济指的就是知识经济，是以知

---

① 厉无畏，王振. 中国产业发展前沿问题［M］. 上海：上海人民出版社，2003.
② 洪银兴. 新型工业化道路的经济学分析［J］. 贵州财经学院学报，2003（1）.

识创新为基础的经济。发展中国家可以依靠知识创新，新知识新技术不断涌现，加速新知识转化为现实生产力，实现经济发展的跨越和腾飞。我国的新型工业化道路本质上就是积极地利用知识资本和人力资本推进科技的发展改造传统产业，实现跨越式发展。由于科技创新是新型工业化的第一推动力，所以我国应大力推动科技进步。在新经济时代，人们对发展高科技的创新机制的关注点，由关注技术的采用转向关注技术进步的源泉及其转化。这就提出了加强大学、科研机构与产业部门的联合与合作的要求。在高校和科研机构发现的高科技与国际先进水平的差距并不像高科技产业的国际差距那么大。这意味着费用较低的创新捷径是推进产学研结合，使高校和科研机构发现的高科技成果迅速产业化、商业化。知识的运用不仅促进了企业产品科技含量的提高，而且推进了企业信息化建设，信息化的一个重要意义是借助信息化之类的高新技术跨越或缩短重化工业阶段。根据信息化带动工业化的要求，当前产业升级的一个重要内容是推进高科技产业化。不仅要在现有产业中采用高科技，提高产业的高科技含量，更为重要的是直接发展一部分高科技产业。

（四）三元经济结构理论

知识是指人类在自身发展历程中创造的所有知识，其中最重要的是科学技术、管理和行为科学知识。建立在知识的生产、创新、流通、分配和使用（消费）基础上的经济被经济学界称为知识经济。知识经济是当今世界一种新型、富有生命力的经济形态，它使经济发展呈现乘数效应、几何速度。它以智力资源为依托，以高科技产业为支柱，以不断创新为灵魂，以教育为本源。知识经济的出现和发展必将彻底改变发展中国家传统的二元经济结构，形成由农业经济、工业经济和知识经济相并存的三元经济结构。如此，在理论上二元经济发展框架中建立起来的经济发展理论对新的三元经济结构将失去或至少部分失去解释力。在实践上二元经济发展框架中形成的工业化道路，无论是成功的还是失败的，也都将失去应用价值。这也是我国否定传统的工业化道路，提出新型工业化道路的真正原因。新型工业化道路的提出，是我们党在理论上与时俱进，在实践上勇于创新的具体表现。我国新型工业化道路的成功，一方面必将使经济发展理论翻开新的一页，另一方面为新世纪所有发展中国家的工业化实践提供借鉴的样板。既然新型工业化道路与传统工业化道路的根本区别就在于它们是不同经济结构下的工业化道路，那么新型工业化道路的本质规定就是工业化与信息化（知识化）的互动发展，即信息化带动工业化、工业化促进信息化。因此，相对于二元经济发展框架中的传统工业化道路，在三元经济发展框架中的新型工业化道路，就是一个全新的发展道路。

根据以上理论，走新型工业化道路就是要在全球化条件下把握我国的实际情况，以完全开放的战略思想来寻求我国工业化的全球定位，善于利用国内国际两个市场、两种资源，在全球范围内优化资源配置。采取后发优势战略，通过科技进步等后发优势，提升劳动者、资本、资源等要素素质，跻身于较高的国际分工，并以后发优势改造和提升比较优势，达到竞争优势，从而增强国际竞争力；依靠科技进步使经济发展从主要依靠物质资本转向主要依靠人力资本，取得经济增长在质量、层次、效率和对环境保护方面的提高，使经济、社会、环境的协调发展特别是工业经济的可持续发展成为可能，实现可持续基础上的跨越式发展。

五、文献评述

通过对工业化进程与劳动力就业文献的梳理，可以发现众多专家学者的观点都有其积极的一面，也有各自的局限性。

抑制说阐明了发展中国家推进工业化进程，必须选择发展劳动密集型工业，以发挥比较优势，实现劳动力资源的优化配置问题。然而在当前经济全球化和知识、信息经济背景下，一味地发展劳动密集型产业，过多地迁就劳动就业，虽然可以在一定程度上解决就业问题、实现社会稳定，但会在很大程度上影响传统产业升级和国家信息化的进程，进而影响中国整体经济竞争力的提高，使我国工业化进程长期滞后于发达国家，最终还是解决不了就业问题。

促进说表明资本深化是经济发展的必然趋势，资本密集型工业化阶段是工业化进程必须历经的阶段，从远期来看，发展资本密集型工业最终对劳动力就业具有促进作用。但是从短期来看，发展资本密集型工业，肯定会抑制就业总量的增加，对于我国这样一个劳动力资源丰富的国家来讲，不考虑就业问题，一味地发展资本密集型工业是不现实的。如果不能很好地处理资本密集型产业与劳动力就业的关系，将会影响经济的持续发展和社会的稳定。

新型工业化道路为工业化发展在战略上指明了方向，也为劳动力就业提供了一定的新思路，但是它对劳动密集型工业和重化工业化的包容性使工业化进程的加速推进路径变得模糊，并难以选择。二元工业化结构体系虽然提出了城市和农村的全面工业化，但最终还是不能解决工业化进程与劳动力就业的矛盾。加速工业化进程对中国劳动力就业的结果势必会带来这样两种结果，一方面，由于工业化进程的加速、资本的深化，必然会挤出一部分劳动力；另一方面，工业化进程的加快对高素质劳动力的需求又会增加，会产生对劳动力的需求。这两方面的原因所导致的结果在其他国家或地区可能也存在，但是对于本来就存在大量农村剩余劳动力的中国来说问题将更加严重，处理不好一方面会影响中国工业化进程的推进，制约经济的发展；另一方面会导致失业的增加，影响社会和谐。因此如何找到相应阶段工业化进程和劳动力就业的均衡点，对于我国这样一个发展中国家是十分重要的。

推进工业化进程的路径选择对劳动力就业肯定会产生巨大的影响，而劳动力和谐就业也会大大促进工业化升级。今后进一步研究的方向主要是在加速工业化进程时如何更好地促进劳动力就业，深入地研究加速工业化进程的基本动力对劳动力就业效应的影响，为促进劳动力就业和加速工业化进程提供实证依据，同时对加速工业化进程的基本动力与实现充分就业的政策策略进行研究，以便有针对性地论证解决方案和策略。

第三章　江西工业化进程的综合评价
与劳动力就业现状分析

由于工业化对劳动力就业具有重要的影响，本书的重要研究思路是利用相关的经济理论和模型来分析和解释江西工业化进程中劳动力就业效应问题，而在此之前，就有必要对江西工业化进程做出一个基本的判断，并通过实证分析进行综合评价，再结合劳动力就业现状，对工业化与劳动力就业发展趋势的一致性有一个初步的分析和把握。本章通过对江西工业化水平进行判断，并从现象上了解劳动力就业的现状，从而为后续章节的劳动力就业效应的研究做铺垫。

一、江西地区工业化进程的实证分析与综合评价

工业化是指传统的农业经济向工业经济转变的过程，是近代经济发展的主要标志。它是现代化的基础和前提，是我国社会经济发展不可逾越的阶段，同时也是江西在中部地区迅速崛起的核心战略。江西作为我国中部地区的欠发达省份，推进工业化进程面临着更多的矛盾和问题。为了实现"以工业的崛起加速江西的崛起、以工业的振兴实现强省富民"的战略，应认清江西地区工业化进程所处的阶段，在此阶段有何特征，政府应采取什么政策。针对这些问题，也有不少江西的专家学者致力于江西工业化的研究，如尹继东（2006）分别从人均 GDP、产业结构、就业结构、城乡结构和工业内部结构出发，认为江西工业化已经进入中期阶段，并提出了走有江西区域特色的新型工业化道路；周国兰、黄淑华（2004）认为江西工业化开始进入中级阶段初期，提出在工业化与城市化良性互动中实现新型工业化。但此类文献都只是从整体出发来研究江西工业化进程，判断工业化的整体发展水平，而未能深入研究各地区的工业化，探寻具体的发展阶段和特征。虽然也有一些从产业深化或创造区域品牌的角度来指明江西工业化进

程的前景，但这些文献都难以揭示江西工业化进程的区域结构特征，反映不出各地区工业化水平的差异，从而不能够深层次分析江西工业化进程中存在的问题。本书将通过长时间、多尺度的统计数据并利用加法合成法对江西各地区的工业化水平进行综合评价，准确把握各地区所处的工业化阶段和特征，从而为推进江西工业化进程及相关政策的深入研究提供参考和政策咨询。

（一）研究方法

当前，对于衡量我国区域工业化进程的指标主要有两种：一是直接利用国外专家学者关于评价工业化阶段的工业化指标，如霍夫曼的霍夫曼定理、钱纳里的人均 GDP 或 GNP 标准、约翰·科迪的科迪指标、库兹涅茨的三次产业 GDP 比重；二是在国外专家学者提出的衡量工业化阶段的指标上加以综合和修正，如李兴江、孟秋敏（2006）在分析区域工业化内涵和要求的基础上，建立了 5 大类 55 个指标的区域工业化指标体系，通过因子分析法选取了 13 个指标，利用 SPSS 对 21 个省区域工业化水平进行了评价。薛伟贤、孟娟（2006）在国外工业化研究的基础上从工业化的程度、发展速度和发展质量 3 个方面建立了评价指标体系，采用因子分析法和 SPSS 软件对中国工业化阶段进行了实证研究。徐子青（2009）以科学发展观为指导构建了一个由 1 个一级指标、8 个二级指标、24 个三级指标和 58 个四级指标组成的多角度、多层次的区域联动发展评价体系，运用层次分析法确定指标权重；参考全面建设小康社会统计监测指标体系标准值、综合借鉴国内外有关工业化、现代化进程监测评价标准及长三角区域联动发展相关指标数据，确定区域联动发展评价指标体系的目标值，为区域联动发展建立一个比较科学、合理的评价方法。国内对工业化阶段的评价体系倾向于在国外经典工业化评价标准的基础上，充分结合我国国情，利用总量和质量指标相结合的评价指标对区域工业化进程进行综合评价。

在研究江西各地区工业化发展进程中，确定工业化的衡量指标一直都是一个比较棘手的理论和实践问题。本书在诸多文献阅读的基础上，选择了陈佳贵等（2006）构建的工业化评价指标体系对江西地区工业化进程进行综合评价。该研究相对比较独特，即根据经典工业化理论选定了地区工业化综合评价体系的构成指标和相应的标准值，运用层次分析法确定各个指标的权重，从而计算出中国各地区工业化进程的综合指数。用于确定地区工业化水平的指标有：人均 GDP，将汇率法与购买力评价法相结合，取其平均值，对各地区的人均 GDP 进行折算（说明经济发展水平）；三次产业产值结构（用于量化产业结构）；制造业增加值占总商品生产部门增加值的比重（表示工业结构）；城市化率（城镇人口占总人口比例）说明其空间结构以及第一产业就业占比（体现就业结构）。再根据钱纳里等的划分方法，将工业化分为工业化初期、中期和后期。该方法的研究过程如下：

首先，按照衡量工业化水平的指标按地区和时间收集数据，并计算出来，然后按照工业化不同阶段的标志值（见表3-1）分别确定某年份、某地区、某个指标属于哪个阶段。

表 3 - 1 工业化不同阶段的标志值

基本指标	前工业化阶段（1）	工业化实现阶段			后工业化阶段（5）
		工业化初期（2）	工业化中期（3）	工业化后期（4）	
人均 GDP（美元）					
（1）1964 年	100～200	200～400	400～800	800～1500	1500 以上
（2）1996 年	620～1240	1240～2480	2480～4960	4960～9300	9300 以上
（3）1995 年	610～1220	1220～2430	2430～4870	4870～9120	9120 以上
（4）2000 年	660～1320	1320～2640	2640～5280	5280～9910	9910 以上
（5）2002 年	680～1360	1360～2730	2730～5460	5460～10200	10200 以上
（6）2004 年	720～1440	1440～2880	2880～5760	5760～10810	10810 以上
（7）2007 年	765～1545	1545～3080	3080～6170	6170～11580	11580 以上
（8）2008 年	781～1562	1562～3125	3125～6250	6250～11718	11718 以上
三次产业产值结构（产业结构）（%）	A > I	A > 20，且 A < I	A < 20，I > S	A < 10，I > S	A < 10，I < S
制造业增加值占总商品生产部门增加值比重（工业结构）（%）	20 以下	20～40	40～50	50～60	60 以上
城市化率（空间结构）（%）	30 以下	30～50	50～60	60～75	75 以上
第一产业就业占比（就业结构）（%）	60 以上	45～60	30～45	10～30	10 以下

其次，按照上一步判断出来的某个指标所属的阶段，通过公式计算出该指标的评测值。该研究方法使用阶段阈值法进行指标的无量纲化，其公式为：

$$\begin{cases} \lambda_{ik} = (j_{ik} - 2) \times 33 + (X_{ik} - \min_{kj})/(\max_{kj} - \min_{kj}) \times 33, & (j_{ik} = 2, 3, 4) \\ \lambda_{ik} = 0, & (j_{ik} = 1) \\ \lambda_{ik} = 100, & (j_{ik} = 5) \end{cases}$$

式中：i 代表第 i 个地区，k 代表第 k 个指标，λ_{ik} 为该地区 k 指标的评测值，j_{ik} 为地区 k 指标所处的阶段（1～5），j_{ik} 的取值区间为 1，2，3，4，5，即如果 $j_{ik} = 5$，则 $\lambda_{ik} = 100$（说明 i 地区的 k 指标已达到后工业化阶段的标准），反之亦然，X_{ik} 为 i 地区的 k 指标的实际值，$\max_{kj}$ 为 k 指标在 j 阶段的最大参考值，$\min_{kj}$ 为 k 指标在 j 阶段的最小参考值，$\lambda_{ik} \in (0 - 100)$。该法实施过程如下：

确定某地区某指标所处的工业化阶段，即 j_{ik}。

如果该指标实际值处于第 1 阶段，则最后得分为 0，表明该地区还未进入工业化阶段。

如果该指标实际值处于第 5 阶段，则最后得分为 100，表明该地区已进入后工业化阶段。

如果该指标处于第 2、第 3、第 4 阶段，则最后得分 = 阶段基础值（分别为 0、33、66）+（实际值－该阶段最小临界值）/（该阶段最大临界值－该阶段最小临界值）×33。

再次，通过以上计算出来的某年、某地区各指标的评测值，可以利用加法合成法公式计算出某年、某地区的综合指数。公式如下：

$$k = \sum_{i=1}^{n} \lambda_i W_i \Big/ \sum_{i=1}^{n} W_i$$

式中：k 为国家或者地区工业化水平的综合评价值；λ_i 为单个指标的评价值，n 为评价指标的个数；W_i 为各评价指标的权重——由层次分析法生成。

其中的权重比例如表 3 - 2 所示：

表 3 - 2　各指标的权重值

指标	人均 GDP	三次产业产值比	制造业增加值占比	人口城市化率	第一产业就业人口比
权重（%）	36	22	22	12	8

最后，可以通过一定的综合指数的工业化判断标准来判断各年份某地区的工业化进程。其判断标准是：用"一"表示前工业化阶段（综合指数为 0），"二"表示工业化初期（综合指数值为大于 0，小于 33），"三"表示工业化中期（综合指数值为大于等于 33，小于 66），"四"表示工业化后期（综合指数值为大于等于 66，小于等于 99），"五"表示后工业化阶段（综合指数值为大于等于 100）；"（Ⅰ）"表示前半阶段（综合指数值未超过该阶段的中间值），"（Ⅱ）"表示后半阶段（综合指数值超过该阶段中间值）；"二（Ⅰ）"就表示该地区处于工业化初期的前半阶段。

（二）数据收集和整理

我们利用 1995 年、2000 年、2002 年、2004 年及 2008 年的《江西省统计年鉴》中的地区工业化数据（江西省和 11 个设区市）进行分析，以保证数据在时间和空间上的可比性，根据经济发展水平、产业结构、工业结构、就业结构和空间结构各个指标要求分别收集相关的数据，计算出各年份、各地区、各指标的评测值，并测算出该年份该地区的综合指数（表 3 - 3 给出了 2008 年江西省和各

表3－3　2008年江西省和各地区工业化指标的评测值和综合指数

区域＼指标	人均GDP			一二三产业产值比（%）				制造业增加值占比（%）		人口城镇化率（%）		一二三产业就业比（%）				综合指数
	人均GDP（元/人）	汇率平价法（美元/人）	评测值	一	二	三	评测值	指标值	评测值	指标值	评测值	一	二	三	评测值	
江西省	14781	2821.671	26.60	16.4	52.7	30.9	44.88	42.7	41.91	41.36	18.74	37.4	28.1	34.5	49.72	34.90
南昌市	36105	6892.392	69.88	6.1	55.4	38.5	78.87	40.8	35.64	52.00	39.60	26.9	24.2	48.8	71.09	60.79
景德镇	20646	3941.291	41.62	9.5	58.4	32.1	67.65	50.0	66.00	53.10	43.23	30.5	33.8	35.7	65.18	54.79
萍乡市	21002	4009.251	42.34	8.5	62.7	28.8	70.95	58.0	92.40	53.06	43.10	31.9	41.8	26.3	61.77	61.29
九江市	14785	2822.359	26.61	12.00	54.9	33.1	59.50	43.1	43.23	43.05	21.53	40.2	24.7	35.1	43.49	38.24
新余市	35629	6801.505	69.33	7.7	64.3	28.0	73.59	56.9	88.77	54.53	47.95	32.0	34.8	33.2	61.66	71.36
鹰潭市	23222	4433.046	46.81	11	63.6	25.4	62.70	61.0	102.20	48.10	29.87	40.0	24.2	35.8	44.01	60.24
赣州市	10017	1912.231	7.40	20.7	43.0	36.3	32.71	36.5	27.23	37.30	12.05	43.2	28.8	28.0	36.94	20.25
吉安市	10571	2017.989	9.63	23.7	46.3	30.0	31.47	37.8	29.37	36.46	10.66	49.3	23.7	27.0	23.45	20.01
宜春市	11336	2164.026	12.71	21.7	52.0	26.3	32.30	44.9	49.17	37.17	11.83	41.8	26.7	31.5	39.97	27.12
抚州市	11233	2144.363	12.30	22.2	48.0	29.8	32.09	38.3	30.20	37.85	12.95	45.1	20.4	34.6	32.83	22.31
上饶市	9718	1855.152	6.19	19.1	47.4	33.5	35.97	39.0	31.35	33.50	5.78	35.7	36.6	27.7	53.35	22.00

注：①表中人均GDP折算为美元的折算汇率是按照汇率平价计算的，购买力评价汇率是计算折算的。市场汇率主要是参考中国银行每年12月31日的中间价。②制造业增加值占比由于数据收集上的困难所以选择工业增加值占比代替，该指标的评测值有多大的可能，但对江西省各地区结果影响不大，因为各地区所用的计算方法是统一的。③人口城镇化率也是由于统计年鉴数据的局限性而用城镇人口占总人口的比例代替，这样可能扩大该指标的评测值，但对江西省各地区之间的比较结果影响不大。

资料来源：根据2009年《江西省统计年鉴》和2009年《江西省工业经济统计年鉴》计算所得。

地区的工业化相关指标的评测值和综合指数)。①

通过表3-3计算出的各年各地区的综合指数,再利用综合指数的工业化判断标准可以判断各年各地区的工业化进程所处的阶段(见表3-4)。

表3-4 1995~2008年江西地区工业化进程的综合指数与阶段

区域	1995年		2000年		2002年		2004年		2008年	
	综合指数	工业化阶段	综合指数	工业化阶段	综合指数	工业化阶段	综合指数	工业化阶段	综合指数	工业化阶段
江西省	7.84	二(Ⅰ)	12.15	二(Ⅰ)	16.65	二(Ⅱ)	23.68	二(Ⅱ)	34.9	三(Ⅰ)
南昌市	24.00	二(Ⅱ)	38.52	三(Ⅰ)	43.84	三(Ⅰ)	53.31	三(Ⅱ)	60.79	三(Ⅱ)
景德镇	15.43	二(Ⅰ)	31.23	二(Ⅱ)	40.42	三(Ⅰ)	41.01	三(Ⅰ)	54.79	三(Ⅱ)
萍乡市	10.82	二(Ⅰ)	18.48	二(Ⅱ)	25.42	二(Ⅱ)	34.38	三(Ⅰ)	61.29	三(Ⅱ)
九江市	7.16	二(Ⅰ)	11.25	二(Ⅰ)	15.77	二(Ⅱ)	21.7	二(Ⅱ)	38.24	三(Ⅰ)
新余市	14.37	二(Ⅰ)	19.32	二(Ⅱ)	31.96	二(Ⅱ)	44.92	三(Ⅰ)	71.36	四(Ⅰ)
鹰潭市	6.95	二(Ⅰ)	24.33	二(Ⅱ)	27.19	二(Ⅱ)	47.98	三(Ⅰ)	60.24	三(Ⅱ)
赣州市	0	—	0.84	二(Ⅰ)	1.51	二(Ⅰ)	10.27	二(Ⅰ)	20.25	二(Ⅱ)
吉安市	0	—	0.04	二(Ⅰ)	6.32	二(Ⅰ)	10.08	二(Ⅰ)	20.01	二(Ⅱ)
宜春市	2.96	二(Ⅰ)	2.04	二(Ⅰ)	9.06	二(Ⅰ)	13.76	二(Ⅰ)	27.12	二(Ⅱ)
抚州市	0	—	5.87	二(Ⅰ)	7.21	二(Ⅰ)	12.29	二(Ⅰ)	22.31	二(Ⅱ)
上饶市	1.46	二(Ⅰ)	1.87	二(Ⅰ)	8.25	二(Ⅰ)	11.05	二(Ⅰ)	22	二(Ⅱ)

(三) 江西地区工业化进程结果评价

通过数据的收集和整理,测算出了各年各地区的综合指数,对各年各地区工业化所处的阶段有了一个初步的判断结果。当然,从数据测算结果我们还可以对江西地区工业化进程从空间结构、增长速度和阶段特征进行进一步的评价,以更进一步地认识江西地区工业化进程的深层原因。

1. 江西地区工业化进程的空间结构

从2008年测算的数据结果可以很清晰地做出判断,江西地区工业化主要集

---

① 在研究过程中,为了长时间地反映江西各地区的工业化进程,还计算了1995年、2000年、2002年、2004年、2005年的工业化指标的评测值和综合指数,这几年的数据没有放到正文,如有需要可以查询本书附表1至附表5。

中在工业化初期后半阶段和中期，地区差距较大，如果把江西省的指标抽出，江西地区工业化进程呈"橄榄"形，这也间接说明了江西地区工业化进程正在加速发展之中。

从表3－5可以看出，南昌、新余、鹰潭和萍乡综合指数都超过了60，处于工业化中期的后半阶段，这5个地市都有比较好的工业基础，工业化发展水平比较均衡，地区差距不大，工业化有较大的发展潜力。处于工业化初期的有5个地市，且这5个城市宜春、抚州、上饶、赣州、吉安都处于工业化初期的后半期，这几个地区工业化进程还是相对滞后的，影响了整个江西（工业化综合指数34.9，刚刚迈入工业化中期）工业化进程的整体推进。另外，由表可以看出，先进地区与落后地区的水平差距非常大（达到了47）。

表3－5　江西各地区工业化阶段的比较（2008年）

阶段		全省及11个地区
后工业化阶段（五）		
工业化后期（四）	后半阶段	
	前半阶段	新余市（71.36）
工业化中期（三）	后半阶段	萍乡市（61.29）、南昌市（60.79）、鹰潭市（60.24）、景德镇（54.79）
	前半阶段	九江市（38.24）
工业化初期（二）	后半阶段	宜春市（27.12）、抚州市（22.31）、上饶市（22）、赣州市（20.25）、吉安市（20.01）
	前半阶段	
前工业化阶段（一）		

从表3－6可以看出，在1995年，11个地市里面有8个处于工业化初期，3个处于前工业化阶段，发展比较平均，地区差距较小。到2000年的时候，工业化前期的地市已经全部进入工业化初期，使工业化初期的地市增加到10个，其中南昌市进入工业化中期。2002～2004年，工业化发展较快，有3个工业化初期的地市进入工业化中期，使工业化中期的城市达到5个。这种结构在未来几年随着江西工业化核心战略的推进继续变化，在"十一五"期间，将有大部分的地市要进入工业化中期。从表3－6还可以看出另外一个趋势，江西各地区工业化进程正在交替式向前推进，各地区工业化在竞争中不断加速发展。

表3-6　1995~2008年江西工业化进程的空间结构特征

阶段 \ 年份	1995	2000	2002	2004	2005	2008
后工业化阶段						
工业化后期						1
工业化中期		1	2	5	5	5
工业化初期	8	10	9	6	6	5
前工业化阶段	3					

2. 江西地区工业化进程的增长速度

总体来看，1995~2008年江西各地区绝大部分都在加速工业化，虽然各地区增长速度有一定差距但是各地区综合指数都在持续提高，特别是新余和萍乡地区的工业化年均增长速度最快分别达到6.51和5.35（见表3-7）。如果将各地区2000~2008年的工业化平均增长速度与1995~2000年的工业化平均增长速度相比较，可以看出各地区工业化进程都在加速推进。①

表3-7　1995~2008年江西各地区的工业化增长速度

区域	工业化综合指数			工业化年均增长速度			类型
	1995年	2000年	2008年	1995~2008年	1995~2000年	2000~2008年	
江西省	7.84	12.15	34.90	2.08	0.862	2.84	加速
南昌市	24.00	38.52	60.79	2.83	2.904	2.78	加速
景德镇	15.43	31.23	54.79	3.03	3.160	2.95	减速
萍乡市	10.82	18.48	61.29	3.88	1.532	5.35	加速
九江市	7.16	11.25	38.24	2.39	0.818	3.37	加速
新余市	14.37	19.32	71.36	4.38	0.990	6.51	加速
鹰潭市	6.95	24.33	60.24	4.10	3.476	4.49	加速
赣州市	0	0.84	20.25	1.56	0.168	2.43	加速
吉安市	0	0.04	20.01	1.54	0.008	2.50	加速
宜春市	2.96	2.04	27.12	1.86	−0.184	3.14	加速
抚州市	0	5.87	22.31	1.72	1.174	2.06	加速
上饶市	1.46	1.87	22.00	1.58	0.082	2.52	加速

---

① 根据数据的测算其中景德镇为减速。

虽然各地区都在加速工业化，但是，各地区工业化进程的增长速度有快有慢。从表中可以看到，1995 ~ 2004 年南昌市工业化发展水平一直排在首位且年均增长速度较高，2008 年新余市工业化进程发展迅速，工业化水平进入第一位，萍乡市、鹰潭市工业化进程也发展迅速，2000 ~ 2008 年两个地区工业化年均增长速度分别为5.35 和4.49；南昌市、鹰潭市、宜春市、九江市工业化发展速度也较快，赣州市、吉安市、抚州市、上饶市工业化发展速度属于第三层次。

3. 江西地区工业化进程的阶段特征

总体来看，1995 ~ 2008 年江西省工业化综合指数累计增加了27.06，从各指标对地区工业化综合指数增长的贡献度来看，人均GDP 指标对综合指数增长的贡献度最大占35.38%，其次是工业结构占34.07%，三次产业产值结构占13.38%，城市化率占8.31%，而城市化率发挥的作用较小。由表3 - 8 我们可以看到各个指标的发展很不均衡，江西地区工业化进程主要表现为人均收入的持续增长，三次产业结构和工业结构的不断优化，产业就业结构也在得到优化，但对于工业化进程较快地区（南昌、景德镇、新余、萍乡和鹰潭）产业就业结构指标对工业化进程的贡献较低，说明城市化发展和产业就业结构调整相对滞后。

表3 - 8 1995 ~ 2008 年各指标对地区工业化综合指数增长的贡献度

区域 \ 指标	人均GDP（%）	三次产业产值结构（%）	工业结构（%）	城市化率（%）	产业就业结构（%）	工业化指数累计增加值
江西省	35.38	13.38	34.07	8.31	8.85	27.06
南昌市	43.63	19.54	21.31	8.19	7.33	36.79
景德镇	34.51	11.99	36.89	10.90	5.74	39.36
萍乡市	30.20	16.40	40.28	10.20	2.89	50.47
九江市	30.82	21.97	30.60	8.31	8.31	31.08
新余市	35.32	15.86	34.27	10.10	4.46	56.99
鹰潭市	31.62	13.23	42.21	6.73	6.21	53.29
赣州市	13.15	35.54	29.58	7.14	14.60	20.25
吉安市	17.32	34.60	32.29	6.39	9.38	20.01
宜春市	18.94	29.41	44.77	5.88	1.0	24.16
抚州市	19.84	31.65	29.78	6.97	11.80	22.31
上饶市	10.85	38.53	33.58	3.37	13.70	20.54

如果把1995 ~ 2008 年分成1995 ~ 2000 年和2000 ~ 2008 年两个阶段，就会看到各地区推动该地区工业化进程的主要动力有所差异且随着工业化进程的推进在

不断变化。

第一阶段（1995～2000 年），江西省工业化综合指数累计增长了 4.31 点，而工业化进程中各指标的发展极不均衡（见表 3 - 9）。就各地区而言，南昌、九江、萍乡工业化进程的主要表现为人均 GDP 的增长和农业产值比重的下降；景德镇、新余、鹰潭主要通过工业结构优化加快工业发展，人均收入增长的贡献程度则仅次于工业结构，但城市化进程缓慢，第一产业就业人口的比重仍然很高；赣州、吉安、宜春和上饶地区工业化进程的最主要动力为第一产业就业人数的不断下降，而其他指标的贡献度几乎为零；抚州地区的工业化主要表现为农业产值比重的下降，该指标的贡献度达到 100%，其他指标发展相对缓慢。

表 3 - 9 1995～2000 年各指标对地区工业化综合指数增长的贡献度

区域	人均 GDP（%）	产业产值结构（%）	工业结构（%）	城市化率（%）	产业就业结构（%）	工业化综合指数累计增加值
江西省	43.9	14.5	23.6	0.0	18.0	4.31
南昌市	42.7	25.5	25.3	2.3	4.2	14.52
景德镇	30.3	12.4	48.3	- 0.1	9.1	15.80
萍乡市	55.3	52.1	0.0	0.0	- 7.3	7.67
九江市	40.7	24.0	0.0	0.0	35.3	4.09
新余市	30.8	- 0.6	71.2	3.2	- 4.6	4.95
鹰潭市	16.7	2.9	74.8	0.0	5.6	17.38
赣州市	0.0	0.0	0.0	0.0	100.0	0.84
吉安市	0.0	0.0	0.0	0.0	100.0	0.04
宜春市	0.0	0.0	0.0	0.0	100.0	- 0.92
抚州市	0.0	100.0	0.0	0.0	0.0	5.87
上饶市	0.0	0.0	0.0	0.0	100.0	0.40

注：产业就业比对工业化增长的贡献率为负的主要原因是经济普查中对第一、第二、第三产业就业人口抽样调查所造成的。

第二阶段（2000～2008 年），"十五"期间江西工业化综合指数累计增长 22.75 点，较第一阶段有较大幅度增长，各指标发展的均衡程度较第一阶段有所改进（见表 3 - 10），"十五"期间，各地区的人均收入仍在持续增长。与前一阶段相比，萍乡、新余的城市化进程在加快，第一产业就业人口在下降；萍乡、九江、新余、抚州、上饶四个地区的工业结构升级逐渐取代了产业结构调整成为推动工业化的主要动力；赣州、吉安、宜春和上饶四个地区在第一阶段只依靠降低第一产业就业人口推进工业化，而在第二阶段产业结构的优化升级和工业结构的调整对加快本地区的工业化步伐起到了举足轻重的作用，表明这些地区开始重视通过制造业等工业企业的发展来促进工业化水平的提升；抚州地区的工业化进程的主要动力由原来的依靠产业结构的优化升级转向人均收入增长为主动力，产业就业结构也进一步调整。综上分析可知，各地区工业化进程的主要表现与前一阶段有较大差异，但是总的来说，各个指标都在趋于均衡和合理。由于各地区在经济发展水平、资源条件等各方面存在差异，推动工业化进程的主要动力也因地而宜，可以预测在未来工业化进程期间，工业结构的优化升级、城市化进程的加快和产业就业结构的调整将分别成为推进江西各地区工业化进程的主要动力。

表 3－10　　2000～2008 年各指标对地区工业化综合指数增长的贡献度

区域＼指标	人均 GDP（％）	产业产值结构（％）	工业结构（％）	城市化率（％）	产业就业结构（％）	工业化综合指数累计增加值
江西省	33.76	13.16	36.06	9.89	7.12	22.75
南昌市	44.27	15.65	18.74	12.00	9.33	22.27
景德镇	37.31	11.71	29.27	18.20	3.46	23.56
萍乡市	25.71	10.01	47.48	12.10	4.72	42.81
九江市	29.32	21.66	35.24	9.57	4.22	26.99
新余市	35.76	17.42	30.76	10.80	5.32	52.04
鹰潭市	38.84	18.22	26.44	9.98	6.52	35.91
赣州市	13.71	37.08	30.86	7.45	10.90	19.41
吉安市	17.36	34.67	32.36	6.41	9.22	19.97
宜春市	18.25	28.33	43.13	5.66	4.61	25.08
抚州市	26.92	7.23	40.41	9.45	16.00	16.44
上饶市	11.07	39.31	34.26	3.44	11.90	20.13

二、江西劳动力就业现状分析

　　劳动力充分就业是经济发展的目标之一，随着经济的发展，工业化进程的加速，劳动力就业也经历着深刻的变化。为了更加清晰地了解江西劳动力就业现状，以下将从劳动力就业总体状况、劳动力产业就业状况和劳动力区域转移就业状况进行分析。

(一) 江西劳动力就业总体状况

1978 年改革开放以来，随着工业化进程的推进，江西劳动力就业总量在成倍增加，劳动力就业总体状况较好。全省劳动力资源在不断增加的情况下，全省就业人员数量和城镇就业人员也在不断增加。从表 3 - 11 可以看出，2008 年全省就业人员为 2404.5 万人，比 1978 年增长了 1150.2 万人，年均增长 38.3 万人；2008 年城镇就业人员为 733.96 万人，比 1978 年增长了 465.86 万人，年均增长 15.5 万人；2008 年年末城镇失业率比 1978 年下降了许多，保持在 3% ~4% 的水平，与国际标准相比较，在经济发展允许范围之内。① 随着经济结构明显改善，工业化、城镇化进一步提升，江西就业结构进一步优化，资源配置更趋合理。从三次产业就业结构来看，第二产业就业人员所占比重快速增长，由 2002 年的 22.7% 提高到 28.1%，5 年间上升 5.4 个百分点；就业人员达到 675 万人，5 年间净增 191.2 万人，增长 39.5%。第三产业就业人员所占比重稳步增长，由 2002 年的 32.0% 提高到 34.5%，就业人员达到 829.4 万人，5 年间净增 147.1 万人，增长 21.56%；第一产业就业人员所占比重有较大幅度下降，由 2002 年的 45.3% 下降到 37.4%，就业人员 900.1 万人，5 年间净减少 64.4 万人。

表 3 - 11　1978 ~2008 年江西劳动力就业总体情况一览表

年份	全省劳动力资源 （万人）	全省就业人员 （万人）	城镇就业人员 （万人）	年末城镇失业率 （%）
1978	1448.1	1254.3	268.1	7.39
1985	1887.1	1584.8	353.4	1.45
1995	2653.3	2100.5	503.1	1.57
2000	2898.2	2060.9	513.8	2.90
2002	2911.6	2130.6	553.2	3.40
2004	3073.5	2214.0	608.6	3.56
2008	3353.0	2404.5	733.96	3.42

资料来源：历年《江西省统计年鉴》。

---

① 当然，这里的失业率是指城镇登记失业率，不包括未登记和农村隐性失业，实际失业率应该比此数据更大。

通过观察表3-11中的数据，根据年末城镇失业率可以把1978~2008年劳动力就业情况分为四个阶段，1978~1985年、1985~1995年、1995~2000和2000~2008年（见表3-12），每一阶段全省劳动力资源、全省就业人员、城镇就业人员的增长率和拉动力就业供给需求弹性表现出不同的特征。

表3-12 1978~2008年江西分阶段劳动力就业表

指标 年份	全省劳动力资源 年均增长率（%）	全省就业人员 年均增长率（%）	城镇就业人员 年均增长率（%）	劳动力就业 供给需求弹性	城镇就业对全省就 业的贡献率（%）
1978~1985	4.33	3.764	4.545	0.87	26
1985~1995	4.06	3.254	4.236	0.80	29
1995~2000	1.85	-0.380	0.425	-0.20	-27
2000~2008	1.96	2.084	5.356	1.06	64

1. 1978~1985年劳动力就业大幅扩张阶段

在这一阶段，年末城镇失业率从1978年的7.39%不断下降到1985年的1.45%，年均下降了0.85个百分点，其贡献主要是改革开放初始效应所带来的。市场化改革伊始，积蓄多年的劳动力生产要素大幅度地在农村和城市间、产业部门间移动，促使这一阶段劳动力就业大幅扩张。有证据表明，1978~1985年是中国农业剩余劳动力转移速度最快的时期，短短7年中，农业就业份额由70.5%迅速下降到62.4%，非农就业比重由29.5%上升至37.4%。非农就业人员由1.18亿人增加到1.87亿人，增加了0.69亿人，年均递增6.8%。江西劳动力就业在这一时期也得到了快速发展。由表3-12可以看出，从劳动力供给方面来讲，全省劳动力资源年均增长率达到了4.33%，解决就业的压力是较大的。然而全省就业人员年均增长率也达到了3.76%，劳动力就业供给需求弹性达到了0.87，可以说在此阶段较大程度地解决了就业问题。当然对劳动力就业起到重要作用的还有城镇经济的发展，城镇劳动力就业年均增长率为4.55%，而且城镇就业对全省就业的贡献率达到了26%，为全省劳动力就业的有效解决做出了巨大贡献。

2. 1985~1995年劳动力就业持续增长阶段

在这一阶段的10年中，江西年末城镇失业率保持在1.5%左右。中国经济经过1986~1990年通货膨胀与市场"疲软"双重影响后，在1991~1995年进入到较快发展的时期，受我国整体经济的宏观影响，江西经济进入了一个持续发展的阶段，促使劳动力就业也得到了持续的增长，农业剩余劳动力转移就业加快。由表3-12可以看出，在这一时期，全省劳动力资源年均增长率为4.06%，劳动力就业的压力还是较大。但在经济持续发展的前提下，全省劳动力就业实现了3.25%的年均增长率，劳动力就业的供给需求弹性达到了0.80，为缓解劳动力就业压力做出了巨大贡献；城镇就业作用在这一时期继续扩大，城镇就业对全省就业的贡献率达到了29%，有力地支持了全省就业率的提高，也为农村剩余劳动力转移就业提供了一定数量的就业岗位。

3. 1995～2000年劳动力就业下降阶段

在此阶段，江西年末城镇失业率不降反升，达到了3%左右。江西在这一阶段的特征具有深刻的国情，1996年之后，中国经济开始由供给约束转向需求约束，由于种种原因，国内消费、投资需求增长有所放慢，而始于1997年夏的亚洲金融危机又较大程度地抑制了中国商品出口的增长，一系列不利因素使得中国经济增长趋缓，1999年中国实际GDP增长率为7.1%，比1995年的11.5%下降了4.4个百分点。这一国情也影响了江西劳动力就业，直接影响江西农村剩余劳动力的转移就业数量，再加上这一时期的国企改制的深入进行，下岗人员增加、扩招所带来的大专院校毕业生的增加和农民工的加入，三大就业大军无形中增加了城镇就业的压力。从表3－12中的数据可以看出，1995～2000年，江西劳动力就业经历了一个下降阶段。全省劳动力资源虽然年均增长率1.85%，全省劳动力就业却出现了负增长，劳动力就业的供给需求弹性也是负数，全省劳动力就业未能有效解决全省就业问题；城镇就业率年均增长虽然达到了0.43%，但是对全省劳动力就业的贡献率却是负数，证明了城镇就业对全省就业几乎没有起到支持作用。

4. 2000～2008年劳动力就业平稳增长阶段

进入21世纪，江西年末城镇失业率保持在3.42%左右的水平，证明此阶段劳动力就业比较平稳，能较好地适应经济的发展。江西劳动力资源与前一阶段一样，在不断降低，劳动力资源年均增长率只有1.96%。但是劳动力资源减少并不代表就业压力不存在，由于劳动力跨省转移就业、劳动力就业政策、措施的加强，多元化、非正规就业思想的提出，特别是以创业带动就业的思路的提出，对江西劳动力就业的有效解决起到了重要的作用。从表3－12数据可以看出，2000～2008年的8年间，江西全省劳动力就业年均增长率在2.08%，劳动力供给需求弹性达到了1.06，达到了1978年以来的最高比例，最大限度地为江西劳动力资源提供了有效就业机会；同时，城镇就业年均增长率达到了5.36%，城镇就业对全省劳动力就业的贡献率达到了64%，说明城镇就业对全省劳动力就业的作用越来越大，伴随工业化的城市化进程的加快是劳动力就业问题有效解决的一个重要途径。

（二）劳动力产业就业状况

1978 年以来，江西在发展经济、增强综合实力、优化经济结构的同时，劳动就业结构也得到不断完善，基本实现了经济结构调整和就业结构的协调推进，劳动力产业就业状况得到大力改善。1978 年，随着国民经济贯彻执行"调整、改革、整顿、提高"的方针，大力支持企业横向联合，制定了外商投资优惠政策，促进了私营和个体经济的发展。1985 年开始，随着合营经济、外商投资、股份制以及其他各种经济类型的迅速发展，江西逐步形成了多种经济并存与共同发展的格局。其他经济类型和个体经济等非公有制经济安置就业人数占就业人员总数的比重逐年加大，并逐渐成为新增就业的主渠道。2007 年，全省非公有制经济就业人数占全社会就业总人数的比重达到 43.6%。

由于经济结构明显改善，带动了三次产业就业人员结构调整，使从业人员在三次产业间的分布逐步趋向合理。1978 年，江西社会从业人员在三次产业所占比重分别为 77.2%、13%、9.8%，呈现出第一产业从业人员比重偏高，第二、第三产业从业人员比重偏低的格局。此后，随着经济的发展，特别是工业化的大力推进，全省劳动力不断地从第一产业中剥离出来，向第二、第三产业转移。到 2008 年末，全省第一产业就业人员为 900.1 万人，第二产业就业人员为 675 万人，第三产业就业人员为 829.4 万人，三次产业从业人员所占比重分别为 37.4%、28.1%、34.5%。与 1978 年相比，第一产业劳动力减少了 68.6 万人，第二产业劳动力增加了 511.6 万人，第三产业劳动力增加量达到 707.2 万人；第一产业就业比例降低了 39.8 个百分点，第二产业比例增加了 15.1 个百分点，第三产业增加了 24.7 个百分点。从比较结果可以证明，改革开放 30 多年以来，江西的产业结构在不断的优化，工业化进程在不断的加速，并改变着全省的劳动力就业结构，使其不断优化。

根据表 3-13 数据内容，经过相应指标的计算，可以发现改革开放 30 年以来，江西劳动力各时间段的劳动力就业的阶段特征（见表 3-14），可以分阶段对劳动力产业就业进行分析。

表 3-13　1978~2008 年江西劳动力产业就业一览表

指标 年份	全省就业 （万人）	第一产业 （万人）	第二产业 （万人）	第三产业 （万人）	第一产业 （%）	第二产业 （%）	第三产业 （%）
1978	1254.3	968.7	163.4	122.2	77.2	13.0	9.8
1985	1584.8	1057.2	320.5	207.1	66.7	20.2	13.1
1995	2100.5	1071.7	525.1	503.7	51.0	25.0	24.0

续表

指标 年份	全省就业 （万人）	第一产业 （万人）	第二产业 （万人）	第三产业 （万人）	第一产业 （%）	第二产业 （%）	第三产业 （%）
2000	2060.9	960.9	502.8	597.2	46.6	24.4	29.0
2002	2130.6	964.5	483.8	682.3	45.3	22.7	32.0
2004	2214.0	907.7	598.4	707.9	41.0	27.0	32.0
2008	2404.5	900.1	675.0	829.4	37.4	28.1	34.5

资料来源：历年《江西省统计年鉴》。

表 3-14　1978~2008 年江西分阶段劳动力产业就业表

指标 年份	各产业就业年均增长率（%）			各产业就业比例年均增加百分点		
	一	二	三	一	二	三
1978~1985	1.31	13.73	9.93	-1.50	1.03	0.47
1985~1995	0.14	6.38	14.32	-1.57	0.48	1.09
1995~2000	-2.07	-0.85	3.71	-0.88	-0.12	1.00
2000~2008	-0.79	4.28	4.86	-1.15	0.46	0.69

（1）1978~1985 年，第一产业劳动力就业的年均增长率是 1.31%，就业比例年均下降了 1.5 个百分点，说明第一产业劳动力就业数量随着劳动力资源数量和农村剩余劳动力的增加还在增加，就业比例随着改革开放工业企业的增加而开始下降；第二产业就业年均增长率为 13.73%，就业比例年均变化 1.03 个百分点，表明第二产业特别是工业对劳动力就业的拉动作用较大；第三产业就业年均增长率是 9.93%，就业比例年均变化 0.47 个百分点，表明第三产业对劳动力就业也做出了重要贡献。

（2）1985~1995 年的 10 年间，劳动力产业就业有了新的变化，第一产业就业年均增长率为 0.14%，比 1978~1985 年下降了 1.17 个百分点，就业比例也在不断地下降，年均下降 0.07 个百分点，说明随着改革开放的深入，产业的不断发展，农村劳动力在不断地加速转移就业；第二产业就业年均增长率进入一个稳步增长的时期，就业年均增长率为 6.38%，就业比例年均增长 0.48 个百分点，说明第二产业就业还在持续增加；第三产业在这一时期增长较快，就业年均增长率达到了 14.32%，产业就业比例年均增长也达到 1.09 个百分点，比上一个时期都有大幅度增加。

（3）1995~2000 年，劳动力产业就业进入到一个新的调整时期。第一产业就业年均下降 2.07%，就业比例年均下降 0.88 个百分点，劳动力转移速度较快；

然而第二产业就业速度在下降，就业年均下降了0.85%，就业比例年均增长百分点也年均下降0.12个百分点，说明第二产业面对大量剩余劳动力无法提供更多的劳动力就业；在这一时期第三产业对劳动力就业起到了巨大作用，就业年均增长率达到了3.71%，就业比例年均增加1个百分点，对缓解劳动力就业起到了重大作用。

（4）2000~2008年，社会主义市场经济更加成熟，劳动力产业就业进入新的历史时期。第一产业劳动力就业持续下降，就业年均下降0.79%，下降比率在降低，说明农村剩余劳动力转移在降低，就业比例年均下降1.15个百分点，第一产业就业比例有了较大幅度下降；第二产业劳动力就业年均增长率达到了4.28%，就业比例年均增加0.46个百分点，在这一时期第二产业对劳动力就业起到了重要的拉动作用；第三产业劳动力就业持续增加，就业年均增长率达到了4.86%，产业就业比例年均增加0.69个百分点，为农民工、大专院校毕业生和下岗工人提供了大量的就业岗位。

（三）劳动力区域转移就业状况

工业化进程伴随着劳动力跨地区转移就业，江西也不例外，在此主要是分析江西劳动力跨区域转移到别的省份的就业情况。江西是我国农村劳动力外出就业的大省，1993年以后，江西每年都有数以百万计的农村剩余劳动力走出家乡，外出务工（见图3-1），农民进城就业已经成为江西农村劳动力转移的主要渠道，也是农民增收最直接、最有效的途径。

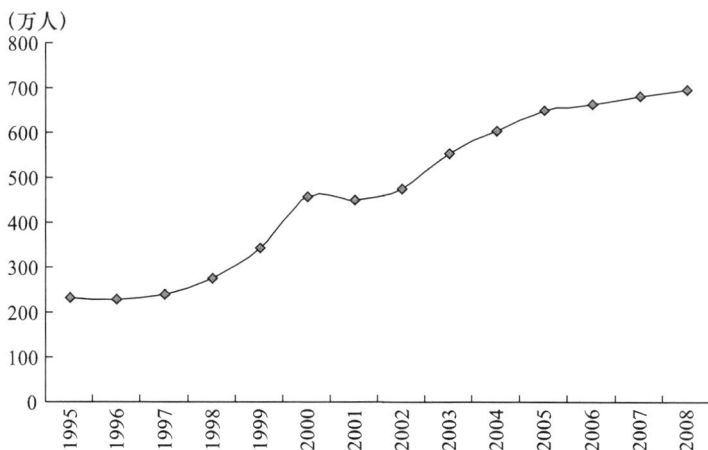

图3-1　1995~2008年江西农村劳动力外出就业规模变化情况

2006 年江西省农村劳动力外出务工人数达 665.92 万人，同比增长 2.51%，占农村劳动力比重的 35.5%。外出务工农民共创造收入 542.6 亿元，较上年增长 12.6%，务工农民人均收入达 8147.6 元，每人寄回或带回现金 2981.2 元。全省农民人均外出务工纯收入 976.19 元，同比增长 9.16%，对全省农民增收贡献率达 25.7%，江西是农村劳动力富余大省，目前，全省农村人口达 2629 万人，占全省人口的 60.2%。为让更多的农民走出家门，江西在省内外建立劳务输出基地，劳动保障部门集中发布省内外用工信息，引导农民工外出求职就业。在激烈的劳务市场竞争中，农民外出务工最缺的就是技能。为此，江西按照"以培训促输出，以输出带培训"的思路，对农村劳动力转移开展技能培训。江西积极探索政府加强引导、注重技能培训、有组织的劳务输出机制，努力打造具有江西特色的劳务输出品牌，全省近 1/3 的农村劳动力通过跨省劳务输出实现就业。在此基础上，2007 年江西又确立了促进农村富余劳动力就地就近转移的发展新思路，即"围绕一个中心、签订两个合同、加强三项管理、建立四个机制、落实五项激励政策"，实行从省外转移就业为主到省内省外就业并重的转变，有力地促进了全省农村劳动力的转移就业。2007 年全省农村劳动力转移就业人数 626.9 万人，其中省内转移就业 146.3 万人，增长 26.1%，省外转移就业 480.6 万人，增长 5.86%，向工业园区转移就业 23.47 万人，实现了省内转移就业的增长率高于省外转移就业的增长率的战略转移。2008 年下半年以来，江西省出现了农民工回流现象。从 2008 年 9 月起，大量农民工提前返乡，2009 年春节期间，从外省返回人员最高达 190 万人。江西省统计局的统计数据显示，随着就业形势的好转，到 2009 年第二季度，江西省外出务工人员规模超过国际金融危机来临前的水平，达 695.7 万人，其中省内务工人员 143.9 万人，省外务工人员 551.8 万人。

三、江西工业化与劳动力就业现象分析

加速江西工业化进程，提升江西工业化水平是历史发展的必然，也是江西摆脱落后局面的关键。在江西致力于工业化发展过程中，劳动力就业总量和结构也不断地变迁。以下主要是从工业化就业弹性和劳动力产业就业弹性出发，对江西工业化与劳动力就业的关系做一个初步的分析。

（一）工业化与劳动力就业现状

工业化就业弹性在此主要是指工业化水平就业弹性和工业产值就业弹性，工业化水平就业弹性指的是工业化水平综合指数每增加1%所带来的全省就业人员增长的百分比；工业产值就业弹性指的是工业产值每增加1%所带来的就业增加的百分比。根据表3－15的测算可以看出，1995～2000年，工业化综合指数增长了4.31，工业生产总值也增加了229.39亿元，工业发展速度较快，然而工业化并没有增加就业，工业化水平就业弹性为－0.034，工业化产值就业弹性为－0.025，这与上节中劳动力就业总体情况中的分析一样。2000～2002年，工业化水平综合指数增加了4.5，工业生产总值增加了158.54亿元，工业化进程在加快，对就业的作用增强，工业化水平就业弹性为0.091，工业化产值就业弹性为0.116，对就业的吸收能力增强，但是贡献还较小。到2008年，工业化进入中期阶段，工业化进程在不断的加速发展，然而工业水平就业弹性为0.211，工业化产值就业弹性为0.062，比2004～2005年的工业产值有所提高，说明工业产值的增加促进了相应的就业，工业对劳动力就业的吸收作用有所增强。

表3－15　1995～2008年江西工业化水平就业弹性

年份\指标	全省就业人员（万人）	工业化水平综合指数	工业生产总产值（万元）	工业化水平就业弹性	工业产值就业弹性
1995	2100.5	7.84	3144900	—	—
2000	2060.9	12.15	5438800	－0.034	－0.025
2002	2130.6	16.65	7024200	0.091	0.116
2004	2214.0	23.68	11400000	0.093	0.063
2005	2276.7	27.56	14554000	0.173	0.102
2008	2404.5	34.90	27669300	0.211	0.062

根据表3－15相关数据，可以计算出全省就业增长率，工业化水平综合指数增长率和工业化产值增长率（见图3－2）。从中可以清晰地看到从1995～2008年各年间工业化指数变化与劳动力就业总量变化情况，工业化水平综合指数增长率和工业化产值增长率在图中呈现"W"形，表明工业化在这一时期，恰好呈现出了两次下降和两次增长。劳动力就业总量增长率水平较低，一直在较低水平持续增长，再一次证明工业对劳动力就业的吸收能力不强。

（二）三次产业与劳动力就业现状

产业就业弹性是各产业产值每增加1%所带来的各产业劳动力就业增长百分比。通过测算江西1995～2008年劳动力产业就业弹性（见表3－16），可以看出第一产业劳动力就业弹性在不断地下降，虽然其中有小小的波动（2000～2002年是上升的），但其趋势并没有改变，说明随着经济的发展，农村剩余劳动力在不

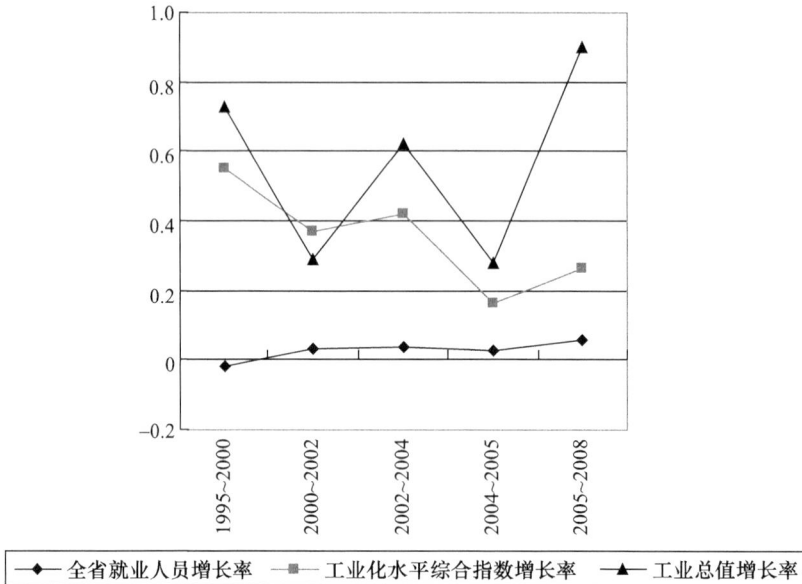

图 3 - 2　1995 ~ 2008 年工业化指数增长率及劳动力就业增长率

断转移，并进入到非农产业中实现就业；第二产业对劳动力就业弹性经历了下降、上升和下降的过程，1995 ~ 2002 年，劳动力就业弹性处于不断下降中，对劳动力就业没有起到很大作用，2002 ~ 2004 年，随着工业化进程的推进，不断地改变着产业的就业结构，第二产业对劳动力的就业弹性达到了 0.35，对农村剩余劳动力和整个第二产业就业做出了巨大贡献，2004 ~ 2005 年，第二产业对劳动力就业的贡献有所下降，对劳动力的就业弹性维持在 0.17 左右，说明第二产业劳动力就业又处于调整之中，加大第二产业对劳动力就业的吸收能力是第二产业产业选择和产业突破的重要任务；第三产业就业弹性一直处于不断增长中，虽然其中也有所波动，但是其基本趋势是不断增长的，受国际金融危机的影响，2005 ~ 2008 年第二产业就业弹性下降，为 0.15，第三产业就业弹性平均为 0.25，比例有所下降，但大力发展第三产业，对劳动力就业还是可以起到重要的推动作用。

表 3 - 16　1995 ~ 2008 年江西劳动力产业就业弹性

指标 年份	各产业就业数量（万人）			各产业产值（亿元）			各产业就业弹性		
	一	二	三	一	二	三	一	二	三
1995	1071.7	525.1	503.7	374.64	403.74	391.35	——	——	——
1995 ~ 2000	960.9	502.8	597.2	485.17	700.76	817.17	- 0.35	- 0.06	0.17

指标\年份	各产业就业数量（万人）			各产业产值（亿元）			各产业就业弹性		
	一	二	三	一	二	三	一	二	三
2000～2002	964.5	483.8	682.3	535.98	951.77	962.73	0.04	-0.11	0.80
2002～2004	907.7	598.4	707.9	711.70	1595.74	1188.50	-0.18	0.35	0.16
2004～2005	907.5	619.5	749.7	727.37	1917.47	1411.92	-0.01	0.17	0.31
2005～2008	900.1	675.0	829.4	1060.38	3414.88	2005.07	-0.03	0.15	0.25

（三）工业化进程中劳动力就业压力情况

虽然各级政府为促进就业和再就业作出了艰苦的努力，但江西当前就业矛盾仍然处于不断积累和上升之中，企业下岗失业人员再就业、新增劳动力就业和农村富余劳动力转移就业同时出现的"三峰叠加"局面，使江西就业面临着巨大的压力。

1. 劳动力供大于求的矛盾将长期存在

江西劳动力资源非常丰富，2008 年全省劳动力资源总数占总人口的比重达到 76.2%，比 2002 年高出 6.8 个百分点。一是新成长的劳动年龄人口数量大。根据第五次人口普查资料推算，2008 年新进入劳动年龄即 16 岁年龄的人口近 70 万人，此后五年虽有所减少，但仍保持在 55 万人以上；进入 20 岁年龄的人口 85.1 万人，此后五年平均每年约有 80 万人。二是进入劳动力市场的人口数量大。2007 年全省有大中专毕业生 33.4 万人，比 2006 年增加 2.1 万人；城镇登记失业人数 24.3 万人，虽比 2006 年减少 0.9 万人，但仍处在较高水平；再加上农村转移出来的劳动力，供给数量远远高于每年的新增就业岗位。2007 年全省城镇新增就业岗位 45.2 万个，经济增长带来的就业机会和岗位，远远满足不了现实劳动力的需求。

2. 劳动就业结构性矛盾越来越突出

一是劳动力素质结构。根据 2008 年人口变动抽样调查，江西 15～64 岁劳动适龄人口中，受教育程度在小学及以下的人口占总人口的比重高达 25.0%，具有初中文化程度的人口占 33.0%，具有高中文化程度的人口占 13.5%，而具有大专及以上文化程度的人口仅占 4.7%，可见江西劳动力整体文化素质偏低，难以适应现代经济发展的需求，劳动力素质与需求不相适应的结构性失业问题日益突出。二是技术技能结构。劳动力市场中，劳动者的技能难以满足用工单位的要求，这不仅表现在下岗失业人员技能不适应用工单位的需要，一些大中专毕业生也同样面临适应社会需要的问题。劳动者素质技能与岗位技能需求之间不匹配导致了企业"招工难"和劳动者"就业难"的双重矛盾，成为江西就业和再就业的最大压力。

四、本章小结

通过借鉴陈佳贵等研究中国地区工业化进程的评价方法，结合江西各地区的实际，在现有的统计数据基础上，对江西省和11个地市的工业化进程进行了综合评价，得出以下结论：一是2008年江西地区工业化进程向"橄榄"形转变，工业化进程在逐渐优化升级，向更加稳定的方向发展；二是1995~2008年江西省大部分地区工业化都在加速推进，分成两个梯队，第一梯队是南昌、景德镇、新余、鹰潭和萍乡，发展均衡速度较快，其他6个地区处于第二梯队，发展最快和最慢的地区工业化综合指数相差51，工业化进程差距较大；三是在未来工业化进程期间，工业结构的优化升级、城市化进程的加快和产业就业结构的调整将分别成为推进江西各地区工业化进程的主要动力。

产业就业结构的调整已经成为推动江西地区工业化进程的主要动力之一，实现充分就业是经济发展的永恒主题之一。通过对江西劳动力就业总体情况的分析，结合江西工业化对劳动力就业的影响，得出以下结论：一是改革开放以来，江西劳动力就业总体在不断地增加，并呈现出大幅增加、持续增长、就业下降和平稳增长四阶段的特征，城镇劳动力就业对全省就业的贡献作用较大，城镇登记失业率保持在3.4%的合理水平；二是江西劳动力产业就业结构不断得到改变，随着工业化进程的推进，各阶段各产业劳动力就业不断地趋向合理；三是江西工业化就业弹性还较低，工业化水平就业弹性平均为0.1，工业化产值就业弹性平均为0.06，工业化进程中第二产业，特别是工业对劳动力就业地吸收能力不强，劳动力产业就业弹性也体现了这一点，第一产业与第三产业就业弹性相对合理，第一产业就业弹性处于不断下降之中，第三产业处于不断上升之中，第二产业就业弹性虽然有所上升并趋于稳定，但与劳动力就业总量并不协调，未能充分有效地吸收劳动力和带动其他产业就业。

工业化进程的加速推进，并未与劳动力就业效应呈现同向趋势，工业化与劳动力就业在江西经济发展的各个阶段也没有呈现协调一致的状态。在当前工业化不断推进的过程中，在后金融危机环境下充分有效地解决就业问题是工业化发展方式和路径选择所需要考虑的关键问题。为此，需要进一步分析论证工业化进程中劳动力就业非均衡发展的深层原因。

第四章　工业化进程的劳动力就业效应理论分析

对江西地区工业化进程进行综合分析，可以看出江西工业化进程正在加速推进。工业化的推进，促使产业结构不断得以调整，劳动力就业也在产业间发生相应的变化。根据第三章关于江西工业化与劳动力就业现状的初步分析，可以看出在工业化水平的各阶段，劳动力就业并未呈现出相一致的变化，劳动力充分就业滞后于工业化进程，工业化加速推进和就业效应的差异意味着江西工业化进程表现出与先行工业化国家或地区的标准理论模型和实证研究的预期都有不相同的特征。因此，在工业化快速推进时期，特别是在金融危机导致劳动力逆向流动的背景下，欠发达地区劳动力就业应引起充分重视，因为增加收入和充分就业是经济发展的目标之一，也是工业化进程推进所要达到的目的。而且工业化对劳动力就业在一定程度上会产生"挤出效应"，为此，本章主要是从理论模型上深入论证工业化进程中劳动力就业效应问题，并做出相应的判断，为后续章节的实证分析提供了理论依据。其理论与实证研究范式如图4-1所示。

一、工业化进程中基于结构角度的劳动力就业效应理论分析

工业化是现代经济增长和发展的核心内容，工业化进程的加速推进会不断的改变经济社会结构，促进产业结构的优化和升级。工业化对产业结构的影响可以从配第·克拉克定理、库兹涅茨法则、钱纳里工业化阶段理论和刘易斯的二元结构理论中看出，工业化对产业结构的变化起了关键作用。产业结构的变动必然带来就业结构的相应调整，经济发展的初期，社会劳动资源集聚在生产效率低下的农业部门；随着科技发展，工业革命之后，现代工业部门兴起，越来越多地承接

```
                          ┌─偏离效应──→ 偏差系数与偏离份额 ──→ 一致性检验
                          │
                          ├─关联效应──→ 相关系数与关联系数 ──→ 相关程度检验
              ┌─结构角度──┤
              │           ├─弹性效应──→   弹性系数     ──→ 影响程度检验
工业化进程中   │           │
劳动力就业     │           └─熵数效应──→    熵指数      ──→ 结构均衡检验
效应研究 ──────┤
              │           ┌─有效需求──→ 工业化与就业 ──→ 总体就业效应
              │           │
              └─要素角度──┼─技术进步──→ 资本深化与就业 ──→ 挤出效应、补偿效应
                          │
                          └─资本深化─┐
                            技术进步─┴→ 重工业化与就业 ──→ 替代效应、收入效应
```

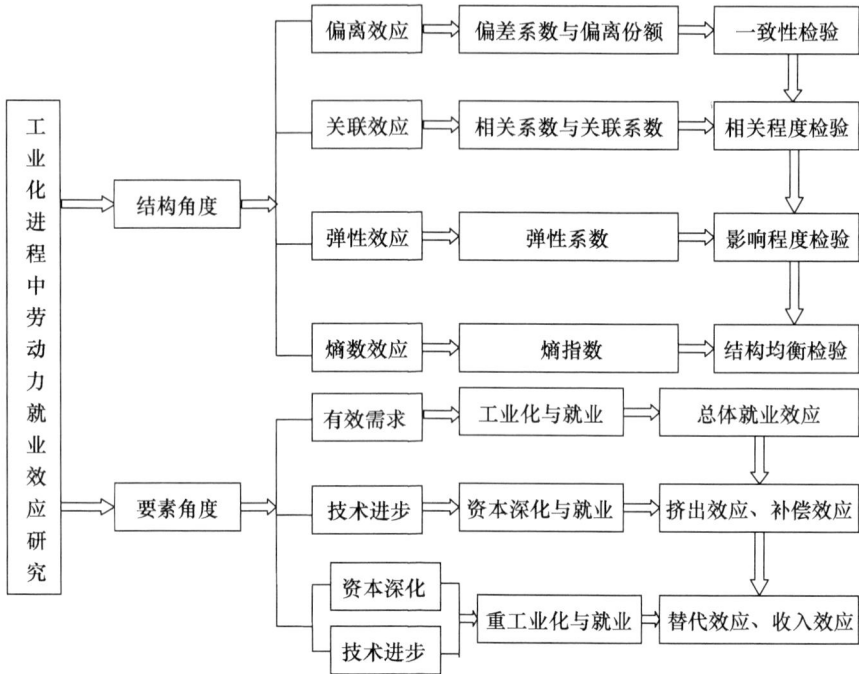

图 4-1　工业化进程中劳动力就业效应的理论与实证研究范式

了大量的劳动力就业，农业部门的就业逐步减少而让位于工业部门；当代技术进步步伐加快又使得工业部门劳动生产效率空前提高，既排斥劳动过多进入，又为以商业、金融、技术服务为主的第三产业快速发展提供了新的机遇，使得大量劳动就业逐步转向以第三产业为主。为了更有力地论证工业化对劳动力就业结构效应的影响，下面将从理论上对工业化、产业结构与劳动力就业效应进行合乎逻辑的判断，并建立相应的理论分析模型。

（一）工业化进程的劳动力就业结构偏离效应理论分析

一国的经济结构会随着工业化进程的变化而不断地发生变化，以至于产业结构和就业结构也在不断变化之中。对于发展中国家来讲，由于劳动力资源配置效率不高，农村剩余劳动力规模较大，产业结构与劳动力就业结构可能会处于非均衡状态，存在较大的偏离，这种偏离效应我们可以假设为产业结构与就业结构是否存在一致性或协调性。对产业结构与就业结构之间存在的偏离效应，我们可以利用纵向偏离系数模型和横向的偏离份额模型来进行分析，对其一致性进行检验。

1. 偏离系数分析模型

为了考察一国或地区产业结构和就业结构的纵向非一致性程度，可以引入结构偏差系数这一概念。假设 E 为结构偏差（离）系数（又称偏离程度），Y_i 为第 i 产业劳动力占全社会劳动力的比重，X_i 为第 i 产业产值占全社会国内生产总值的比重。即：

$$E = |Y_i - X_i| \qquad\qquad (4-1)$$

公式（4-1）结构偏离系数其实就是第 i 产业的就业比重与其产值比重之差，其取值范围为 0~1。结构偏差系数反映产业结构中的某产业产值比重和就业比重两者变动是否处在同步变化和对称状态，偏离度越高，说明两者越是处在不同步变化和不对称状态；反之，越接近于对称状态。一般来说，结构偏离度与劳动生产率成反比。而且，结构偏离度大于零（正偏离），也即该产业的就业比重大于产业增加值比重，意味着该产业的劳动生产率较低；反之，负偏离则意味着该产业的劳动生产率较高。从另外一个角度来说，结构正偏离的产业存在劳动力转出的可能性；相反，结构负偏离的产业则存在劳动力转入的可能性。如果国民经济各产业都是开放的，产业间没有行政壁垒，即呈完全竞争状态，那么通过市场对劳动力资源的重新配置，会使各产业的生产率逐步趋于一致，各产业的结构偏离度也就逐步趋于零。

结构偏差系数不仅可以反映某一产业的就业比重和产值比重是否协调一致，而且只要把结构偏差系数的表达式适当加以转换，就可以论证整体产业结构与劳动力就业结构的均衡性。即：

$$E = \sum_{i=1}^{n} |Y_i - X_i|, \ i = 1, 2, 3 \qquad\qquad (4-2)$$

公式（4-2）为总体产业就业结构偏差率，可以用来体现产业整体的发展质量，考察产业结构是否合理，产业发展速度是否具有均衡性以及产业结构是否具有协调性。当结构偏离度趋近于零时，说明产业结构相对合理；反之，说明产业结构还不够协调，还需要做进一步的调整。

2. 偏离份额分析模型

以上结构偏差系数模型没有考虑地区产业因素，为了更加深入地分析各地区的产业就业差异情况，可以在结构偏离率的基础上采用偏离份额分析模型来分析产业就业结构的区域差异。该方法在 Stillwell（1970）、Fothergill 和 Gudgin（1979）、Casler（1989）、Hoppes（1994）等的研究文献中有详细的讨论和分析，在此研究基础上，应用此方法研究中国经济问题的有 Liu 和 Liu（1996）、Liu 等（1999），主要分析产业的空间分布、地区就业结构变化、经济增长的地区差异和劳动力迁移的空间去向等现象。本书主要借鉴袁志刚、范剑勇（2003）关于研究区域就业结构的研究方法，用 ΔE_{ij} 代表第 j 省的第 i 产业的劳动力数量变化，E_{ij0}

代表基期第 j 省的第 i 产业的劳动力数量，R_{ij0} 代表考察期间的第 j 省的第 i 产业的劳动力数量增长率。它们具有以下关系：

$$\Delta E_{ij} = E_{ij0} R_{ij} \qquad (4-3)$$

进一步，设 R_{ik}、R_k 分别代表第 i 产业的全国劳动力数量增长率、三次产业的全国平均劳动力数量增长率，则公式（4-3）可以分解为下式：

$$\Delta E_{ij} = E_{ij0} R_k + E_{ij0} (R_{ik} - R_k) + E_{ij0} (R_{ij} - R_{ik}) \qquad (4-4)$$

把公式（4-4）右边第一项移到左边，得到下式：

$$\Delta E_{ij} - E_{ij0} R_k = E_{ij0} (R_{ik} - R_k) + E_{ij0} (R_{ij} - R_{ik}) \qquad (4-5)$$

把公式（4-3）代入公式（4-5），得到下式：

$$E_{ij0} R_{ij} - E_{ij0} R_k = E_{ij0} (R_{ik} - R_k) + E_{ij0} (R_{ij} - R_{ik})$$
$$R_{ij} - R_k = (R_{ik} - R_k) + (R_{ij} - R_{ik}) \qquad (4-6)$$

把公式（4-6）左边称为就业增长的相对净变化量（Net Relative Change，NRC），它直接表示第 j 省第 i 产业的就业增长量与全国平均各产业就业增加的差异，它是由右边两项组成：右边第一项劳动力就业的增长称为第 j 省的第 i 产业的劳动力的结构转移，当它除以公式（4-6）左边的相对净变化量就表示按与全国各产业的平均就业增长速度差异来度量的对相对净变化量的贡献份额（用 STR 表示），表示以全国该产业的平均增长率与全国平均总增长率之差的速度来度量的第 j 省第 i 产业劳动力增长情况（即全国第 i 产业的增长对第 j 省第 i 产业劳动力就业的拉动作用）；右边第二项为第 j 省的第 i 产业的劳动力差异转移，当它除以相对净变化量（NRC）后就是其对相对净变化量的贡献份额（Differential Component，DIF），它表示除结构转移以外，该省该产业就业增长率与全国该产业就业增长率的差异所引起的就业增长情况，直接代表该省该产业竞争力水平所引起的劳动力转移部分。

（二）工业化进程的劳动力就业结构关联效应理论分析

工业化进程的加速推进不断地改变着经济结构，产业与产业之间的关联性也不断增强，各产业之间存在着广泛的、复杂的和密切的技术经济联系。一些产业的发展也可能导致另一些产业的发展，相应地，该产业发展也会增加一定的劳动力就业，这种产业发展反映在就业上的"关联效应"是客观存在的，在产业关联中为产业部门间的劳动就业关联关系。某一产业的发展水平不仅对其自身产业就业产生影响，同时还会对其他产业的就业也产生影响和制约作用，这种影响可以假设为产业结构与劳动力就业结构的关联效应，用相关系数矩阵模型和灰色关联分析模型对其相关性进行检验。

1. 相关系数矩阵模型

度量两变量之间的关联强度可以选择皮尔逊积距相关系数，它是目前应用最为广泛的相关系数计算模型。

$$\gamma = \frac{\sum (X - \bar{X})(Y - \bar{Y})}{\sqrt{\sum (X - \bar{X})^2}\sqrt{\sum (Y - \bar{Y})^2}} = \frac{n\sum XY - \sum X \sum Y}{\sqrt{n\sum X^2 - (\sum X)^2}\sqrt{n\sum Y^2 - (\sum Y)^2}}$$

$$(4-7)$$

在分析各产业产值比与各产业就业比之间的关联性时，直接借鉴公式（4-7）来进行分析。按三次产业分类法把整个产业分为第一产业、第二产业和第三产业，用 γ_{ij} 表示第 i 部门的产值构成和第 j 部门的就业构成之间的相关系数；X_i 为第 i 产业产值占全社会国内生产总值的比重，Y_j 为第 j 部门劳动力就业人员占全社会劳动力就业人员的比重；n 为时间数列项数，γ_{ij} 取值范围为 $-1 \leq \gamma_{ij} \leq 1$。产业就业结构相关系数如公式（4-8）所示。

$$\gamma_{ij} = \frac{n\sum X_i Y_j - \sum X_i \sum Y_j}{\sqrt{n\sum X_i^2 - (\sum X_i)^2}\sqrt{n\sum Y_j^2 - (\sum Y_j)^2}}, \quad (i, j = 1, 2, 3 \text{ 产业部门})$$

$$(4-8)$$

γ_{ij} 的大小反映了 i 部门产业发展和 j 部门就业变化的密切联系程度。其判断标准如下：当 $\gamma_{ij} = 0$ 时，表明第 i 部门产值构成的变动对第 j 部门的就业比重没有影响；当 $\gamma_{ij} = 1$ 时，表明第 i 部门产值构成变化引起第 j 部门的就业比重同向同等程度变化；当 $\gamma_{ij} = -1$ 时，表明第 i 部门产值构成变化引起第 j 部门的就业比重反向同等程度变化。把所有产业的产值比重与各产业的就业比重之间的相关系数用矩阵的形式加以表示则为矩阵（4-9）：

$$R = \begin{vmatrix} \gamma_{11} & \gamma_{12} & \gamma_{13} \\ \gamma_{21} & \gamma_{22} & \gamma_{23} \\ \gamma_{31} & \gamma_{32} & \gamma_{33} \end{vmatrix}, \quad (i, j = 1, 2, 3 \text{ 产业部门}) \qquad (4-9)$$

R 矩阵（4-9）综合地反映了各产业构成与就业构成的关联程度，它为制定产业政策和调整产业结构提供了依据，也可以为劳动力资源的再配置提供政策指导。在工业化不断推进的过程中，如果要创造更多的就业机会和提供更多的就业岗位，就应该大力发展与就业正向关联程度高的产业，通过大力发展这些产业来推进大规模的就业；在后金融危机时期，劳动力供求矛盾比较突出，国家在加速工业化进程中大力发展资本和技术密集型产业，应充分考虑劳动力就业问题，相机抉择产业发展政策，促进劳动力的充分就业，保证社会稳定。

2. 灰色关联分析模型

劳动力从第一、第二产业转移到第三产业，体现为新型工业化进程，工业化程度的提高与非农就业岗位的创造存在高度的相关性。在此借鉴邓聚龙（1982）提出灰色系统理论（Grey System Theory），它是指将一般系统论、信息论和控制论的方法延伸到社会、经济和生物等系统上，结合数学运算方法发展出一套解决信息不完备的系统称为灰色系统理论。所谓灰关联分析是指对一个系统发展变化态势的定量描述和比较方法，它的基本思想是通过确定参考数列和若干比较数列的几何形状相似程度来判断联系是否紧密，它反映了曲线间的关联程度。对于两个系统之间的因素，其随时间或不同对象而变化的关联性大小的量度，称为关联度。在系统发展过程中，若两个因素变化的趋势具有一致性，即同步变化程度较高，即可谓两者关联程度较高；反之，则较低。因此，灰色关联分析方法，是根据因素之间发展趋势的相似或相异程度，亦即"灰色关联度"，作为衡量因素间关联程度的一种方法。灰色系统理论提出了对各子系统进行灰色关联度分析的概念，意图通过一定的方法，寻求系统中各子系统（或因素）之间的数值关系。因此，灰色关联度分析对于一个系统发展变化态势提供了量化的度量，非常适合动态历程分析。

由于对原始数列采取的生成处理不同，同一数列会导致关联度的计算结果不同，因此关联度的大小只具有相对意义，关联度的大小排序一般不会发生变化，因此在实际分析中，我们应关心的是关联度大小的排序，而不是关联度实际数值的大小，关联度的大小只是因子间相互作用、相互影响的外在表现，而关联度排序才是实质。

（1）建立变量和数列。假设：X_0 非农产业就业系数、X_1 表示社会总产值、X_2 表示第一产业产值、X_3 表示第二产业产值、X_4 第三产业产值，其中非农产业就业系数 = （第二产业就业 + 第三产业就业）/社会总就业。在对所研究问题目标的基础上，确定一个因变量和多个自变量。设因变量数据构成参考序列，各自变量数据构成比较序列，分别表示为：

$X_0 = \{ x_0(1)，x_0(2)，\cdots，x_0(n) \}$，

$X_i = \{ x_i(1)，x_i(2)，\cdots，x_i(n) \}$，$i = 1，2，\cdots，m$ （4 - 10）

公式中：X_0 为参考序列，X_i 为比较序列，n 为序列长度，$i = 1，2，\cdots，m$，m 为比较序列个数。将非农产业就业系数序列作为母序列 X_0，将社会总产值（X_1）、第一产业产值（X_2）、第二产业产值（X_3）、第三产业产值（X_4）作为比较序列。

（2）数据的无量纲化。由于系统中各因素的物理意义不同，导致原始变量序列具有不同的量纲，不同的量纲造成几何曲线的比例不同，进行数列比较时，难以得到正确的结果，因此必须消除量纲对序列的影响，使序列转化为可以进行比较的序列。原始数据的转换方法通常有均值化变化和初值化变化两种，本书采用初值化。初值化是指对每个数据列均用其第一个数 $X_i(1)$ 去除其他数 $X_i(k)$，$k = 1，2，\cdots，n$，这样即可使数列无量纲，并得到一个新的数列（4 - 11）。

$$X_i = \left\{ \frac{X_i(1)}{X_i(1)}, \frac{X_i(2)}{X_i(1)}, \cdots, \frac{X_i(n)}{X_i(1)} \right\} \qquad (4-11)$$

当然，初值化的目的还可使各个数据列所对应的曲线有一个公共交点，以便于各因素的比较和分析。

（3）计算关联系数。关联性实质上是曲线几何性质的差别，因此，可以将曲线间差值的大小作为关联程度的衡量尺寸。记消除量纲的一个序列为 $\{X_0(t)\}$，另一个序列为 $\{X_1(t)\}$，如果两个序列处在同一时刻 k 的值分别为 $\{X_0(k)\}$，另一个序列为 $\{X_1(k)\}$：

$$X_0(t) = \{X_0(1), X_0(2), \cdots, X_0(k)\} \qquad (4-12)$$
$$X_1(t) = \{X_1(1), X_1(2), \cdots, X_1(k)\} \qquad (4-13)$$

记 $X_0(k)$、$X_1(k)$ 的绝对值记为 $\Delta_i(k)$：

$$\Delta_i(k) = |X_0(k) - X_1(k)|, \ i = 1, 2, \cdots, m \qquad (4-14)$$

各个时刻绝对值的最小值记为 Δ_{min}，最大值记为 Δ_{max}：

$$\Delta_{min} = \min|X_0(i) - X_1(i)| = \min\{|X_0(1) - X_1(1)|, |X_0(2) - X_1(2)|, \cdots,$$
$$|X_0(n) - X_1(n)|\}$$
$$\Delta_{max} = \max|X_0(i) - X_1(i)| = \max\{|X_0(1) - X_1(1)|, |X_0(2) - X_1(2)|, \cdots,$$
$$|X_0(n) - X_1(n)|\} \qquad (4-15)$$

根据公式（4-15）可以计算关联系数的计算公式为：

$$r = \frac{\Delta_{min} + \rho\Delta_{max}}{\Delta_i(k) + \rho\Delta_{max}} \qquad (4-16)$$

$\Delta_i(k)$ 为 k 时刻两比较序列的绝对差。ρ 为分辨系数，其作用是消除 Δ_{max} 的值过大而使计算的关联系数 r 值失真的影响，ρ 的取值介于 0 和 1 之间。

若记经数据变换的母数列为 $\{X_0(t)\}$，子数列为 $\{X_1(t)\}$，则在时刻 t = k 时，定义 $\{X_0(t)\}$ 和 $\{X_1(t)\}$ 的关联系数为：

$$\varepsilon_{0i}(k) = \frac{\min_t\min_k\Delta_{0i}(k) + \rho\,\max_t\max_k\Delta_{0i}(k)}{\Delta_{0i}(k) + \rho\,\max_t\max_k\Delta_{0i}(k)}, \ k = 1, 2, \cdots, n, \ i = 1, 2, \cdots, m$$
$$(4-17)$$

式中：ρ 为分辨系数，其作用可以提高关联系数之间的差异显著性，在此取值0.5。从上述公式中可以看出：关联系数反映两个序列在同一时刻的紧密程度，关联系数越大，两个序列在该时刻的关系越密切。

（4）计算关联强度。由于关联系数的数目过多，信息过于分散，不便于比较，为此有必要将各个时刻的关联系数集中于一个值，求平均值便被作为这种信息处理的一种方法，也称为关联度，其一般表达式为：

$$R_i = R(X_0, X_i) = \frac{1}{n}\sum_{k=1}^{n}\varepsilon_{0i}(k), \ i = 1, 2, \cdots, m \qquad (4-18)$$

式中：R_i 表示曲线 X_i 对参考曲线 X_0 的关联度。关联度越大，发展该产业，增加该产业产值对劳动力就业效应就越大。

（三）工业化进程的劳动力就业结构弹性效应理论分析

相关系数分析与弹性分析是有区别的，相关系数表示因变量的偏差有多少可以由自变量的变化来解释回归直线与数据点的贴近程度。而弹性分析是指自变量的变化率随因变量变化率的变化程度。因此产业产值结构与产业就业结构之间的相关系数只能说明各产业与各产业就业之间的关联强度，但是对于衡量三大产业产值对某一产业就业效应的具体程度，就需要借鉴弹性分析模型进行分析了。在经济成长的不同阶段中，各个产业变化的趋势与变化程度是不尽相同的。为了更好地测度每一不同产业随着时间推移的扩张或萎缩程度，可以用产业对就业的扩张弹性来进行分析评价。

假定用 X_{i0} 表示基期第 i 部门产业的产值，X_i 表示报告期第 i 部门产业的产值；同时用 Y_{i0} 表示基期第 i 部门产业的就业，Y_i 表示报告期第 i 部门产业的就业；用 ρ 表示产业就业弹性。

$$\rho = \frac{(Y_i - Y_{i0})/Y_{i0}}{(X_i - X_{i0})/X_{i0}}, \ (i = 1, 2, 3 \text{ 产业部门}) \tag{4-19}$$

当 $\rho > 1$ 时，表示第 i 部门产业就业的增长速度大于产出的增长速度，比重呈扩张的趋势；当 $\rho < 1$ 时，表明第 i 部门产业就业增长速度小于产出的增长速度，反映其比重呈萎缩趋势。它动态地描述了产业就业结构的变化状态，不仅可以分析不同发展阶段每个产业就业增长速度程度的大小，还可以进行相互比较，克服了孤立地分析单个产业就业增长速度所存在的局限性，即清晰地显示出每一产业就业的扩张或萎缩趋势，易于对经济增长快慢不同、时间先后不一的不同区域的产业就业结构变化进程进行比较。

（四）工业化进程的劳动力就业结构熵数效应理论分析

从分子运动的微观世界来认识，熵是微观态数或热力学概率大小的度量，系统的这一特征值表示系统的存在状态与运动状态的不肯定程度，它表征了系统的混乱度即不确定度。申农首先在信息论中引入了熵的概念，应用于衡量信息理论的干扰度方面，此后信息熵就成为度量信息质量的重要指标。$H = - \sum P_i \ln P_i$，这一公式称为申农公式，其定义的熵为广义熵或泛熵。在产业经济学中，专门用熵指数来衡量产业的市场集中程度。其公式为：

$$EI = \sum_{i=1}^{n} S_i \log (1/S_i) \tag{4-20}$$

借鉴产业经济学中衡量市场集中程度的熵数公式，构建就业结构熵数模式，把结构比变化视为就业结构的干扰因素，从而依照信息理论中的熵数表示法与熵数测定来计算就业结构熵数值，以判定各产业就业结构变化是趋向多元化还是专业化。假定用 $Y_{i,t}$ 表示第 t 时期第 i 产业部门的就业占全社会总体就业的比重，就业结构熵数用 E 表示。即：

$$E = \sum_{i=1}^{n} Y_i \log (1/Y_i), \quad (i = 1, 2, \cdots, n) \tag{4-21}$$

E 的取值范围为 $0 < E < \ln n$，其最大值为 ln n。就业结构熵数变化可以反映产业就业结构之间质的关系，并且它可以显示结构变化的另一种深层含义。各产业的就业结构比越均等，就业结构熵数就越大，表明产业就业发展形态越趋向多元化和均衡化；相反，倘若各产业的就业结构比差异很大，就业结构熵数就越小，表明产业就业结构越集中，发展形态趋向专业化。同时还可以利用就业结构熵数对具体行业的扩散或集中趋向进行判别，特别是对工业行业各部门的劳动力就业结构进行分析，以判断工业行业中劳动力就业结构的均衡性或集中性。

二、工业化进程中基于要素角度的劳动力就业效应理论分析

工业化进程中劳动力就业不仅受产业结构的影响，还受工业化本身的直接影响，在此主要研究推动工业化进程的关键要素——资本深化、技术进步对劳动力就业产生相应的影响。为了更清楚地判断工业化及其关键要素对劳动力就业的影响，需要从理论方面加以分析，为后续章节实证研究提供理论模型。

（一）基于有效需求的工业化对劳动力就业需求影响的理论分析

基于有效需求理论，工业化对劳动力就业需求具有深刻的影响，在假设只有现代资本部门和农业部门的前提下，通过构建工业化对劳动力就业的影响模型，为就业需求与工业化变动的实证分析提供依据。

1. 工业化与劳动力就业需求假设

工业化是推动经济发展的核心问题，以刘易斯为代表的传统二元经济理论从供给的角度强调了资本对工业化的决定作用，认为现代工业部门可以通过资本积累不断扩张，使传统农业部门逐步缩小，实现工业化。这一理论奠定了刘易斯—费景汉—拉尼斯模型，把资本看作推动发展中国家经济发展的基本约束条件。然而凯恩斯的有效需求理论在发展中国家也同样存在（Rakshit，1982），收入分配、

市场规模也会影响有效需求，从而促进或限制工业化的发展，Murphy 等（1989）认为收入分配影响市场规模，进而可决定工业化边界。有效需求不足影响工业化的发展，而工业化本身的发展模式也是产生有效需求不足的直接原因，工业部门发展的偏差，剩余劳动力转移速度跟不上工业发展的步伐，从而影响了传统农业部门剩余劳动力的有效转移就业，导致大量农村剩余劳动力收入低下。随着时间的推移，这种状况积累到一定的阶段，就会引起整个社会对工业产品的有效需求不足，出现 Murata（2002）所认为的情况，即农业生产中的低工业品投入及农民对工业品的低消费份额导致了工业化"发展陷阱"，而农业生产中增加工业品投入，生产变得更为迂回、大量消费工业品及城市化才能使发展中国家逃离"发展陷阱"，实现工业化。

一般传统二元经济理论都把欠发达国家视作天然的萨伊法则统治的古典世界，生产本身能创造需求，只要通过各个部门增加生产能力，需求就能自动扩张，因此，工业化发展主要是资本约束。工业化是现代部门逐步扩大，传统部门不断缩小的过程，其发展应满足全体居民消费结构调整及消费水平提高的需要，传统二元经济理论强调资本约束，容易形成工业发展与农村劳动力转移相脱节，过去我国长期实行所谓重工业优先的赶超战略，农村剩余劳动力转移受阻，农民被排斥在工业化之外，使我国至今第一产业的就业份额仍占有相当大的比重，偏离了消除二元结构的工业化目标。

2. 二部门框架下工业化对劳动力就业需求理论分析

根据以上的论述，在工业化初期和中期，为了解决有效需求不足问题，工业发展首先要解决劳动力就业问题。为此，在工业化发展模式上可以做出这样的假设：在工业化初期和中期，如果选择劳动密集型工业，农村剩余劳动力转移加快，居民收入增加，从而消除有效需求不足，进一步促进工业发展，促进充分就业；如果选择资本密集型工业，就会延缓农村剩余劳动力转移速度，影响有效需求，阻碍工业化的进一步发展，减少劳动力就业。

为了论证这一假设，在此可以借鉴陈在余、严英龙（2004）建立的二部门假设下的工业化与劳动力就业需求模型，在对模型加以改进的基础上以更适合研究工业化对劳动力就业的影响。模型沿袭了传统工业化理论的分析模式，假定经济由传统农业部门与现代工业部门组成，传统农业部门能生产足够多的农业剩余产品，农业劳动力为 N_1，农业存在剩余劳动力，其边际产品极低甚至为零，农业劳动力收入（W_1）由固定的制度性工资决定，除维持生计外，仅能购买有限的工业产品，购买份额为 α；现代工业部门资本相对过剩，其产出存在需求约束，工业部门劳动力为 N_2，工业劳动力收入为 W_2（高于农业劳动力收入 W_1），是工业产品的主要购买者，其工业产品购买份额为 β（高于农业劳动力购买份额 α），在工业化进程中，工业部门逐步扩大，农业部门不断缩小，工业部门的就业弹性为 e，吸纳农业劳动力转移数量为 ΔN。由于工业产品的需求约束，假定工业初始总产出（Y_1）等于总需求（E_1），即农业部门和工业部门劳动力对工业产品需求总和。根据以上变量假定，可以得出：

$$Y_1 = E_1 = \alpha W_1 N_1 + \beta W_2 N_2 \qquad (4-22)$$

随着工业化发展，工业总产出为 Y_2，增加产出为 ΔY，转移农业劳动力数量为 ΔN，此时工业总产出为：

$$Y_2 = E_2 = \alpha W_1 (N_1 - \Delta N) + \beta W_2 (N_2 + \Delta N) \qquad (4-23)$$

因 α、W_1、ΔN 相对 Y_2 数值较小，所以由公式（4-22）和公式（4-23）可得：

$$\Delta Y \approx \beta W_2 \Delta N \qquad (4-24)$$

又根据工业化产值就业弹性，有：

$$N_2 = Y \frac{1}{e\beta W_2} \qquad (4-25)$$

根据理论推导，由于二元经济条件下存在庞大的剩余劳动力，N_1 很大、N_2 较小，而 α、W_1 也很小，产出 Y_1 也较小，工业部门受到需求约束。在这样一种状态下，要减少农业剩余劳动力，就要不断扩大工业部门规模和产值 Y，从而增加工业部门的就业 N_2；同时在 β 和 W_2 相对稳定的情况下，e 是最为灵活的变量，反映了一个国家（或地区）的工业发展战略。如果某国家（或地区）采取以就业为先导的劳动密集型工业发展战略（e 较大），则就业扩大（ΔN 增加），从而刺激需求，增加工业产出 Y，进一步促进就业；反之，如果采用资本技术密集型工业发展战略（e 较小），农业部门被排斥在工业化之外，企业将生产更有利于城镇居民的产品结构，加剧了需求约束，工业化进程减慢，阻碍农业剩余劳动力的有效转移，抑制就业。该理论在一定程度上证明了工业化发展战略的选择会促进或阻碍工业化进程的发展，进而影响一国（或地区）的劳动力就业，为此，进行适宜的工业化路径选择是必需的。

3. 三部门框架下工业化对劳动力就业需求理论分析

二部门框架下的理论只能解释工业化初级阶段以及工业化中级阶段的情况，对于工业化后期和后工业化时期，高度发达的工业化会极大地带动第一产业的发展，大力提升第一产业的发展水平以及促进第三产业的发展，此时工业化对劳动力就业的影响必须在三部门框架下来进行分析了。为此，做出如下假设：在工业化后期和后工业化时期，工业化得到高度发展，资本与技术密集型产业增加，第二产业就业维持不变或者略有下降，第一产业劳动力直接向第三产业转移。

为了论证这一结论，我们可以在陈在余、严英龙（2004）建立的二部门假设下的工业化与劳动力就业需求模型基础上，加上第三产业的购买份额 δ，第三产

业劳动力收入为 W_3，第三产业劳动力就业为 N_3，ε 表示第三产业的就业弹性。根据以上变量假定，可以得出：

$$Y_1 = E_1 = \alpha W_1 N_1 + \beta W_2 N_2 + \delta W_3 N_3 \qquad (4-26)$$

随着工业化进程的高度发展，资本与技术密集型产业增加，假设第一产业转移劳动力转移出 ΔN，其中 ΔN_2 转入第二产业的劳动力数量，ΔN_3 表示转入第三产业的劳动力数量。

$$Y_2 = E_2 = \alpha W_1 (N_1 - \Delta N) + \beta W_2 (N_2 + \Delta N_2) + \delta W_3 (N_3 + \Delta N_3) \qquad (4-27)$$

由于 α、W_1 和 ΔN_2 相对 Y_2 数值较小，根据公式（4-26）和公式（4-27）可以得到：

$$\Delta Y \approx \delta W_3 \Delta N \qquad (4-28)$$

又根据第三产业产值就业弹性 ε，有：

$$N = Y \frac{1}{\varepsilon \delta W_3} \qquad (4-29)$$

从公式（4-29）可以看出，在工业化发展的高级阶段，第三产业发展对全社会产值的作用较大，尤其是第三产业产值就业弹性对第三产业产值的影响较大，第三产业就业大量增加，可以大大促进全社会产值的增加，从而提升全体社会的收入水平，促进有效需求，进一步增加全社会的劳动力就业。在工业化高级阶段，工业化战略选择自然倾向于能够大力促进生产型服务业的资本与技术密集型产业。

（二）基于技术进步的资本深化对劳动力就业效应的理论分析

通过分析工业化进程中工业化对劳动力需求的影响，论证了资本密集型工业和劳动力密集型工业化道路的选择对劳动力就业会产生不同的影响，但并没有分析更深层次的原因。为了更进一步揭示资本与劳动密集型工业对劳动力就业效应的作用机理，以下将从基于技术进步的资本深化角度加以分析。

1. 资本深化对劳动力就业效应的理论假设

张培刚（1984）认为，工业化是一个资本宽化和资本深化的过程，发展经济学也认为，发展中国家或地区工业化进程推进有赖于技术进步、资本积累和劳动增加等因素。在总资本量里面资本对劳动的比重不断提高，用马克思主义的语言来说就是不变资本对可变资本的比重不断提高，马克思把它叫作资本的有机构成提高，所以又叫资本深化或资本驱动。张军（2005）认为，资本投资边际效率降低过快和资本深化是经济增长放缓和就业困难的主要原因；胡鞍钢等（2004）将我国就业弹性的下降归结为工业走了资本密集化的道路；袁志刚、龚玉泉（2002）认为，投资的增长不仅没有带来劳动力投入的增长甚至是排斥就业的，是就业弹性下降的主要因素。钱永坤（2003）以江苏省城镇就业为案例得出的结论是，20 世纪 80 年代以后资本投入是拉动经济增长的主要原因；张曙、施贤文（2003）认为，我国劳动力市场分割所导致的市场扭曲使企业技术选择和个人的教育选择同时出现偏差，稀缺的人力资本和物质资本都偏离了最优配置，从而导致我国经济增长的就业效应差。姚战琪、夏杰长（2004）通过资本深化、技术进步对中国就业效应的经验分析，使得经济增长对就业的带动作用逐渐弱化，得出资本深化对就业有挤出效应。在我国工业化进程中，20 世纪 80 年代，投资的主要领域是资本有机构成低的劳动密集型产业，从而产出的扩张能够扩大就业。而 90 年代以来，资本纷纷投入 IT 行业和汽车制造业等，这些行业均属于资本密集型产业，机器排挤工人，技术排挤劳动，就业增长必然缓慢。这正是这一阶段投资就业弹性大幅下降的原因，投资就业弹性的下降导致对增长贡献最大的资本投入，不仅不能吸纳更多的劳动力就业，反而出现了资本对劳动的替代。然而，程连升（2006）认为，工业化进程中结构升级和资本密集化，会相对甚至绝对地减少就业，但技术水平的提高和生产、消费的扩张，又会引发一系列行业就业的增加，创造出许多新的就业领域。如汽车制造业是资本密集行业，但其大规模的生产与消费，导致汽车销售、保养维修等劳动密集产业的大发展，还会推动乡村家庭旅游业的发展。这就说明，随着技术的进步和分工的深化，加工制造业的资本密集与劳动密集往往呈现出交错并列的局面，大型生产厂家在保留主件生产的同时，会将零部件生产以承包和分包的形式分配给那些小型企业或承包商生产，而这些小型企业大多又是劳动密集型企业。

从我国学者对资本深化与就业关系的研究来看，我国学者侧重分析资本深化对就业的挤出效应，对资本深化的间接就业补偿效应进行分析，特别是进行定量分析的很少见。为此，我们可以假设资本深化对就业的影响是双重的：一方面，资本深化提高了劳动生产率，意味着同样多的劳动投入可获得更多的产出，或是同样多的产出仅需要更少的劳动投入，因此，在其他因素不变的情况下，资本深化将对就业产生挤出效应；另一方面，资本深化带来的劳动生产率的提高，又会通过增加劳动者收入，提高劳动者消费水平，增加有效需求，从而促进消费结构的升级，带动相关新兴产业特别是第三产业的发展，增加对劳动力的需求，进而对劳动力就业产生补偿效应。

2. 资本深化对劳动力就业效应的理论分析

资本深化（Capital Deepening）是指在经济增长过程中，资本积累快于劳动力增加的速度，从而资本—劳动比率或人均资本量在提高。资本深化一般意味着经济增长中存在着技术进步。根据宏观经济学中著名的资本积累方程：

$$\Delta k = sy - (n + r)k \qquad (4-30)$$

式中：sy 表示人均储蓄，由社会平均储蓄率 s 乘以人均产值 y；n 为劳动力的增长率，k 为人均占有资本量，这两者的乘积 nk 则表示为使新增加的工人完全就业所需要的新增资本数量；rk 表示人均占有资本的折旧费。资本累积方程（4－30）表明，当人均储蓄等于人均投资时，人均储蓄可以分为两部分，将用于装备新工人的投资 nk 和用于弥补人均折旧费 rk 这两项之和看作一种储蓄，称作资本化；而将用于提高资本—劳动比率的储蓄 Δk 称作"资本深化"，在这里，资本深化是指单位劳动占有资本量的增加。当 Δk＝0 时，人均储蓄正好等于资本扩展化的储蓄，资本深化的储蓄为 0；如果 Δk＞0，人均储蓄超过了资本扩展化时，就会出现资本深化，这时资本—劳动力比率将趋于上升。为使社会达到充分就业，就必须使投资达到资本扩展化所要求的水平，这样才能使新增工人拥有生产所必需的机器设备和弥补人均资本的损耗。

为了从理论上分析资本深化对劳动力就业的影响，可以借鉴简泽（2007）关于资本积累对工业化的增长和就业的效果相关解释，加以改进来论证资本深化对劳动力就业效应的影响。在此，我们假设要素市场是完全竞争的，于是有实际工资水平 W 等于劳动的边际生产率 f_L，在假定生产函数为 Y＝f(K，L，t) 情况下，有：

$$W = f_L \qquad (4-31)$$

对公式（4－27）两边对 t 求导，可以得：

$$dW/dt = f_{LL}dL/dt + f_{LK}dK/dt + f_{Lt} \qquad (4-32)$$

根据生产函数 Y＝f(K，L，t) 可以计算资本和劳动的劳动边际生产率弹性 ε_{LK} 和 ε_{LL}，其中：

$$\varepsilon_{LK} = \frac{f_{LK}K}{f_L} > 0, \quad \varepsilon_{LL} = \frac{f_{LL}L}{f_L} > 0 \qquad (4-33)$$

同理可得资本和劳动的资本边际生产率弹性 ε_{KK} 和 ε_{KL}，其中：

$$\varepsilon_{KK} = \frac{f_{KK}K}{f_K} > 0, \quad \varepsilon_{KL} = \frac{f_{KL}L}{f_K} > 0 \qquad (4-34)$$

根据欧拉定理有 Y＝f_KK＋f_LL，据此可以得到：

$$f_{KK}K + f_{LK}L = f_{KL}K + f_{LL}L = 0 \qquad (4-35)$$

根据公式（4－23）、公式（4－34）和公式（4－35）可以得到：

$$\varepsilon_{LK} = \varepsilon_{LL}, \quad \varepsilon_{KK} = \varepsilon_{KL} \qquad (4-36)$$

假设 g_W、g_L 和 g_K 分别表示实际工资以及工业部门就业和资本的增长率，同时由于农业剩余劳动力的大量存在可以假设 $g_W＝0$，以及可以用 H_L 表示在技术进步作用下劳动要素边际生产率的变化，假设 $H_L＝f_{Lt}/f_L$，再结合公式（4－32）、公式（4－33）和公式（4－36）可以得到：

$$g_L = g_K + \frac{H_L}{\varepsilon_{LL}} \qquad (4-37)$$

公式（4－37）说明了在农业剩余劳动力存在的情况下，工业部门的就业增长可以分解成资本积累对劳动力就业的影响和技术进步下的劳动使用偏向。投资的增长可以推动资本的深化，资本和劳动增长率保持一致情况，资本深化可以推动劳动力就业；但是如果存在技术进步的情况下，资本—劳动比会发生变化，当技术创新呈现高度劳动使用偏向时，$H_L > 0$，工业化过程出现资本浅化，会增加劳动力就业；如果技术进步是劳动节约的，那么 $H_L < 0$，工业化过程将表现为资本深化的特征，从而会减少劳动力就业。资本深化对劳动力就业具有正负两方面的影响，本节分析可以为后续章节进行实证分析提供理论依据。

（三）基于技术中性理论的重工业化对劳动力就业效应的理论分析

工业化总体战略的选择对劳动力就业会产生较大影响，但工业化进程总是要向前发展的，向更高水平方向发展，资本深化、技术进步是工业化进程进一步推进的关键要素，在充分就业前提下研究它们对劳动力就业的影响，对资本深化方向和技术相机选择具有重要的指导意义，在此主要是从理论上分析在资本深化、技术进步双重作用下重工业化对劳动力就业的影响，为后续章节实证分析和政策选择提供理论模型。

1. 资本深化、技术进步作用下重工业化对劳动力就业效应假设

在传统的粗放型经济增长过程中，经济增长是在生产技术水平较低的条件下，主要依靠资本、劳动力等生产要素的投入来实现。这种经济增长方式消耗高、成本高，忽视了生产要素使用效率的提高。而集约型经济增长方式，则是建立在新的技术水平和更高效率的管理水平条件下的经济增长，从科学技术的角度看，这种增长的主要特征在于生产要素质量和生产效率的大幅度提高，而非投入要素数量的增加。因此，在我国的经济增长方式由粗放型向集约型转变的过程中，生产要素的作用发生了很大的变化，质的提高取代了量的扩张，并对劳动力就业产生了根本不同的影响。由于资本深化和技术进步的影响，工业化进程得到了加速推进，田风（2007）认为，随着资本深化和技术进步，我国产品结构逐渐由劳动密集型为主导向重化工业型为主导的方向转变，高技术含量产品的比重逐渐上升，劳动密集型产品的比重则下降，从而使结构性失业更加突出。许多专家学者从实证方面研究了这一影响，并得出了正负两方面的观点。赵慧等（2007）认为，在其他因素不变的情况下，技术进步率与资本深化程度和劳动增长率均呈负相关关系，经济增长方式的转变意味着技术进步率和资本有机构成的提高，从而给劳动力就业带来一定程度的排挤，使劳动力就业数量相对减少。周其仁（1997）、谌新民（1998）和简新华（2005）分别从实证角度证明了资本深化、技术进步为标志的重新重工业化对劳动力就业产生了较大的负面影响，会导致劳

动力就业的减少。而简新华、余江（2005）则认为，重工业化的任务就是建立起强大的装备制造业和原材料工业，实现农业机械化和轻工业的技术改造，基本完成基础设施和城市建设，进而为轻工业、农业、服务业等劳动密集型行业的发展提供一个良好的平台，促进社会就业的增长。赵国鸿（2005）也认为（重工业中的）制造业的发展与服务业的发展并不矛盾，关键看它是否具有较高的技术集约度。

由此可以做出以下假设：资本深化会使霍夫曼系数增大，也即是重工业比重不断增加，轻工业比重减少，重工业的发展自然会影响劳动力就业；同时技术进步往往从重工业部门开始，重工业的发展可以看作高新技术实用化、产业化的代言人，重工业越发达、占整个工业的比重越高，则整个社会的技术水平也就越高。工业化进程在资本深化、技术进步双重作用下会向重工业方向发展，对劳动力就业将产生深远的影响。如果技术创新的强度足够大并呈现劳动使用偏向，工业部门就业和产出的增长就会更快，全社会劳动力就业也会得到增加。

2. 基于技术中性理论的重工业化对劳动力就业效应的理论分析

（1）技术中性理论。从理论上可以将技术进步分为哈罗德技术中性，索洛技术中性和希克斯技术中性。假设 Y 为总产出，K 和 L 分别代表资本和劳动的投入，t 表示时间，包含技术进步的生产函数可以写成：$Y = F(K, L, t)$。

当生产函数变为 $Y = A(t)F(K, L)$ 时，意味着技术进步发生了希克斯中性。这种形式的技术进步使得资本和劳动这两种要素的效率获得同步提高，即劳动的边际产量 dY/dL 和资本的边际产量 dY/dK 之比保持不变。希克斯技术中性是既提高资本的产出效率，也提高劳动的产出率，且两者是同比例的提高，因此这种技术进步不会影响人们对资本与劳动使用量的相对比例。

当生产函数变化为 $Y = F(K, A(t)L)$ 时，意味着技术进步发生了哈罗德中性。资本的边际产量不变，并假定它等于利润率 p。如果 K/L 比不变，那么技术进步会正常地提高资本的边际产量，为了保持资本的边际产量不变，K/L 比就必须提高。技术进步以后，使资本—产出比保持不变的 K/L 比水平也同样会使 p 保持不变。这种技术进步的作用主要是使得劳动的效率得到提高，技术进步以后 L 数量的劳动能够做相当于从前 A(t) 倍的工作。所以，这类技术进步称为劳动增长型技术进步，会使人们更多地投入劳动力而较少投入资本。

当生产函数变化为 $Y = F(A(t)K, L)$ 时，意味着技术进步发生了索洛中性。劳动的边际产出是一个常数，并假定它等于工资率 w，如果 K/L 比水平不变，那么技术进步会正常地提高劳动的边际产量。为了保持劳动的边际产量不变。K/L 比就必须降低。技术进步以后，使劳动—产出比保持不变的 K/L 比水平也同样使 w 保持不变。这种技术进步的作用主要是使得资本的效率得到提高，技术进步以后 K 数量的资本能够做相当于以前 A(t) 倍的工作。这类技术进步称为资本增长型技术进步，该技术进步只影响单位资本的产出，提高了资本的生产效率，而对单位劳动的产出没有影响，会使得人们更多使用资本而相对较少使用劳动力。

（2）技术进步、重工业化与劳动力就业。根据技术中性理论，可以进一步论证资本深化、技术进步条件下的重工业化对劳动力就业的影响。朱劲松、刘传江（2006）通过把技术中性理论与重工业联系起来，分析了其对劳动力就业的影响过程，并把它们的关系放在坐标系中，如图 4 - 2 所示。对其分析进行扩展，可以在考虑资本深化和技术进步的条件下，根据生产总量不变和变化情况分别分析重工业化对劳动力就业的影响。

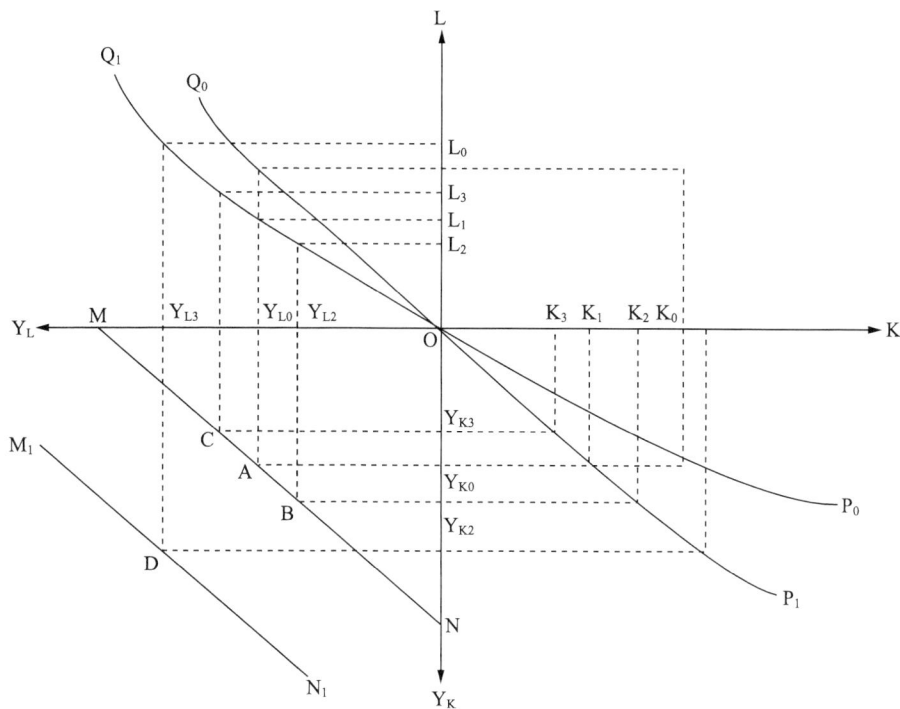

图 4 - 2　技术进步对资本与劳动投入和产出的影响

在图 4 - 2 中，第一象限是 L 与 K 的实物量组合，第二象限是 L 与 L 的产出 Y_L 组合关系，第三象限是 Y_K 与 Y_L 的组合关系，第四象限是 K 与 K 的产出 Y_K 组合关系，而与坐标轴相交 45 度角的直线 MN，代表总产出 Y，且同一条直线代表总产出不变，直线和坐标轴截距越大，则总产出越大。起初资本和劳动的投入量分别是 K_0 和 L_0，通过各自的生产函数 OP_0 和 OQ_0，得到 YK_0 和 YL_0 的产出量，并通过各自的函数映射到第三象限，相交于 A 点，获得由直线 MN 代表的总产出 Y_{MN}。

朱劲松、刘传江（2006）还通过构建以下的方程，利用技术进步改变资本与劳动比例论证希克斯技术中性、索洛技术中性和哈罗德技术中性，并且认为均衡点可以由下面的联立方程来决定：

$$Y_1 = f(L) \tag{4-38}$$

$$Y_k = f(K) \tag{4-39}$$

$$Y = Y_K + Y_L \tag{4-40}$$

$$\frac{Y_K}{K} = \frac{Y_L}{L} \tag{4-41}$$

四个方程组求解四个未知数：L、K、Y_L 和 Y_K。其中，公式（4-38）和公式（4-39）表示劳动和资本的生产函数，公式（4-41）表示在均衡状态时，单位资本和单位劳动的产出相等。由于重工业的发展和技术的进步，使得劳动和资本的产出函数分别从 OQ_0 和 OP_0 上升到 OQ_1 和 OP_1。此时，仅需要投入比原来少的 K_1 和 L_1 就可以获得原有的产出 YK_0 和 YL_0，根据改进的技术中性理论，在假定总产出不变时，资本和劳动投入量变化会存在如下几种情况：

1）若 $\dfrac{Y_{K0}}{K_1} \Big/ \dfrac{Y_{K0}}{K_0} = \dfrac{Y_{L0}}{L_1} \Big/ \dfrac{Y_{L0}}{L_0}$ 时，即 $\dfrac{K_0}{K_1} = \dfrac{L_0}{L_1}$ 时，为希克斯技术中性，此时资本—劳动的投入比例维持不变（资本和劳动的平均产出提高，但仍然维持相等状态，Y_K 与 Y_L 仍保持不变），即 $\dfrac{K_0}{L_0} = \dfrac{K_1}{L_1}$，均衡点仍在 A 点。

2）若 $\dfrac{Y_{K0}}{K_1} \Big/ \dfrac{Y_{K0}}{K_0} > \dfrac{Y_{L0}}{L_1} \Big/ \dfrac{Y_{L0}}{L_0}$ 时，即 $\dfrac{K_0}{K_1} > \dfrac{L_0}{L_1}$ 时，此时为索洛技术中性进步，在总产出不变的情况下，由于资本的平均产出大于劳动的平均产出，因此均衡点会向 AN 方向移动，直到 B 点，此时资本和劳动的平均产出相等，即 $\dfrac{Y_{K2}}{K_2} = \dfrac{Y_{L2}}{L_2}$，且 $\dfrac{K_2}{L_2} > \dfrac{K_0}{L_0}$，即资本—劳动比相比技术进步前提高了。

3）若 $\dfrac{Y_{K0}}{K_1} \Big/ \dfrac{Y_{K0}}{K_0} < \dfrac{Y_{L0}}{L_1} \Big/ \dfrac{Y_{L0}}{L_0}$ 时，即 $\dfrac{K_0}{K_1} < \dfrac{L_0}{L_1}$ 时，此时为哈罗德技术中性进步，在总产出不变的情况下，由于劳动的平均产出大于资本的平均产出，因此均衡点会向 AM 方向移动，直到 C 点，此时，资本和劳动的平均产出相等，即 $\dfrac{Y_{K3}}{K_3} = \dfrac{Y_{L3}}{L_3}$，且 $\dfrac{K_3}{L_3} < \dfrac{K_0}{L_0}$，即资本—劳动比相比技术进步前降低了。

对以上朱劲松、刘传江（2006）的分析我们可以通过以下逻辑推理进一步论证，引入技术进步后，可以定义生产函数为：

$$Y = F(K, L, t) \tag{4-42}$$

遵循 Fei 和 Ranis 的规律，假定资本和劳动的边际生产率为 f_K 和 f_L，引进技术技术创新强度 J，则有：

$$J = \frac{F_t}{Y} > 0 \tag{4-43}$$

$$H_L = \frac{f_{Lt}}{f_L} \tag{4-44}$$

$$H_K = \frac{f_{Kt}}{f_K} \tag{4-45}$$

如果 $H_L = H_K$，那么根据希克斯对技术创新的分类该技术进步属于技术创新中性，但是，在一般情况下，技术创新并非希克斯中性，而是呈现典型的要素使用偏向，在技术创新强度给定的情况下，第一种情况，如果 $H_L > H_K$，技术创新呈现劳动使用偏向，工业部门可以多吸收农业剩余劳动力；相反，如果 $H_L < H_K$，技术创新呈现劳动节约偏向，尽管工业部门产出水平增长，但就业水平会下降；特别地，如果 $H_L < 0$，那么技术创新是高度劳动节约的。

第二种情况，如果总产值发生变化，由于重工业发展水平的提高，将导致社会整体储蓄水平的提高和高新技术在各产业中广泛应用，为社会经济发展提供更好的发展条件和基础，储蓄水平的增加可以增加居民的消费需求，扩大厂商的投资规模，从而增加有效需求，进一步增加社会总产值，促进劳动力就业，这里从另外一个角度进一步证实了三部门框架下的工业化对劳动力就业的影响，即工业发展到一定阶段肯定是可以带动其他产业的发展，从而增加收入，促进就业。如果将技术进步的劳动节约偏向看作"替代效应"，则我们可以分析因总产出水平提高所带来的收入效应，即由总产出水平的提高所带来的资本和劳动投入量的影响。还有一个原因是重工业部门自身，通过其规模的扩张，来吸收更多的劳动力。

以上分析的替代效应与收入效应的实际作用过程可能会是一个缓慢而长期的过程，其对就业的影响也不是短期内就能够体现出来的。为此，我们可以选择一定的实证方法对技术进步、资本深化下的工业化进程与劳动力就业进行长时间的研究，以发现技术进步、资本深化双重作用下的重工业化对劳动力就业效应的影响。

三、本章小结

　　工业化进程的加速推进，导致产业结构的不断变化，产业结构的调整升级影响着劳动力就业结构；同时由于资本深化、技术进步对工业化的影响，进而影响着劳动力就业，对劳动力就业产生深远影响。为了更好地从理论和实证角度研究工业化进程中产业结构和资本深化、技术进步对劳动力就业效应的影响，本章主要从结构角度和要素角度两方面提出理论分析模型。结构角度主要从偏离模型、相关性模型、弹性模型和熵数模型论证了工业化进程中产业结构对劳动力就业的影响，并进行了分析；要素角度主要先从工业化对劳动力需求的影响模型分析入手，研究工业化战略选择对劳动力就业的影响，并通过进一步论证资本深化和技术进步对劳动力就业的影响，以更好地揭示工业化进程的进一步推进（重工业化）对劳动力就业的影响机理。通过本章的理论分析，可以为后续章节的实证分析提供理论模型。

第五章　江西工业化进程中产业结构对劳动力就业效应的实证分析

工业化对产业结构的影响由发展经济学家所证明，工业化的加速推进在不断地改变着产业结构，进而改变就业结构，产生就业结构效应；同时工业行业也在不断地改变着自身结构，并影响着就业结构。在工业化进程不断推进过程中，产业结构变动对就业具有双重效应，因为产业结构的变动是一个产业或行业的创造与破坏并存的过程，它包括产业结构的优化升级过程中新型产业的产生和产业结构调整过程中旧产业的转型或退出。无论新产业的产生还是旧产业的转型或退出都将伴随各产业之间的剧烈变动，包括劳动力在内的资源的重新配置与就业结构的调整。一方面，产业结构的优化升级会带来经济增长速度的加快和新兴行业的发展，从而导致对就业派生需求的上升；另一方面，产业结构调整中伴随的各产业剧烈变动乃至部分产业的衰退，由于新兴产业的产生劳动力资源不能适合新兴产业的需要，会增加劳动力失业。因此，总体来看，产业结构变动对就业到底会产生怎样的影响取决于两者的净效应。本章主要是依据第四章第一节的相关理论，在工业化不断推进的过程中，结合产业结构，对劳动力就业结构偏离效应、关联效应、弹性效应和熵数效应进行实证分析，为工业化过程中产业优化升级方向提供依据。

一、工业化进程的劳动力就业结构偏离效应实证分析

工业化进程的加速推进，正在不断地改变产业结构，产业结构与就业结构存在一定的偏差。为了深入研究偏差情况，以下主要从偏离系数和偏离份额两个方面对产业结构与就业结构的偏离进行长时间的实证分析。

（一）产业结构对劳动力就业结构的偏离系数分析

1. 数据收集和整理

配第一克拉克定理和库兹涅茨法则表明随着人均国民收入水平的提高，劳动力首先由第一产业向第二产业推移；当人均收入水平进一步提高时，劳动力便向第三产业推移；劳动力在产业间的分布情况，第一产业将减少，第二、第三产业将增加。江西劳动力就业结构随着工业化进程的加速推进，是否与产业结构保持一致性，符合这一规律呢？在此我们利用第四章中产业结构与就业结构偏离系数模型进行实证分析。利用 1978 ~ 2008 年统计数据，按照偏离系数模型，分别计算各年各产业就业比重与产业产值比重之差，即测算三次产业就业结构偏离度和总偏离度。（见表 5 - 1）

表 5 - 1 1978 ~ 2008 年江西三次产业结构偏差系数变动情况表

年份	第一产业			第二产业			第三产业			总偏离度
	产值比重（%）	就业比重（%）	偏离度	产值比重（%）	就业比重（%）	偏离度	产值比重（%）	就业比重（%）	偏离度	
1978	41.6	77.2	35.6	38.0	13.0	− 25.0	20.4	9.8	− 10.6	112.8
1979	46.8	77.7	30.9	34.9	12.5	− 22.4	18.3	9.8	− 8.5	108.6
1980	43.5	77.7	34.2	36.9	12.3	− 24.6	19.6	10.0	− 9.6	111.9
1981	46.3	77.6	31.3	33.9	12.2	− 21.7	19.8	10.2	− 9.6	108.9
1982	47.7	76.8	29.1	31.8	12.6	− 19.2	20.5	10.6	− 9.9	105.9
1983	44.4	75.7	31.3	34.1	13.0	− 21.1	21.5	11.3	− 10.2	107.0
1984	42.5	72.7	30.2	36.3	14.1	− 22.2	21.2	13.2	− 8.0	102.9
1985	40.4	66.7	26.3	36.6	20.2	− 16.4	23.0	13.1	− 9.9	93.0
1986	39.1	65.8	26.7	36.2	20.4	− 15.8	24.7	13.8	− 10.9	92.5
1987	39.8	65.8	26.0	35.2	20.4	− 14.8	25.0	13.8	− 11.2	91.8
1988	36.6	64.5	27.9	36.0	21.4	− 14.6	27.4	14.1	− 13.3	92.4
1989	35.4	65.1	29.7	34.8	20.9	− 13.9	29.8	14.0	− 15.8	94.8
1990	41.0	65.7	24.7	31.2	20.3	− 10.9	27.8	14.0	− 13.8	90.4
1991	38.2	65.3	27.1	32.3	20.7	− 11.6	29.5	14.0	− 15.5	92.4
1992	35.1	63.4	28.3	34.8	22.0	− 12.8	30.1	14.6	− 15.5	91.7
1993	31.2	57.3	26.1	39.1	24.3	− 14.8	29.7	18.4	− 11.3	83.4
1994	33.1	56.1	23.0	35.7	24.6	− 11.1	31.2	19.3	− 11.9	79.1
1995	32.0	51.0	19.0	34.5	25.0	− 9.5	33.5	24.0	− 9.5	70.0

年份	第一产业			第二产业			第三产业			总偏离度
	产值比重（%）	就业比重（%）	偏离度	产值比重（%）	就业比重（%）	偏离度	产值比重（%）	就业比重（%）	偏离度	
1996	31.2	49.8	18.6	34.1	25.6	−8.5	34.7	24.6	−10.1	68.4
1997	29.6	47.2	17.6	34.2	25.9	−8.3	36.2	26.9	−9.3	64.8
1998	26.2	46.6	20.4	35.4	26.2	−9.2	38.4	27.2	−11.2	67.0
1999	25.1	46.4	21.3	35.0	25.4	−9.6	39.9	28.2	−11.7	67.7
2000	24.2	46.6	22.4	35.0	24.4	−10.6	40.8	29.0	−11.8	69.0
2001	23.3	46.2	22.9	36.1	23.5	−12.6	40.6	30.3	−10.3	69.1
2002	21.9	45.3	23.4	38.5	22.7	−15.8	39.6	32.0	−7.6	68.7
2003	19.9	42.0	22.1	42.9	26.2	−16.7	37.2	31.8	−5.4	64.1
2004	19.2	41.0	21.8	45.3	27.0	−18.3	35.5	32.0	−3.5	62.8
2005	17.9	39.9	22.0	47.3	27.2	−20.1	34.8	32.9	−1.9	61.9
2006	16.8	39.1	22.3	50.2	27.5	−22.7	33.0	33.4	0.4	61.4
2007	16.4	38.0	21.6	51.7	28.0	−23.7	31.9	34.0	2.1	59.6
2008	16.4	37.4	21	52.7	28.1	−24.6	42.7	34.5	−8.2	70.2

注：表中总偏离度是由各产业偏离度的绝对值之和所得。

为了更加直观地反映三次产业就业结构偏离度变化趋势，根据表5－1中的数据编制了三次产业就业结构偏离图，如图5－1所示。

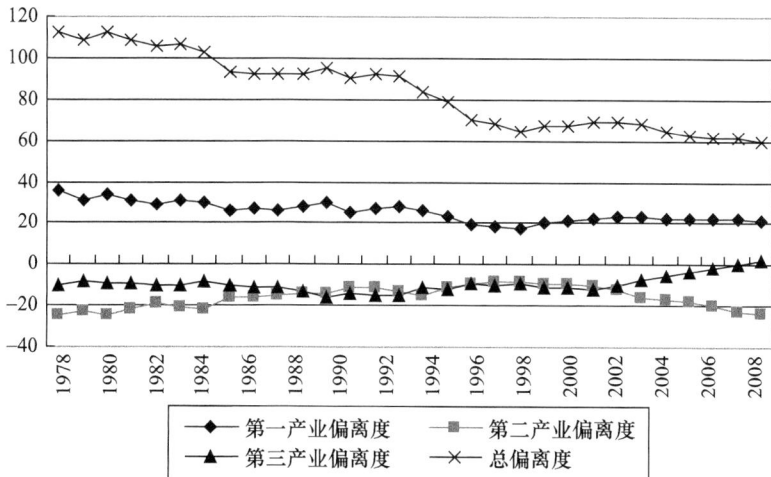

图5－1　1978～2008年三次产业就业结构偏离度趋势

注：包含了1978～2008年的偏离度，2008年年份由于图形大小有限未显示。

2. 结果评价

从表5-1中的数据和图5-1的偏离趋势可以看出,江西产业结构与就业结构总的趋势是在趋向合理,总偏离度由1978年的112.8减少到2008年的70.2,减少了42.6,这是改革开放30年经济发展,工业化进程不断推进的结果。为了更加清楚地认识江西工业化进程中产业结构与就业结构阶段性发展特征,可以第二产业结构偏离度作为标准进行阶段分析。

(1)1978~1985年,三次产业结构偏离度的特征是:第二产业结构偏离度由1978年的-25.0上升到1985年的-16.4,上升了8.6,是1978年以来第一次上升到-20以上,第二产业为劳动力就业做出了巨大贡献,特别是改革开放以后,工业的突发效应吸收了大量第一产业转移的农村剩余劳动力,产业结构与就业结构非一致性有所改善;第一产业结构偏离度从35.6下降到26.3,下降了9.3,达到了1978年以来的最低点,结构性偏差有所缓和,劳动力不断从第一产业流出;第三产业结构偏离度维持在-10左右,没有太大的变化,说明此阶段第三产业并未得到太大的发展,工业化对第三产业的影响还不足以引起劳动力就业的深刻变化。以上的变化进一步印证了第三章中劳动力就业在此阶段的特征,该特征在本质上论证了改革开放前所积累的结构性偏差得到了相当程度的改变,是改革开放后工业化进程推进的结果。

(2)1985~1995年,三次产业结构偏离度的特征是:第二产业结构偏离度持续上升,从1985年的-16.4上升到1995年的-9.5,第二产业结构偏离度达到了一个新的高点。说明在这10年,工业化进程又得到了较大发展,对劳动力就业起到了促进作用,进一步对农村剩余劳动力起到了吸收作用;第一产业结构偏离度从1985年的26.3下降到1995年的19.0,下降了7.3,说明第一产业劳动力就业转移力度较大;第三产业结构偏离度在不断地下降,下降到了-10以上,说明随着工业化进程的推进,第三产业得到相应的发展,出现了劳动力的缺口,具有劳动力就业转入的可能性。该阶段的分析与第三章对劳动力就业初步分析结论是一致的,表明工业化进程对劳动力就业在该阶段起到了较大作用。

(3)1995~2000年,三次产业结构偏离度的特征是:第二产业结构偏离度维持在-10左右,有劳动力转入的空间,同时也说明经济处于调整期,工业化进程在此阶段变化不大(处于工业化初期的前半期),对劳动力就业的推动不大;第一产业结构偏离度由1995年的19.0上升到2000年的22.4,说明第二产业发展不快,导致第一产业劳动力回流,扩大了第一产业结构偏离度;第三产业结构偏离度虽然有所上升,但是上升幅度不大,对劳动力就业起到的作用也较小。

(4)2000~2008年,三次产业结构偏离度的特征是:进入21世纪,工业化进程在不断地推进，工业化水平从工业化初期的前半期进入到工业化中期的前半期，产业结构也得到了不断地变化。第二产业结构偏离度从 2000 年的 - 10.6 下降到 2008 年的 - 24.6，下降了 14，下降幅度较大。第二产业特别是工业与劳动力就业偏离较大，一方面有劳动力转入的空间和可能性，但也说明当前与劳动力就业差距较大，未能吸收更多的就业；第一产业结构偏离继续维持在 20 水平，未能有太多的变化，这都是因为工业化进程的加速推进，但是对第一产业劳动力的拉动却不大造成的；第三产业结构偏离度在不断地缩小，从 2000 年的 - 11.8 到 2008 年的 - 8.2，说明第三产业进入了一个新的均衡点，对劳动力就业的吸收已经达到了最大，同时也说明工业化进程的加速推进并未起到促进第三产业发展的作用，以吸收新的劳动力。

（二）江西地区产业就业结构偏离份额分析

产业结构偏离系数分析对江西产业结构与就业结构进行了纵向的时间维度分析，为了更加全面而细致地了解工业化对江西地区产业就业状况的影响，以下将利用偏离份额分析模型①从横向的地区维度对产业就业结构进行实证分析。

1. 数据收集和整理

根据江西 1978~2008 年历年统计年鉴数据，按照第四章中偏离份额分析模型进行计算，可以测算江西各地区三次产业就业变化的偏离份额分析表（见表 5 -2）。其中 ACT 表示绝对增长率，NRC 表示相对净变化量（即相对于全省平均水平而言的净增长），STR 代表结构转移，DIF 代表差异转移；同时表中每栏 NRC 表示该产业就业增长与全省平均水平的相对差异，而 STR 与 DIF 两者之和构成对 NRC 的贡献；如果 STR 或 DIF 的符号为正表示促进 NRC 的作用方向，STR 或 DIF 符号为负则表示阻碍 NRC 的作用方向；如果 DIF 与 NRC 均为负，表

表 5 - 2　1978~2008 年江西各地区产业就业变化的偏离份额分析

单位:%

区域\指标	就业增长率		第一产业				第二产业				第三产业			
	ACT	NRC	ACT	NRC	STR	DIF	ACT	NRC	STR	DIF	ACT	NRC	STR	DIF
江西省	91.7	0	-7.1	-98.8	100	0	313.1	224.2	100	0	578.7	489.8	100	0
南昌市	111.7	20	-2.8	-94.5	104.5	-4.51	90.52	1.604	13531	-13431	616.9	528	89.06	10.94

① 这里所使用的偏离份额分析模型是把第四章中的模型应用范围缩小，从分析一国区域产业就业结构变成分析江西地区产业就业结构问题。

指标 区域	就业增长率		第一产业				第二产业				第三产业			
	ACT	NRC	ACT	NRC	STR	DIF	ACT	NRC	STR	DIF	ACT	NRC	STR	DIF
景德镇	119.9	28.2	19.4	−72.3	136.6	−36.6	126.2	37.25	582.71	−482.7	617.2	528.3	89.01	10.99
萍乡市	107.6	15.9	2.43	−89.3	110.7	−10.7	229.8	140.9	154.07	−54.07	506.7	417.8	112.5	−12.5
九江市	173.7	82	42.6	−49.1	201.4	−101	420.2	331.3	65.5	34.49	879.5	790.5	59.48	40.52
新余市	116.9	25.2	−4.1	−95.8	103.1	−3.13	241.1	152.2	142.6	−42.6	1196	1107	42.47	57.53
鹰潭市	137.5	45.8	17.1	−74.6	132.5	−32.5	859.8	770.8	28.2	71.8	557.3	468.3	100.4	−0.4
赣州市	101	9.29	3.42	−88.3	111.9	−11.9	615.5	526.5	41.2	58.7	606.7	517.8	90.81	9.194
吉安市	97.54	5.84	22.2	−69.5	142.2	−42.2	319.7	230.8	94.04	5.9	484.2	395.3	119	−19
宜春市	82.48	−9.2	−1.2	−92.9	106.3	−6.32	405.4	316.5	68.57	31.4	338.8	249.9	188.1	−88.1
抚州市	99.29	7.59	8.93	−82.8	119.3	−19.3	322.2	233.8	93.0	6.9	764.5	675.6	69.6	30.4
上饶市	68.16	−24	−30	−121	81.38	18.62	805.5	716.5	30.3	69.7	503.3	414.4	113.5	−13.5

示差异转移促进相对净变化量增加；如果 DIF 为正，NRC 为负，表示差异转移将促成相对净变化量的减少。

2. 结果评价

从表 5-2 中的数据可以看出，改革开放 30 年，全省 2008 年比 1978 年劳动力就业有 91.7% 的增长，各地区除了宜春市（82.48%）和上饶市（68.16%）以外，就业增长率都高于全省平均水平。从全省各产业劳动力就业增长情况看，劳动力增长快慢依次是第三产业、第二产业、第一产业，其实际增长率在 1978～2008 年分别是 578.7%、313.1%、−7.1%，说明第三产业在改革开放后在原来受扭曲和压抑的状态下获得快速发展。为了更加深入地了解各产业就业在各地区的特征，以下将分产业进行具体分析。

（1）第一产业就业增长情况。从绝对数量的增长与相对净变化量数据看，在第一产业中，南昌、新余、宜春和上饶地区就业的绝对数量呈负增长状态，自然这四个地区第一产业相对净变化量在所有地区中也是最大的，分别是 −94.5%、−95.8%、−92.9% 和 −121%。南昌、新余地区第一产业就业绝对数量的绝对减少是因为工业化得到极大的发展，工业化水平在不断地提高，吸收了大量的农村剩余劳动力，而宜春和上饶地区因为工业化长期滞后而当前得加速发展，其突发效应导致了第一产业劳动力绝对减少的结果。其他地区第一产业相对净变化量都为负数，表明第一产业劳动力就业增长相对于全省平均水平都在不断地下降，根据第三章各地区工业化水平综合指数表明除景德镇市外，其他地区工业化进程都在加速推进，正是在此基础上农村剩余劳动力转移速度也在不断地加快。

从结构转移与差异转移数据来看，代表全省第一产业就业减少部分的结构转移对相对净变化量的贡献占据了主导作用，贡献百分比都在100%左右，这是因为全省工业化水平的提高，工业化进程向中期迈进所促使的第一产业劳动力就业的减少所做出的贡献。各地区差异转移除了上饶为正，为18.62%，其他地区都为负数，说明上饶第一产业竞争力较高，促进了农村剩余劳动力的转移，其他地区第一产业竞争力不强，特别是九江、吉安、鹰潭和景德镇差异转移指数较小，分别为－101%、－42.2%、－32.5%和－36.6%，主要说明这些地区农村剩余劳动力转移到非农产业的数量实际上是微乎其微的，其农业竞争力非常之弱，弱到阻碍农村剩余劳动力的有效转移，亟须工业对其进行"反哺"。南昌和萍乡虽然有较高的工业化水平，但是经过将近30年的发展，第一产业就业相对净变化量分别是－4.51%、－10.7%，说明这些地区农业剩余劳动力没有充分转移出来，工业化对第一产业劳动力吸引能力并没有得到较大的提高。

（2）第二产业就业增长情况。从绝对数量的增长和相对净变化量数据来看，第二产业绝对数量总体上呈现快速增长的势头，由于工业化进程的快速推进，各地区绝对数量和相对数量净变化量增长较快，其中鹰潭、上饶、赣州和九江绝对数量增长速度特别快，分别达到了859.8%、805.5%、615.5%和420.2%，说明工业化进程的加速推进为这些地方第二产业的发展带来了新的契机，并极大地拉动了就业增长速度。而南昌、新余、萍乡、景德镇这些地区第二产业一开始就有较高的劳动力就业水平，因此工业化水平虽然较高，但增长速度并不是全省各地区中最高的，在此我们并不能否定工业化对劳动力就业的促进作用。相应地，各地区第二产业相对净变化量与绝对数量的增长速度保持一致，但这里值得特别关注的是南昌，NRC为1.6%，第二产业就业增长速度相对于全省就业平均增长速度是较小的，说明工业化水平虽然到达了工业化中期的后半期，但对劳动力就业吸收能力不强。

从结构转移来看，除南昌以外，代表全省第二产业就业增加部分的结构转移对相对净变化量的贡献都为正值，说明随着全省工业化进程的加速推进，对各地区第二产业劳动力就业增长速度起到了重要的作用。南昌结构转移对南昌第二产业就业增长速度起到了促进作用，阻滞了第二产业劳动力就业的迅速递减。从差异转移数据来看，在此主要关注南昌、景德镇、萍乡、新余、鹰潭和上饶，南昌差异转移为正，达到了13431%，而NCR却是1.6%，说明南昌第二产业的差异转移对相对净变化量起的作用较小，换言之南昌第二产业对第二产业就业增加作用不大，这是否说明南昌第二产业竞争力减弱呢，根据第三章对南昌工业化综合素质评价，南昌工业化达到了工业化中期的后半期，正在向工业化后期推进，第二产业正朝着资本、技术密集型产业方向推进，因此传统产业份额将会减少，影响了劳动动力就业的增长速度，在此进一步证明工业化进程和路径选择会影响劳动力就业；而景德镇、萍乡和新余差异转移分别为 - 482.7%、- 54.07% 和 - 42.6%，代表各地区第二产业竞争力的差异转移对相对净变化量的贡献为负值，阻碍劳动力就业的增长速度，其原因与南昌相似。鹰潭和上饶第二产业差异转移分别达到了 71.8%、69.7%，说明了鹰潭和上饶工业产业中劳动力密集型工业较多，对第二产业劳动力就业增长速度起到了巨大的促进作用，从竞争力来讲，鹰潭比上饶更强。

（3）第三产业就业增长情况。从绝对数量增长和相对净变化量来看，总体上来说第三产业就业绝对数量增长在所有产业中增长最快，这主要是改革开放后在考察期间各地区产生的突发效应，呈现出长久压抑后的爆发式增长。原来城市化水平较高的地方，如南昌与其他地方相比较，第三产业就业显得更加稳定，从相对净变化量也可以看出类似规律。

从结构转移和差异转移数据来看，也有比较明显的特征。萍乡、鹰潭、吉安、宜春和上饶差异转移分别为 - 12.5%、- 0.4%、- 19%、- 88.1% 和 - 13.5%，说明这些地方第三产业竞争力相对较弱，阻碍了第三产业就业的增长速度；其他地区第三产业的增长都是由结构转移和差异转移共同推进的，结构转移对相对净变化量的贡献度大于差异转移，地区差距还是比较大，新余第三产业结构转移与差异转移较大，说明工业化对第三产业的发展起了巨大的促进作用，带动了第三产业就业的增长速度，其他地区工业化对第三产业的产业创新作用不大，不能为第三产业劳动力就业增长速度的提高起促进作用。

二、工业化进程的劳动力就业结构关联效应实证分析

劳动力就业结构偏离分析只是对产业结构与就业结构的偏离度进行时间和地区维度的分析，论证其不协调性的一面，其分析主要关注的是工业化进程中同一产业结构与就业结构之间的关系。为了更加深入地分析江西工业化进程中不同产业部门之间劳动力就业结构相互影响，将利用第四章中的劳动力就业结构相关性模型来进行关联效应分析。

（一）产业结构对劳动力就业结构相关系数分析

1. 相关系数测算

产业结构变动不仅影响同一产业结构内部劳动力就业的分布状况，而且还影

响不同产业部门劳动力就业的分布态势，就业结构的变化始终与产业结构的变化保持着相关性。为了深入考察江西产业结构变动对就业结构变动的作用机理以及各产业产值比重变动对就业的影响程度，可以利用第四章中相关系数矩阵模型来测算各产业产值比重与各产业就业比重的相关程度。在此我们利用表 5 - 1 中的各产业产值比重和就业比重数据，测算 1978~2008 年的相关系数。

通过计算，相关系数矩阵如下所示：

$$R = \begin{vmatrix} 0.974 & -0.884 & -0.971 \\ -0.602 & 0.490 & 0.634 \\ -0.163 & 0.864 & 0.879 \end{vmatrix}, \; (i, j = 1, 2, 3 \text{ 产业部门})$$

2. 结果评价

从相关系数矩阵的计算结果，可以对江西各产业产值比重与各产业就业比重的相关性进行评价，揭示其相应的规律性。

（1）从其他产业产值对第一产业就业的影响相关系数来看，第一产业产值对第一产业就业高度正相关（0.974），第二产业产值对第一产业就业中度负相关（-0.602），第三产业产值对第一产业就业低度负相关（-0.163）。这表明第一产业作为基础产业，其产值的变化还会高度影响着农业劳动力的就业，农业剩余劳动力没有得到有效转移（区域转移就业和就地转移就业）。同时也说明工业化进程相对滞后，折射出第二产业和第三产业发展也是相对落后的，工业反哺农业的力度较小，无法使江西实现从农业大省向工业大省的转变，吸引更多的劳动力就业；只有第二、第三产业得到充分的发展，才能使农村剩余劳动力得到有效转移，使第一产业成为第二、第三产业劳动力就业的"蓄水池"，而江西第二产业产值对第一产业就业的效应是中度负相关的，对农村剩余劳动力就业的吸收能力并不强。这进一步论证第一产业就业比重的变化更大程度上取决于第二产业的发展特别是工业的发展，工业化进程的加速，可以创造出新的产业部门，使劳动力密集型工业和资本密集型工业交替发展，为劳动力就业提供更多的就业机会，实现农村劳动力的有效转移就业；第三产业被认为是劳动相对密集的产业，能够消化吸收大量的农村剩余劳动力，然而江西第三产业产值对第一产业劳动力就业效应是低度负相关，说明对第一产业劳动力就业的贡献度是不大的。其原因除了农村剩余劳动力转移通道不畅、制度性障碍较多，造成劳动力转移就业的成本较高，从而限制了第三产业对第一产业劳动力的有效吸收。可能有另一种更合理的解释，在前面的章节已经论证，工业化滞后对第三产业产生的作用较小，没有对第三产业产生辐射作用，导致第三产业自身发展有限、无法吸收更多的劳动力。

（2）从其他产业对第二产业就业相关系数来看，第一产业产值对第二产业高度负相关（-0.884），第二产业产值对第二产业就业中度正相关（0.490），第三产业产值对第三产业就业高度正相关（0.864）。第一产业产值对第二产业劳动力就业效应是高度负相关的，但这并不表明江西第一产业产值对第二产业劳动力就业起到积极的替代作用。恰恰相反，由于江西第一产业还处于低水平徘徊状态，第一产业的竞争力水平较低影响了第二产业的发展，第一产业无法为工业化提供更广阔的发展空间，从而会大量减少第二产业的就业，第二产业发展不佳就会造成大量失业，致使大量的农民工逆向回流到农村；第二产业产值对第二产业劳动力就业效应呈现出中度正相关，对劳动力就业的吸收能力不强。根据经典发展经济学理论，第二产业劳动力就业应该是先升后降的，但是江西第二产业的就业水平还较低，还没有达到高度相关的程度。其原因主要是两方面的，一是当前工业化进程虽在加速，发展还是相对滞后，影响了第二产业整体水平的提升，从而影响劳动力就业。二是伴随工业化进程，工业的自组织发展可能对劳动力就业会产生抑制效应，在信息时代、知识经济的今天，江西第二产业是在一个传统经济与资本、技术和知识产业交织在一起的环境中发展的，其对劳动力就业可能会产生一定的"挤出效应"，从而在工业化发展增加就业的同时也在不断地减少就业，特别是在国企改制伴随着下岗分流、经济危机伴随的裁员和失业，其"挤出效应"就显得更加明显了；发达国家劳动力产业转移的经验表明，当工业化和城市化水平不断提高推动第三产业快速发展时，第三产业中的社会服务业等相关行业由于具有资金进入成本低、服务需求量大、形式灵活多样等特点，加之代表工业化进程方向和市场发育程度的新兴部门的不断扩展，生产型服务部门的增加，可以为第一产业的剩余劳动力提供就业空间，同时可以吸纳第二产业因结构升级调整精减下来的富余人员。然而江西第三产业产值对第二产业劳动力就业效应是高度正相关的，第三产业的发展并没有对第二产业就业起到转移就业的作用。说明第三产业发展是滞后的，原因还是第二产业发展并没有促进第三产业的发展，特别是工业化进程并没有带来更多的产业创新。

（3）从其他产业对第三产业就业相关系数来看，第一产业产值对第三产业劳动力就业高度负相关（-0.971），第二产业产值对第三产业劳动力就业中度正相关（0.634），第三产业产值对第三产业劳动力就业高度正相关。第一产业对第三产业劳动力就业效应的高度负相关，也说明第一产业非常不发达、竞争力非常低，第三产业中大部分社会服务业为农民工提供了大量的就业，第一产业的落后对第三产业的发展也起到了阻碍作用，从而影响了第三产业的波动、促使农民工的大量流动；江西第二产业产值对第三产业劳动力就业效应是中度正相关的，论证了第三产业的产生和发展是第二产业经济发达的必然结果，第二产业的发达程度决定着第三产业的发展规模和高度。进一步说明了第二产业分工的不断深化和专业化程度的提高使得人均收入水平不断提高，消费者开始对服务业提出了个性化、多元化和高质量的要求，从而促进第三产业的发展，为第三产业创造更多的就业机会；江西第三产业产值对第三产业劳动力就业效应呈现高度正相关，说明第三产业的发展促进了第三产业劳动力的大量就业，2008 年江西第三产业产值比重（31.9%）和就业比重（34.0%）可以看出，第三产业产值比重与就业比重差距非常小，在第三产业内部实现了充分就业。第三产业是劳动密集型和知识密集型的产业，由于其进入门槛低、形式灵活多样和就业弹性高的特点，成为吸纳就业的主力军，这也是我国强调通过大力发展第三产业缓解就业压力的主要原因。当然大力发展第三产业一定要在第二产业特别是工业充分发展的基础上，否则就成了无源之水、无本之木。

（二）产业结构对劳动力就业结构灰色关联分析

如果相关系数分析可以认为是长时间的性对静态的分析，那么产业结构对劳动力就业结构的灰色关联分析是对其进行动态的、系统的分析。根据灰色关联分析模型，先对相关数据进行整理，然后进行分析和评价。

1. 数据收集和整理

根据关联模型要求，通过查阅历年统计年鉴，可以收集和整理出 1978~2008 年非农产业就业系数（X_0）、社会总产值（X_1）以及一（X_2）、二（X_3）、三（X_4）产业产值，如表 5-3 所示。

表 5-3　1978~2008 年江西产业结构与就业结构原始数据序列表

年份＼指标	X_0	X_1（亿元）	X_2（亿元）	X_3（亿元）	X_4（亿元）
1978	0.2276967	87.00	36.18	33.08	17.74
1979	0.2231829	104.15	48.70	36.41	19.04
1980	0.2230333	111.15	48.31	41.00	21.84
1981	0.224429	121.26	56.09	41.10	24.07
1982	0.2322873	133.96	63.91	42.64	27.41
1983	0.2433587	144.13	63.98	49.20	30.95
1984	0.272881	169.11	71.89	61.31	35.91
1985	0.3329127	207.89	84.06	76.05	47.78
1986	0.3417355	230.82	90.27	83.60	56.95
1987	0.3417046	262.90	104.63	92.44	65.83
1988	0.3548462	325.83	119.18	117.38	89.27
1989	0.3487844	376.46	133.19	131.23	112.04
1990	0.3431874	428.62	175.96	133.56	119.10

续表

指标 年份	X_0	X_1（亿元）	X_2（亿元）	X_3（亿元）	X_4（亿元）
1991	0.3469192	479.37	183.27	154.77	141.33
1992	0.3658041	572.55	200.81	199.40	172.34
1993	0.4295845	723.04	225.58	282.46	215.00
1994	0.4385615	948.16	314.35	338.23	295.58
1995	0.4897881	1169.73	374.64	403.74	391.35
1996	0.5018508	1409.74	440.00	481.30	488.44
1997	0.5280109	1605.77	475.18	548.84	581.75
1998	0.5342119	1719.87	450.44	608.22	661.21
1999	0.5359981	1853.65	464.40	648.82	740.43
2000	0.5337474	2003.07	485.14	700.76	817.17
2001	0.5378626	2175.68	506.00	786.12	883.56
2002	0.5473106	2450.48	535.98	941.77	972.73
2003	0.5799742	2807.41	560.00	1204.33	1043.08
2004	0.5900181	3456.70	664.50	1566.40	1225.80
2005	0.6013968	4056.76	727.37	1917.47	1411.92
2006	0.6090647	4670.53	786.14	2343.74	1540.65
2007	0.6198515	5500.25	905.77	2840.92	1753.56
2008	0.6256613	6480.33	1060.38	3414.88	2005.07

资料来源：历年《江西省统计年鉴》。

根据原始数据数列，按照模型要求，对数据序列进行无量纲化处理（初值化处理），并计算各年各产业关联系数，如表5-4所示：

表5-4　关联系数序列

指标 年份	$\varepsilon01$	$\varepsilon02$	$\varepsilon03$	$\varepsilon04$
1978	1	1	1	1
1979	0.992879	0.9682466	0.9971105	0.9980666
1980	0.990243	0.9690980	0.9937881	0.9947925
1981	0.986687	0.9518256	0.9938619	0.9923365
1982	0.983113	0.9373013	0.9935759	0.9891961

续表

年份　　指标	ε01	ε02	ε03	ε04
1983	0.980936	0.9409923	0.9900347	0.9861330
1984	0.975952	0.9339833	0.9844925	0.9831086
1985	0.970252	0.9283312	0.9802696	0.9750221
1986	0.963306	0.9181779	0.9759098	0.9656551
1987	0.952121	0.8891243	0.9698238	0.9560375
1988	0.932583	0.8653694	0.9543264	0.9325970
1989	0.915408	0.8384539	0.9446712	0.9094762
1990	0.898439	0.7687367	0.9426363	0.9022619
1991	0.883561	0.7590266	0.9294708	0.8817901
1992	0.858775	0.7388268	0.9038860	0.8556510
1993	0.824829	0.7195506	0.8620797	0.8244662
1994	0.771242	0.6226082	0.8336219	0.7653493
1995	0.728138	0.5762536	0.8052811	0.7070963
1996	0.683614	0.5283946	0.7710589	0.6548775
1997	0.652102	0.5077730	0.7444580	0.6119764
1998	0.634534	0.5247551	0.7216174	0.5791471
1999	0.614804	0.5155881	0.7066612	0.5496239
2000	0.593952	0.5020581	0.6881812	0.5236602
2001	0.571877	0.4897492	0.6601831	0.5032399
2002	0.540051	0.4733916	0.6146668	0.4782761
2003	0.504398	0.4631631	0.5511646	0.4607516
2004	0.448869	0.414249	0.4815750	0.4195071
2005	0.407468	0.3898201	0.4290812	0.3844678
2006	0.372261	0.3692943	0.3788355	0.3634676
2007	0.362537	0.3543325	0.3658934	0.3535635
2008	0.375312	0.3646981	0.3578102	0.3643813

根据关联系数计算总产值以及各产业产值与非农产业就业的关联强度，如表5-5所示：

表 5 - 5　　　各因素的关联强度

因素	关联性	关联度
R1	$R_1(X_0, X_1)$	0.7321870
R2	$R_2(X_0, X_2)$	0.6945834
R3	$R_3(X_0, X_3)$	0.8045223
R4	$R_4(X_0, X_4)$	0.7493786

由表 5 - 5 可以看出，$R_3 > R_4 > R_1 > R_2$。

2. 数据分析和评价

从表 5 - 4 和表 5 - 5 中数据可以看出，第二产业产值对非农就业系数的关联度最强，关联系数为 0.8045223，第二产业对非农就业效应的作用较大，大力发展第二产业，特别是大力推进工业化进程是江西解决劳动力就业的长期战略，是解决劳动力就业的主要途径。工业化进程还没达到对劳动力起排斥作用的阶段，也没有达到对劳动力起到极大的吸收作用的阶段，因此江西目前要做的是在保持适度规模就业的同时，① 大力促进第二产业的发展，特别是工业的发展。江西劳动力资源丰富，价格低廉，可以继续保持劳动力成本竞争优势，承接沿海发达地区产业转移，增强第二产业产品的竞争力，因此第二产业仍有上升的空间，能够继续吸纳劳动力，扩大就业；另外，就业结构是影响未来江西工业化进程的关键因素之一，在第二产业不断发展的同时，也对劳动力就业结构提出了更高的要求。如何有效配置劳动力资源和释放出剩余劳动力资源去支持其他产业发展将是未来江西经济发展与实现产业结构升级的巨大挑战。

第三产业产值对非农就业仅次于第二产业，其关联系数达到了 0.7493786，这一产业对农村剩余劳动力的转移起到了重要作用，但是目前还未能起到最重要的作用，原因只能解释为第二产业没有得到充分发展，工业化进程没有达到足以使第三产业产值对劳动力的吸收能力达到最大的阶段，为此，从第三产业来看，大力发展第二产业，促进产业创新，实现劳动力就业的关联效应非常重要，在第二产业充分发展的基础上实现第三产业对非农就业的主导地位。当然第三产业也可以对第二产业产生诱导性作用，第三产业的发展不能等待第二产业的发展，在第二产业发展的同时随之不断推进，这样才能实现劳动力就业结构的优化。

第一产业产值对非农就业的关联度较小，但影响较大，说明了第一产业的发展对剩余劳动力转移具有重要作用。农业是国民经济的基础，在农业未得到充分发展的基础上追求产业结构升级是不现实的，也是不稳定的，容易发生产业结构

---

① 既不阻碍工业化进程的推进，又不会影响社会稳定。

逆转。江西农业的基础性地位未稳固，工业反哺农业战略虽然提出，但是落到实处还有一段很长的时间，正是基于这一原因，第一产业存在较多的隐性失业人员，未能实现有效转移，这也造成我国第一产业劳动生产率长期低下，产业技术水平无法得到提高。为此，大力推进工业反哺农业战略，实行二元工业化，提升农业发展水平，使农村隐性失业显性化，从而转移到其他产业就业。

三、工业化进程的劳动力就业结构弹性效应实证分析

产业经济增长对劳动力的吸纳能力，通常用就业弹性来分析。就业弹性是指劳动力就业的增长率与经济增长率之间的比率，反映经济增长对劳动力的吸纳能力的强弱，即 GDP 增长 1 个百分点，带动就业增长的百分点。一般来讲，就业弹性越大，该经济体系吸收劳动力的能力越强；就业弹性越小，该经济体系吸收劳动力的能力越弱。

（一）第二产业就业弹性效应分析

第一产业从考查范围来看，其弹性都是负值，说明第一产业作为劳动力"蓄水池"一直处在不断的转移就业之中，在此主要是对第二产业和第三产业劳动力就业弹性进行分析。

从表 5-6 可以看出，20 世纪 80~90 年代中期，江西劳动力扩张的重点是第二产业，劳动力就业年均增长率达到了 7.5%，其中在 1983 年和 1984 年分别达到 8.2% 和 10.7% 的较高水平；90 年代中期至 2001 年，受国企改制、投资减缓和亚洲金融危机的影响，江西第二产业劳动力就业进入到一个负增长阶段；2002~2008 年，随着第二产业产业结构的不断调整和升级，吸纳劳动力的能力有所增强，年均增长率达到 3% 左右。

表 5-6　1979~2008 年江西各次产业平均就业弹性

年份 \ 指标	第二产业就业年增长率	第二产业产值年增长率	第三产业就业年增长率	第三产业产值年增长率	第二产业平均就业弹性	第三产业平均就业弹性
1979	0.0031	0.1007	0.0458	0.0733	0.0304	0.6254
1980	0.0183	0.1261	0.0610	0.1471	0.1452	0.4150
1981	0.0348	0.0024	0.0597	0.1021	14.2480	0.5850
1982	0.0446	0.0375	0.0626	0.1388	1.1899	0.4514

指标 年份	第二产业就 业年增长率	第二产业产 值年增长率	第三产业就 业年增长率	第三产业产 值年增长率	第二产业平 均就业弹性	第三产业平 均就业弹性
1983	0.0826	0.1538	0.1087	0.1291	0.5369	0.8417
1984	0.1075	0.2461	0.2002	0.1603	0.4369	1.2495
1985	0.4817	0.2404	0.0192	0.3305	2.0038	0.0581
1986	0.0315	0.0993	0.0811	0.1919	0.3174	0.4227
1987	0.0263	0.1057	0.0308	0.1559	0.2489	0.1976
1988	0.0849	0.2698	0.0542	0.3561	0.3146	0.1521
1989	− 0.0030	0.1180	0.0152	0.2551	− 0.0250	0.0596
1990	0.0044	0.0178	0.0316	0.0630	0.2455	0.5011
1991	0.0545	0.1588	0.0267	0.1866	0.3434	0.1430
1992	0.0623	0.2884	0.0371	0.2194	0.2159	0.1690
1993	0.1201	0.4165	0.3096	0.2475	0.2884	1.2508
1994	0.0666	0.1974	0.0898	0.3748	0.3373	0.2396
1995	0.0645	0.1937	0.3009	0.3240	0.3328	0.9286
1996	0.0278	0.1921	0.0280	0.2481	0.1447	0.1128
1997	0.0187	0.1403	0.1006	0.1910	0.1334	0.5267
1998	− 0.0020	0.1082	0.0002	0.1366	− 0.0170	0.0013
1999	− 0.0330	0.0668	0.0333	0.1198	− 0.4940	0.2782
2000	− 0.0530	0.0801	0.0139	0.1036	− 0.6570	0.1343
2001	− 0.0400	0.1218	0.0425	0.0812	− 0.3300	0.5235
2002	0.0025	0.1980	0.0959	0.1009	0.0126	0.9501
2003	0.1740	0.2788	0.0106	0.0723	0.6243	0.1459
2004	0.0535	0.3006	0.0267	0.1752	0.1780	0.1523
2005	0.0353	0.2241	0.0590	0.1518	0.1573	0.3889
2006	0.0323	0.2223	0.0327	0.0912	0.1452	0.3584
2007	0.0372	0.2121	0.0404	0.1382	0.1754	0.2925
2008	0.0176	0.2020	0.0297	0.1438	0.0873	0.2064

对于第二产业就业弹性情况，如图 5 − 2 所示。由于改革开放的突发效应，工业化进程得到大力推进，第二产业得到快速发展，第二产业就业弹性在 1981 年达到 14.245，是观察年度中最高的。20 世纪 80 年代中期至 90 年代中期第二产业就业弹性维持在 0.3 左右的水平，其间有过一些波动，但波动不大，这与劳

动力就业年均增长率是一致的。1998～2001 年第二产业就业弹性出现负增长,产值的增加并未带来劳动力就业的增长,这是工业化进程中劳动力就业的阶段特征,其原因与第二产业劳动力增长率一样。2002 年以后第二产业就业弹性又为正值,说明对劳动力的吸收能力并没有丧失,工业化还未达到对第二产业劳动力进行挤出和分流的阶段,第二产业的发展依然是解决就业的关键,工业化进程的大力推进是实现充分就业的保证。

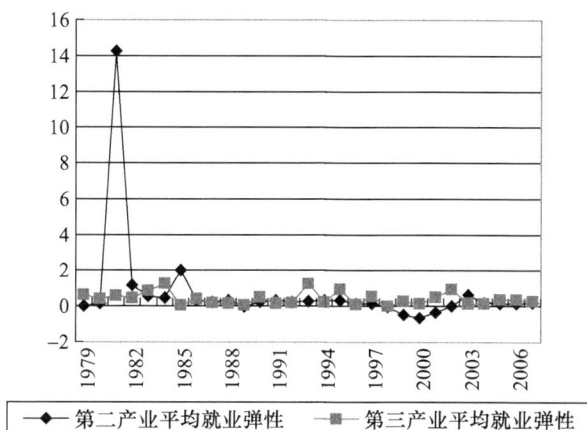

图 5 - 2　1979～2006 年江西第二、第三产业平均就业弹性时间序列

以下用 Eview3.0 统计软件对第二产业和第三产业的就业弹性时间序列进行分析。首先对序列进行指数平滑变换处理,消除序列中的随机波动性影响,使序列的特征体现得更加明显。通过比较线性模型、对数模型和二项式模型的判定系数,选择系数较高的对数模型。

对第二产业的就业弹性时间序列建立对数模型,模型结果如表 5 - 7 所示:

表 5 - 7　第二产业的就业弹性时间序列模型输出结果

Variable	Coefficient	Std. Error	t - Statistic	Prob.
C	- 0. 130808	0. 035903	- 3. 643349	0. 0011
LNB	0. 170608	0. 013839	12. 32842	0. 0000
R - squared	0. 849154	Mean dependent var	0. 288400	
Adjusted R - squared	0. 843567	S. D. dependent var	0. 156914	

Variable	Coefficient	Std. Error	t – Statistic	Prob.
S. E. of regression	0. 062062	Akaike info criterion	– 2. 654895	
Sum squared resid	0. 103995	Schwarz criterion	– 2. 560599	
Log likelihood	40. 49598	F – statistic	151. 9899	
Durbin – Watson stat	0. 151686	Prob （F – statistic）	0. 000000	

从输出的方差分析表和回归系数显著性检验结果看，当显著性水平为 0.05 时，该模型能通过各项检验，模型效果较好。模型拟合效果图如图 5 – 3 所示：

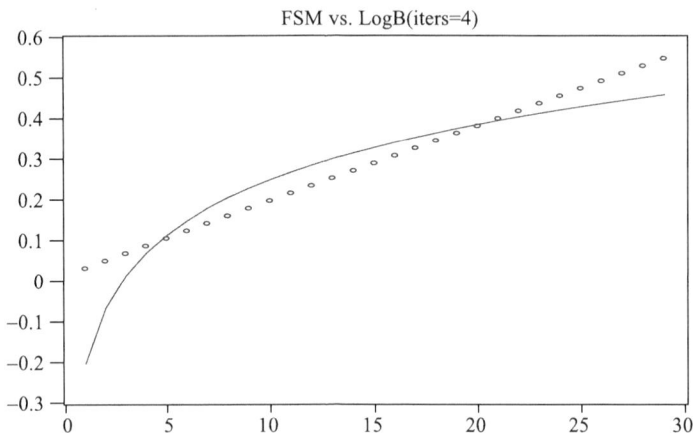

图 5 – 3 　第二产业就业弹性对数模型拟合效果

Y 轴表示就业弹性，X 轴表示时间 1979 ~ 2008 年，该图描述了就业弹性的整体发展变化趋势。由图 5 – 3 可以看出，第二产业就业弹性呈平缓趋势，即第二产业劳动吸纳力逐渐稳定，曲线斜率逐渐变小，表明就业吸纳力的增长速度有所减慢，就业进入缓慢增长时期，第二产业所吸纳的劳动力数量远远低于劳动力从第一产业的减少量。从图 5 – 3 趋势来看，第二产业就业弹性值将会继续减小，但第二产业还可以继续维持吸收农村剩余劳动力的稳定水平，到第二产业就业弹性值降低为负值将会有一个长期的过程，因此，大力发展第二产业将会不断吸收农村剩余劳动力就业，只不过其增长率相对较低而已。

（二）第三产业对劳动力吸收能力分析

为了更直观地观察第三产业就业弹性随时间的变化规律，用 Eview 3.0 统计软件对第三产业就业弹性进行差分处理，并编制了差分序列图（见图5-4）。该序列图所表现出的特征为，在水平方向上平稳发展，在垂直方向上的波动性保持稳定。

图5-4　第三产业就业弹性差分序列

通过进一步分析第三产业就业弹性的系数图和偏自相关图（见图5-5），显然，所有的相关系数和偏自相关系数均落入置信区间内，并且没有明显的变化规律，因此，第三产业就业弹性序列本身是一个平稳的随机序列，没有趋势性。相对于目前的工业化所处阶段，江西第三产业还没有得到应有的发展，长期以来，第三产业的劳动吸纳力没能显示出其应有的上升趋势。

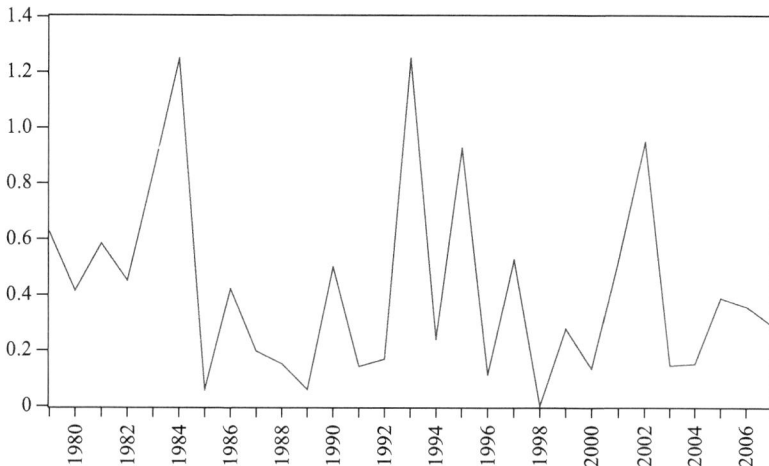

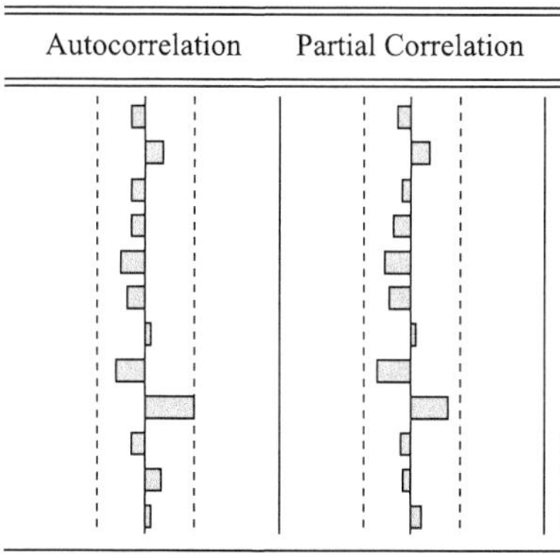

Autocorrelation	Partial Correlation		AC	PAC	Q-Stat	Prob
		1	−0.114	−0.114	0.4154	0.519
		2	0.143	0.132	1.0946	0.579
		3	−0.100	−0.073	1.4408	0.696
		4	−0.100	−0.140	1.7988	0.773
		5	−0.193	−0.203	3.1902	0.671
		6	−0.140	−0.174	3.9542	0.683
		7	0.044	0.036	4.0335	0.776
		8	−0.227	−0.257	6.2407	0.620
		9	0.378	0.274	12.666	0.178
		10	−0.106	−0.082	13.194	0.213
		11	0.126	−0.045	13.993	0.233
		12	0.053	0.098	14.140	0.292

图5-5　第三产业就业弹性自相关图和偏自相关图

从表5-6可以进一步分析第三产业就业弹性，第三产业就业弹性显示出较强的波动性，同时可以看出第三产业就业弹性波动虽然较大，但是一直为正值并且数值较大，单位 GDP 的增长带来的就业增长较多；而且第三产业的就业弹性值远高于第二产业，一直保持在较高的水平上，是吸收农村剩余劳动力和新增劳动力的主要领域，但是第三产业就业弹性发展很有限，在第二产业没有得到充分发展的基础上，第三产业就业弹性将会不断降低。

四、工业化进程的劳动力就业结构熵数效应实证分析

对产业就业结构的集中化和均衡化的分析，可以选择熵数模型。利用该模型可以对江西历年各产业和行业就业结构熵数进行分析，以发现工业化过程中就业结构集中化或均衡化规律。

（一）三次产业就业结构熵数分析

就业结构的优化升级不仅意味着就业结构从低级向高级的演变发展，还蕴含着就业结构内部的协调和谐，就业结构就是在平衡与不平衡的矛盾运动中不断向前发展的。为了更好地分析江西三次产业就业结构的均衡化或多元化程度，根据熵数分析模型，对江西1978~2008年三次产业就业结构熵数进行测算（见表5-8）。

表5-8　1978~2008年江西三次产业就业结构熵数

年份	第一产业	第二产业	第三产业	合计
1978	0.199771	0.2652287	0.2276332	0.6926329
1979	0.196049	0.2599302	0.2276332	0.6836121
1980	0.196049	0.2577552	0.2302585	0.6840624
1981	0.196796	0.2566556	0.2328438	0.6862951
1982	0.202726	0.2610056	0.2378975	0.7016287
1983	0.210743	0.2652287	0.2463815	0.7223530
1984	0.231789	0.2762183	0.2672938	0.7753007
1985	0.270112	0.3230965	0.2662651	0.8594734
1986	0.275406	0.3242856	0.2733092	0.8730009
1987	0.275406	0.3242856	0.2733092	0.8730009

续表

指标 年份	第一产业	第二产业	第三产业	合计
1988	0.282836	0.3299408	0.2762183	0.8889948
1989	0.279439	0.3271730	0.2752558	0.8818677
1990	0.275987	0.3236935	0.2752558	0.8749361
1991	0.278294	0.3260326	0.2752558	0.8795827
1992	0.288918	0.3331081	0.2809257	0.9029516
1993	0.319086	0.3437706	0.3114788	0.9743357
1994	0.324277	0.3449962	0.3174976	0.9867711
1995	0.343406	0.3465736	0.3425079	1.0324872
1996	0.347183	0.3488199	0.3449962	1.0409995
1997	0.354366	0.3498901	0.3532088	1.0574654
1998	0.355823	0.3509256	0.3541313	1.0608804
1999	0.356292	0.3480869	0.3569692	1.0613481
2000	0.355823	0.3441832	0.3589836	1.0589903
2001	0.356752	0.3403199	0.3617888	1.0588607
2002	0.358714	0.3365968	0.364619	1.0599298
2003	0.364350	0.3509256	0.3643338	1.0796097
2004	0.365555	0.3535200	0.3646190	1.0836942
2005	0.366599	0.3541313	0.3657485	1.0864785
2006	0.367168	0.3550206	0.3662692	1.0884575
2007	0.367682	0.3564304	0.3667953	1.0909076
2008	0.367828	0.35670150	0.3671527	1.0916833

　　为了更加清晰地看出三次就业结构熵数发展趋势，可以根据表5-8画出三次产业就业结构熵数趋势图，如图5-6所示。

　　由表5-8可以看出，1978年第一、第二、第三次产业就业结构熵数分别为0.199771、0.2652287、0.2276332，三次产业就业结构熵数为0.6926329，说明此时的就业结构相对单一，占全省77.2%的劳动力集中在第一产业就业，第二、第三产业对劳动力就业的贡献非常小，产业就业结构在此时处于较低水平。由图5-6可以看出，1978～1984年三次产业结构熵数在0.6～0.8，此时大量的劳动力集中在第一产业，平均达到了70%，产业就业结构水平较低；随着工业化进程的推进，1985～1994年三次产业结构熵数在0.8～1.0，劳动力就业结构在逐渐分散，从三次产业就业比也可以看出，1994年，第一、第二、第三产业就业比分别为56.1%、24.6%、19.3%，第一、第二、第三产业就业结构熵数分别为0.324277、0.3449962、0.3174976，与1978年相比较，第一产业就业比下降了将近16个百分点，就业结构熵数增加了0.13，说明就业结构在向分散化方向发展，就业结构水平有所提高；1995～2008年，就业结构熵数超过了1.0，说明产业就业结构进一步向分散、均衡化方向发展。

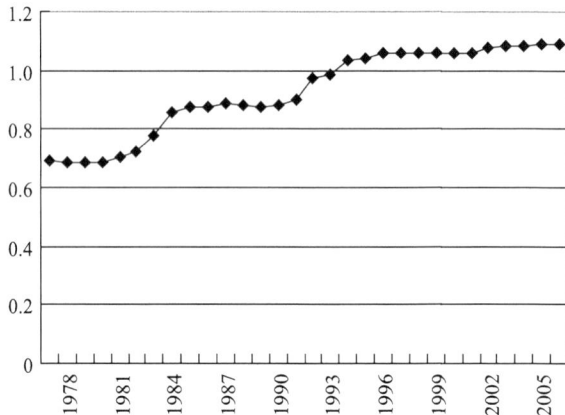

图5-6 三次产业就业结构熵数发展趋势

经济发展的历史表明，就业结构演变升级的过程实际上就是三次产业交替占优势比重变化的过程。在经济发展的初期，第一产业在国民经济中占有重要地位，第一产业就业在三次产业中占有优势比重随着经济的发展，即随着人均国民收入水平的提高，劳动力首先由第一产业向第二产业推移。当人均收入水平进一步提高时，劳动力便向第三产业推移。劳动力在产业间的分布情况，第一产业将减少，第二、第三产业将增加。经济发展到一定阶段后，第三产业就业在三次产业中将占有优势比重。与此相对应，就业结构的变化则是随着工业化进程的不断推进，由第一产业就业集中专业化到三次产业就业结构均衡化再到第二产业就业相对集中专业化，然后逐渐分散向第三产业就业相对集中化转移。由此规律可以判断，江西产业就业结构熵数虽然在提高，当前达到了1.0的水平，但它还是处于第一产业就业结构集中化向第二产业就业结构集中化方向发展的过渡阶段，江西工业化水平虽然进入中期，但是还不足以改变产业就业结构向第二产业集中，向第三产业集中是一个更长远的问题了。大力推进工业化，促进第二产业的发展，实现产业创新是提升产业就业结构水平，实现劳动力就业结构进一步优化、协调和均衡的基础。

为进一步了解江西各地区三次产业就业结构均衡性或集中性,可以根据熵数模型计算各设区市的三次产业就业结构熵数,如表5-9所示:

表5-9 2008年江西各地区三次产业就业结构熵数

指标 区域	三次产业就业结构熵数			
	第一产业	第二产业	第三产业	合计
江西省	0.367828	0.35670150	0.36715270	1.0916833
南昌市	0.353263	0.3435544	0.3500127	1.0468303
景德镇	0.362164	0.3666216	0.3677214	1.0965075
萍乡市	0.364512	0.3646472	0.3512801	1.0804390
九江市	0.366314	0.3454054	0.3674694	1.0791893
新余市	0.364580	0.3673546	0.3660566	1.0979917
鹰潭市	0.366521	0.3433762	0.3677458	1.0776433
赣州市	0.362575	0.3585363	0.3563650	1.0774765
吉安市	0.348558	0.3411314	0.3534535	1.0431433
宜春市	0.364567	0.3524375	0.3638964	1.0809009
抚州市	0.359174	0.3241064	0.3671870	1.0504672
上饶市	0.367731	0.3678724	0.3555754	1.0911793

从表5-9可以看出,2008年,江西各地区三次劳动力就业结构熵数与全省平均水平相差无几,但是仔细观察就会发现,景德镇、萍乡、九江、新余、鹰潭、宜春和上饶三次就业结构熵数在1.07以上,处于较高水平,从工业化进程来看,景德镇、萍乡、新余、鹰潭,工业化水平较高,可以说工业对这几个地区劳动力就业结构水平的提高起到了巨大的作用,对劳动力多元化就业做出了贡献;吉安、抚州三次就业结构熵数分别为1.0431433、1.0504672,说明由于工业化水平较低,影响了就业水平的提高,劳动就业结构协调性相对较差;而南昌工业化水平虽然相对较高,但2008年第一、第二、第三次产业就业比分别为30%、34%、36%,第一产业就业比相对较高,第三产业就业比最高,用产业就业结构变迁的规律可以解释为第二产业没有得到充分发展,劳动力吸收能力较低,同时未能有效解放第一产业劳动力,大量劳动力直接进入第三产业就业,从而第三产业劳动力就业比重较高,劳动力就业集中在第一产业和第三产业,造成了三次就业结构熵数为1.0504672的相对较低水平。这一解释可以与南昌劳动力就业偏离份额分析相呼应。

（二）各行业就业结构熵数分析

利用就业结构熵数对江西各行业就业结构变动作进一步考察时发现，2003～2008年江西各行业就业结构的变动比三次产业就业结构的变动复杂得多（见表5－10）。

表5－10　2003～2008年江西各行业就业结构熵数

行业＼年份	2003	2004	2005	2006	2007	2008
农、林、牧、渔业	0.364	0.366	0.367	0.367	0.368	0.368
采矿业与制造业	0.323	0.328	0.328	0.329	0.331	0.332
电力、燃气及水的生产和供应业	0.023	0.024	0.024	0.024	0.024	0.022
建筑业	0.161	0.161	0.163	0.166	0.167	0.175
交通运输、仓储和邮政业	0.124	0.117	0.122	0.119	0.119	0.116
信息传输、计算机服务和软件业	0.015	0.020	0.027	0.027	0.026	0.023
批发和零售业	0.249	0.254	0.255	0.262	0.280	0.283
住宿和餐饮业	0.157	0.157	0.157	0.158	0.159	0.171
金融业	0.022	0.022	0.021	0.021	0.020	0.021
房地产	0.006	0.016	0.018	0.023	0.023	0.028
租赁和商务服务业	0.010	0.017	0.020	0.022	0.028	0.034
科学研究、技术服务和地质勘查业	0.014	0.014	0.015	0.014	0.014	0.014
水利、环境和公共设施管理业	0.012	0.013	0.012	0.013	0.013	0.014
居民服务和其他服务业	0.153	0.141	0.152	0.146	0.120	0.117
教育	0.078	0.079	0.078	0.078	0.077	0.076
卫生、社会保障和社会福利业	0.031	0.032	0.033	0.033	0.033	0.034
文化、体育和娱乐业	0.021	0.028	0.019	0.019	0.023	0.020
公共管理和社会组织	0.069	0.067	0.067	0.067	0.067	0.071

由表5－10可以看出，近五年国民经济各行业就业结构熵数变化不大，而这几年江西工业化进程却在加速推进，说明工业化进程还不足以引起劳动力就业结构的加速改变，各行业劳动力就业结构水平还有待进一步优化和提高。当然，仔细观察会发现，这些行业就业结构变化大致分为这样几类：①采矿业与制造业、建筑业、批发和零售业、租赁和商务服务业以及信息传输、计算机服务和软件业，这些行业在计算年份就业结构熵数值不断上升，结合这些行业的就业比重不

断上升的趋势可以判断，这些行业就业结构呈现出扩散化的倾向，对就业有一定的吸纳能力。②交通运输、仓储和邮政业，居民服务和其他服务行业在计算年份就业结构熵数值略有下降，并且就业比重也有所下降，说明该行业就业结构可能有集中专业化趋势，从这里可以看出这些行业与物流业有很大的关系，就其就业性质来看，应该可以吸引较多的劳动力，这从一个侧面说明江西工业化发展水平有限，影响了这些行业的充分发展。③电力、燃气及水的生产和供应业，科学研究、技术服务和地质勘查业，水利、环境和公共设施管理业，卫生、社会保障和社会福利业，公共管理和社会组织，这几个行业在计算期就业结构熵数基本保持不变，除了与这几个行业的性质带有公共性有关外，也在一定程度上说明工业化进程还是滞后的，对这些产业就业结构的优化作用较小。

五、本章小结

工业化进程的劳动力就业结构偏离效应实证分析的结果表明：①偏离系数的分析从纵向时间维度分析了产业结构与就业结构的偏离度，认为工业化在各个阶段对偏离度大小的影响较大，同时进一步论证了当前工业化进程的加速推进，并未带来社会就业的一致性增长，反而扩大了第二产业结构与就业结构的差距，对第一产业剩余劳动力吸收能力降低，对新型服务业的产业创新能力不足，以至于对第三产业拉动作用较小，第三产业就业只能维持在一定的水平。②偏离份额分析从横向地区维度分析了产业就业结构差异，认为工业化对各地区劳动力就业增长起到极大的作用，要扩大就业，提升就业增长速度，就必须发展工业，提升工业化发展水平；同时发现工业化水平高的地区劳动力就业并不一定就高，各地区产业就业增长速度差异较大，并且与相应地区工业化水平呈现不一致现象，其原因主要是工业化所处阶段和工业化路径不同，为此，要缩小差距，实现地区工业化与就业一致性，就必须做到工业有效的反哺农业、提高结构性补偿，同时要不断地调整工业结构、促进产业创新，并要处理好工业化进程中劳动密集型与资本、技术密集型产业的关系。

工业化进程的劳动力就业结构关联效应实证分析的结果表明：①相关性分析表明江西工业化进程虽在加速推进，但是对第一产业的反哺程度很低，几乎没有作用，对第三产业促进作用也较小，对第二产业产业结构调整、创新程度不够，从而影响到了各产业的就业水平，各产业就业结构优化率较低。②灰色关联分析论证了第二产业产值对非农就业具有巨大的作用，第三产业次之，第一产业最弱，说明大力发展第二产业是解决劳动力就业的主要途径，实现第二产业对第一产业的反哺、对第三产业的产业关联效应是就业结构优化的关键。

工业化进程的劳动力就业结构弹性效应实证分析的结果表明：第一产业作为劳动力的"蓄水池"，其就业弹性是不断下降的；第二产业就业弹性呈平缓趋势，表明就业吸纳力的增长速度有所减慢，就业进入缓慢增长时期，第二产业所吸纳的劳动力数量远远低于劳动力从第一产业的减少量，第二产业的发展依然是解决就业的关键，大力发展第二产业还是可以不断吸收农村剩余劳动力就业的；第三产业就业弹性显示出较强的波动性，但一直为维持正值并且数值较大，其就业弹性值远高于第二产业，一直保持在较高的水平上，是吸收农村剩余劳动力和新增劳动力的主要领域，但是第三产业就业弹性发展很有限，在第二产业没有得到充分发展的基础上，第三产业就业弹性将会不断降低。

工业化进程的劳动力就业结构熵数效应实证分析的结果表明：江西就业结构变化方向符合经济发展规律，但是由于工业化发展水平有限，使劳动力就业结构处于第一产业就业结构集中化向第二产业就业结构集中化方向发展的过渡阶段。江西各地区劳动力就业结构熵数从正面进一步论证了工业化对劳动力就业结构优化的作用，工业化发展得好的，其就业结构协调性、分散性就强；而各行业劳动力就业结构熵数从负面进一步论证了工业化对各行业劳动力就业协调性和分散性的影响，其原因是2003～2008年江西各行业劳动力就业结构熵数变化非常小。因此，大力推进工业化，促进第二产业的发展，实现产业创新是提升产业就业结构水平，实现劳动力就业结构进一步优化、协调和均衡的基础。

总之，从工业化进程中劳动力就业的偏离效应、关联效应、弹性效应和熵数效应可以看出，首先，工业化对劳动力就业的贡献率是较低的，同时工业化还未达到反哺农业，更多地吸收农业剩余劳动力和实现农业剩余劳动力的就地转移。其次，工业化对产业结构的优化升级作用也不强，未能促进第三产业的发展，特别是生产型服务业的发展，以至于第三产业劳动力就业达到饱和，未能有所增加。为此，江西要大力推进工业化进程，积极调整产业结构、促进产业创新、增强工业反哺农业力度，扩大产业的联动效应，促进第一产业和第三产业发展，实现劳动力的可持续性就业。

第六章　江西工业化进程中基本要素对劳动力就业效应的实证分析

根据第四章基于要素角度的工业化进程中劳动力就业效应的理论分析，在此可以实证分析工业化对劳动力就业需求的影响，分析资本密集型工业和劳动密集型工业在江西工业化进程中对劳动力就业的影响，进而实证分析资本深化对劳动力就业的影响以及在资本深化、技术进步双重作用下重化工业化对劳动力就业的影响。

一、基于有效需求的工业化对劳动力就业效应的实证分析

第四章从理论上论证了工业化实现途径在有效需求的影响下对劳动力就业会产生促进或阻碍效应，实行资本密集型工业化和劳动密集型工业化对劳动力就业的效应存在较大差别。本节在考虑有效需求的基础上设计工业化与劳动力需求影响模型实证分析工业化进程中工业化对劳动力就业的影响，以进一步论证理论分析的结果，为适宜工业化模式的选择提供方向。

（一）就业需求与工业化总产值增长率变动分析

根据库兹涅茨法则，随着工业化进程的推进，工业部门的国民收入在整个国民收入中的比重大体是上升的，但是工业部门劳动力在全部劳动力中的比重则大体不变或略有上升。但是由于江西属于欠发达地区，二元问题相对比较突出，剩余劳动力较多，工业部门劳动力需求并没有按照库兹涅茨法则的规律发展，而是经历了一个比较曲折、复杂的发展过程。以下我们将从各年统计数据来加以说明，根据 1979～2008 年统计年鉴的相关数据，可以测算出江西工业总产值增长

率，工业就业增长率、工业就业弹性、非农就业增长率和社会消费品零售总额增长率，如表6-1所示。

表6-1　1979～2008年江西就业需求与工业总产值增长率变动表

单位:%

年份	工业总产值增长率	工业就业增长率	工业就业弹性	非农就业增长率	社会消费品零售总额增长率
1979	0.14	0.003	0.02	0.021	0.14
1980	0.17	0.018	0.11	0.037	0.18
1981	0.04	0.035	0.98	0.046	0.18
1982	0.05	0.045	0.94	0.053	0.07
1983	0.14	0.083	0.59	0.095	0.07
1984	0.31	0.108	0.35	0.151	0.14
1985	0.27	0.482	1.82	0.258	0.22
1986	0.13	0.191	1.50	0.051	0.13
1987	0.11	0.019	0.17	0.028	0.13
1988	0.27	0.025	0.09	0.072	0.29
1989	0.11	0.023	0.21	0.004	0.09
1990	0.04	0.014	0.35	0.015	-0.005
1991	0.17	-0.640	-3.90	0.043	0.11
1992	0.24	0.007	0.03	0.052	0.17
1993	0.39	3.076	7.88	0.195	0.23
1994	0.15	0.017	0.11	0.077	0.36
1995	0.17	-0.010	-0.10	0.168	0.24
1996	0.20	-0.030	-0.10	0.028	0.19
1997	0.17	1.600	9.52	0.059	0.14
1998	0.09	-0.030	-0.30	-0.001	0.08
1999	0.06	-0.020	-0.30	0.001	0.08
2000	0.08	-0.070	-0.80	-0.020	0.08
2001	0.11	-0.070	-0.70	0.005	0.08
2002	0.16	0.022	0.13	0.055	0.09
2003	0.23	0.151	0.66	0.078	0.11
2004	0.32	0.061	0.19	0.039	0.16
2005	0.28	0.033	0.12	0.048	0.15
2006	0.24	0.026	0.11	0.033	0.16
2007	0.26	0.039	0.15	0.039	0.18
2008	0.21	0.003	0.012	0.024	0.24

从表 6-1 较难看出工业总产值、工业就业和工业就业弹性的发展趋势，为此我们可以用折线图来体现，如图 6-1 所示。从中我们可以看出工业就业增长率和工业总产值增长率以及工业就业弹性的波动趋势是一致的，工业总产值增长率增加时，工业部门劳动力就业也在增加，但是由于增加的幅度没有产值大，所以，体现在图 6-1 中的工业就业增长率和工业就业弹性除了某些年份外，如 1982 年、1983 年、1993 年和 1997 年，都低于工业总产值增长率。

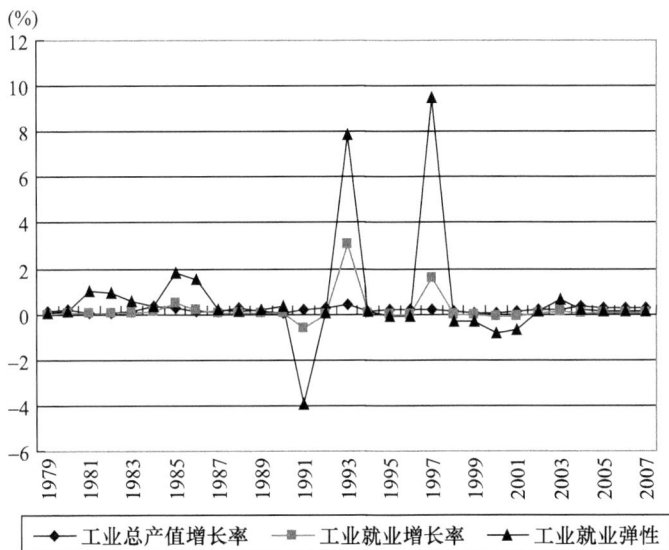

图 6-1　工业总产值增长率、工业就业增长率和工业就业弹性趋势

图 6-1 主要体现的是工业总产值增长率、工业就业增长率和工业就业弹性趋势，对于工业总产值增长率、非农就业增长率和社会消费品零售总额增长率可以用图 6-2 来体现。从中可以看出，工业总产值增长率、非农就业增长率和社会消费品零售总额增长率的趋势是一致的，只是波动幅度不一致，一方面说明随着工业化进程的推进，非农就业在增加，劳动力收入也随之增加，从而社会消费品零售总额也得到了大量增加；另一方面说明工业化对剩余劳动力吸收能力是不强的，致使非农就业增长率和社会消费品零售总额增长率大部分时间都低于工业总产值增长率。

结合表 6-1、图 6-1 和图 6-2 可以对江西改革开放 30 多年来，随着工业化进程的加快，江西工业化、劳动力就业和社会消费品在逐渐走向协调，为了更好地分析这一过程，我们将分阶段对其特点进行分析。根据工业就业弹性可以看出，1979～1986 年年均工业就业弹性维持了较高水平，年均工业就业弹性达到

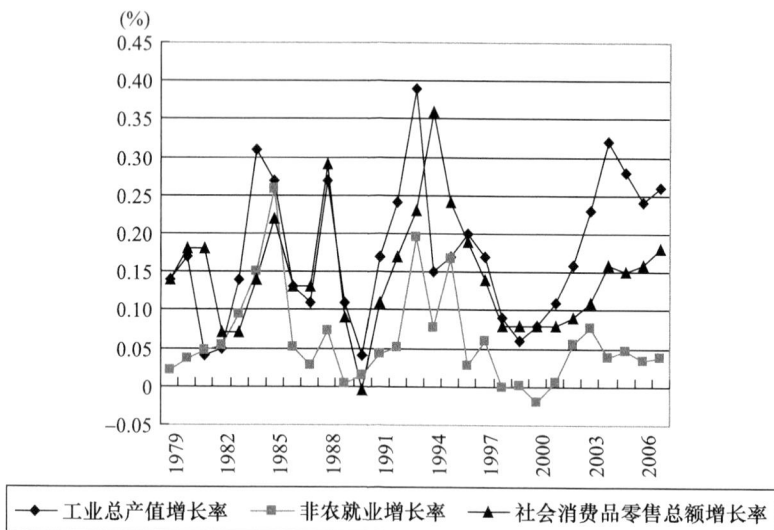

图 6-2　工业总产值增长率、非农就业增长率和社会消费品零售总额增长率趋势

了 0.79，这是由于改革开放以来，注重发展重工业的畸形局面得到改变，轻工业得到迅速发展的结果，同时改革前长期受压制的消费需求膨胀，刺激了工业化发展，经济处于短缺时代，工业化主要依赖资本投入。这时社会消费品零售总额年均增长率达到 14%，工业部门年均就业增长率达到 12%，非农就业年均增长率达到 8.9%，工业部门产值年均增长率达到了 15.6%。这些数据都说明由于工业化发展战略的变化，从资本型到更加注重劳动力就业型，从而提高了人民生活水平，促进了消费，从而进一步促进工业总产值的增加，使得工业部门就业和非农就业都得到较高增长。1987~1994 年年均工业就业弹性为 0.62%，相对前一个时期有所下降，并且在 1991 年和 1993 年两年波动较大，工业结构处于调整之中。这一时期工业总产值年均增长率（18.5%）继续增长，工业部门劳动力就业年均增长率达到了 31%，有力地吸收了农村剩余劳动力，但是工业就业弹性（0.62%）和非农就业（6.1%）下降，工业部门就业增加支撑了社会消费品零售总额的增长（18%），说明由于农村剩余劳动力的增加，工业总产值增长率远高于非农就业，工业部门吸收农村剩余劳动力能力还是有限，选择合适的工业化模式继续推进工业化进程是实现劳动力充分就业的关键。1995~2001 年工业就业弹性大部分时间都处于负水平，工业总产值年均增长率为 12.8%，相对上一个时期下降了将近 6 个百分点，工业就业增长率除了 1997 年，全部处于负增长，非农就业年均增长率为 3.4%，下降了 3 个百分点，处于较低水平，社会消费品零售总额的年均增长率为 12.5%，下降了 6 个百分点。从这些数据说明，这一时

期江西工业化过程脱离了就业目标，需求与供给增长之间出现差距。工业部门资本积累的增加，工业部门就业受到一定的影响，劳动力收入降低，社会需求减少，工业部门产值降低，反过来影响其他产业的发展，非农就业进一步降低，这正好证明了公式（4－25）的理论分析结果。2002～2008 年工业化通过前一时期的调整，工业就业弹性水平重新为正值，维持在 0.23% 的水平。工业总产值年均增长率达到了 25%，工业部门年均就业增长率为 6%，非农就业年均增长率为 5%，社会消费品零售总额的年均增长率为 14%。这些数据说明工业化进程进入了一个新的阶段，江西工业化进程正向中期过渡，工业化有向重工业化过渡的倾向，这可以从工业总产值增长率远远高于工业就业增长率、非农就业增长率和社会消费品零售总额增长率的数据看出。

江西农村存在庞大剩余劳动力，工业化任务远未完成，资本深化，工业化向重工业化方向发展又是工业化进程的必然趋势。为不出现工业化过程中工业就业持续下降的"逆工业化"现象，以至于农民被排斥在工业化之外，对工业化发展模式的选择就显得尤为重要了。

（二）工业化对劳动力就业需求的回归分析

工业化对工业就业的影响还必须从实证方面加以检验，以实证分析收入对工业化产值、工业生产总值对工业部门劳动力就业的影响。根据第四章公式（4－25）的含义可以知道，由于工业部门就业取决于工业部门产出和由工业部门就业弹性决定的资本和劳动密集型工业化战略，而工业部门产出又受到非农产业就业和有效需求的影响。在此以工业部门产值对工业部门劳动力就业以及城镇人均可支配收入对工业部门产值进行回归分析，以论证工业部门对劳动力就业的吸收能力和有效需求对工业产值的影响。

根据历年《江西省统计年鉴》，通过收集江西 1993～2008 年工业总产值，工业就业人数以及城镇居民人均可支配收入相关数据（见表 6－2），用统计软件 SPSS13.0 对其进行回归分析。假设以 L 表示就业、Y 表示产值、X 表示收入，回归结果如表 6－3 所示。

表 6－2 1993～2008 年江西工业总产值、工业就业人数以及城镇居民人均可支配收入

年份	工业总产值（亿元）	工业就业人数（万人）	城镇居民人均可支配收入（元）
1993	233.76	181.30	1984.90
1994	269.16	184.40	2776.80
1995	314.49	182.10	3376.56
1996	375.83	176.90	3780.24

年份	工业总产值（亿元）	工业就业人数（万人）	城镇居民人均可支配收入（元）
1997	438.98	460.00	4071.35
1998	477.15	448.30	4251.42
1999	503.79	439.60	5103.60
2000	543.88	410.90	5103.60
2001	603.23	380.40	5506.08
2002	702.42	388.80	6335.64
2003	863.31	447.60	6901.44
2004	1140.00	475.00	7559.64
2005	1455.50	490.51	8619.72
2006	1806.15	503.34	9551.16
2007	2277.69	523.17	11221.87
2008	2766.93	524.48	12866.00

表 6 - 3   1993 ~ 2008 年江西工业部门产值、收入和就业回归分析结果

变量 Y 对 X	回归方程	R^2	$\bar{R}^2$	F	D. W
产值对就业	$L = 180.02 + 0.203 Y$ (6.210) (6.123)	0.889	0.871	37.660	0.252
收入对就业	$L = 91.354 + 0.005 X$ (3.846) (11.045)	0.878	0.818	121.997	0.525
收入对产值	$Y = -278.23 + 0.195 X$ (-3473) (13.668)	0.917	0.912	186.828	0.240

从表 6 - 3 的回归结果可以看出，产值对就业的影响表现为正相关，模型拟合系数为 0.889，模型拟合较好，T 检验值为 6.123，产值对劳动力就业的系数能较好地通过检验，说明产值每提高 1% 会带来就业增加 0.203%，然而这一数值相对于工业部门产值增加度来看，还是相当低的；收入对就业的影响也表现为正相关，收入每提高一个单位会带来就业 0.005 个单位的上升，但是城镇居民收入对工业部门就业的影响较小，是因为江西农村剩余劳动力较多，不能提高农民的收入，其必然会通过对工业产品的有效需求来影响就业的增加；收入对产值的影响也表现为正相关，收入每提高一个单位会带来产值 0.195 个单位的上升，说明城镇居民的收入对工业部门产值影响不大，必须不断地增加就业，扩大农民的收入，才能扩大工业部门的产值。

为检验非农就业和城镇居民人均可支配收入对工业产值的影响，通过借鉴陈在余、严英龙（2004）建立的多元回归计量模型，选择年工业总产值增长率（Y）为因变量，需求解释变量为非农就业增长率（X_1），为了能够较好地体现整体收入对工业产值的推动作用，因此选择整个社会的居民人均可支配收入（X_2）作为另一个变量，此外，考虑到改革开放以来江西工业化进程正在向工业化中期过渡，工业化受到政策、制度等多种因素的影响，为了考虑被忽略的其他因素的作用，可以设置时间虚拟变量（D），相应的指标数据见附表6，以剔除其影响，通过考察1993～2008年江西工业产值、非农就业和城镇居民收入，除虚拟变量外均采用双对数形式。回归结果如下：

$$\ln(Y) = -0.972 + 0.254\ln(X_1) - 0.06\ln(X_2) - 0.431D$$
$$\quad\ (-2.64) \quad\quad (4.08) \quad\quad (-0.44) \quad\quad (-2.63)$$

$$R^2 = 0.562 \quad Adjusted R^2 = 0.495 \quad D.W = 1.302 \quad F = 8.346$$

通过采用Ar（1）项命令的校正，样本可决定系数达到了98.5%模型拟合效果较好，D.W为1.302，消除了自相关，解释变量均通过了显著性检验。根据回归模型可以看出，江西非农就业弹性系数为0.254，非农就业的提高对工业化产值的增长具有一定的推动作用；而城镇居民收入弹性为-0.06，说明城镇居民收入的提供对工业产值的增长作用较小，即由于江西农村居民占大部分，提高农村居民的收入才能较大地促进整体收入的增加，从而促进工业产值的增加。同时，也说明加大农村剩余劳动力的转移，促进非农就业可以增加工业部门产值，也可以增加居民收入，促进消费，进一步促进工业产值的提高；而虚拟变量对工业化有显著负效应，说明了江西在1994年之后模型所忽略的其他因素对工业化进程具有一定的影响，良好的政策选择可以促进工业化和劳动力就业的协调发展。

（三）结果评价及分析

传统二元经济理论从供给的角度，强调资本的作用，难以解释现阶段发展中国家生产能力过剩的现象，特别是像江西这样的欠发达地区。江西工业化进程中劳动力就业增长率一直不能跟上工业产值的增长，与库兹涅茨法则相违背，主要的原因是工业化道路有资本密集倾向，在存在庞大剩余劳动力（65%）前提下，农村剩余劳动力不能得到有效转移就业，就会出现有效需求不足，从而阻碍工业化产品的出售，工业化进程也就很难推进，无法形成工业部门再度扩张，以吸纳更多的剩余劳动力，最终将消除二元结构。通过本节的论述，其隐含的政策含义是在二元经济结构相对严重的条件下，应处理好劳动密集型产业和资本密集型产业的关系，提高现代部门的就业份额，这既符合比较优势原则，也是欠发达地区工业化的主要目标。同时，要充分考虑就业问题，在新型工业化战略指导下应进行适宜的工业化实现途径选择，并进行产业创新，实行既有利于工业化发展，又有利于实现充分就业的工业化路径——资本劳动密集型产业。

二、基于技术进步的资本深化对劳动力就业效应的实证分析

上一节的分析只是从实证方面检验了工业化不同发展战略对劳动力就业需求的影响，资本与劳动密集型工业对劳动力就业会产生不同的效应，但是对于其中更深层次的原因没有进行分析。江西工业化进程与劳动力就业现状从微观角度来看是资本深化的结果，还是技术进步的影响，而资本深化对劳动力就业效应是如何的，就有必要把资本深化对劳动力就业的影响从工业化进程中分离出来进行分析。根据第四章的理论分析得出的结论是，基于技术进步的资本深化对劳动力就业会产生负的"挤出效应"，也会产生正的补偿效应，在此将从实证方面加以证明。

（一）资本深化对劳动力就业的"挤出效应"

从第四章的理论分析可以知道，如果技术进步是高度劳动节约的，那么，工业化过程将表现出资本深化的特征，随着资本存量的增加，资本深化的速度将越来越快。为了更好地分析这一结论，我们通过查阅历年《江西省统计年鉴》，收集和整理了1989～2008年江西规模以上工业企业总资本、工业总产值和就业人数，分别计算了资本—产出比和资本—劳动比，如表6-4所示。

表6-4　1989～2008江西规模以上工业企业资本产出比和资本劳动比

年份	工业企业总资本（万元）	工业总产值（万元）	就业人数（万人）	资本—产出比	资本—劳动比
1989	2653159	3357947	284.37898	0.7901134	0.9329659
1990	2995964	3431385	194.41275	0.8731063	1.5410327
1991	4996433	3905805	197.06382	1.2792326	2.535439
1992	5021144	4806535	206.56388	1.0446494	2.4307947
1993	6238592	6737094	798.70705	0.9260064	0.7810864
1994	6515874	5720978	497.00096	1.1389441	1.3110385
1995	13024998	8379749	219.76180	1.5543423	5.9268708

年份	工业企业总资本（万元）	工业总产值（万元）	就业人数（万人）	资本—产出比	资本—劳动比
1996	14748348	9302196	208.73530	1.5854695	7.0655744
1997	16555806	10278384	197.29720	1.6107402	8.3913031
1998	16761055	8197853	133.08080	2.0445664	12.594646
1999	17484333	8540509	120.08420	2.0472238	14.560061
2000	18358562	9323234	108.82410	1.9691195	16.869941
2001	19327549	10160151	100.64890	1.9022895	19.202941
2002	20186707	11887991	95.72320	1.6980756	21.088625
2003	22687483	14723335	96.12190	1.5409201	23.602824
2004	26341487	22119791	101.77150	1.1908561	25.882970
2005	30583375	29788802	112.11260	1.0266735	27.279160
2006	36714081	42454878	125.79720	0.8647789	29.185134
2007	46887884	61941823	140.72530	0.7569665	33.318731
2008	52936109	82087339	152.34690	0.6448754	35.719372

1. 资本深化的总体分析

根据前面的理论分析，如果投资的增长能够持续有效地驱动更多的劳动投入生产过程使资本—劳动比总是保持稳定，资本—产出比就不会随经济的增长而上升。这意味着只要技术的效率不断改善，技术就不会过分向资本替代劳动的路径偏移，就不会出现技术高度劳动节约偏向，经济增长就会更持久。相反，若技术的选择不断向资本替代劳动的路径偏移，出现高度劳动力节约偏向，投资的增长导致资本—劳动比的上升，就将加速资本深化的趋势，结果由于资本的增长持续快于劳动的增长，导致资本的边际回报率降低，最终导致经济增长率下降与就业增长缓慢。可见，资本深化是导致资本—劳动比上升，从而造成资本就业增加效应减弱的原因。我们将通过资本—产出比及资本—劳动比两个指标的分析，考察江西经济增长中基于技术进步的资本深化过程对劳动力就业的影响。从表6-4较难看出1989～2008年江西规模以上工业企业资本—产出比和资本—劳动比的变动趋势，为此，可以在坐标系中体现出来（见图6-3）。

从图6-3可以看出，江西规模以上工业中资本—劳动比和资本—产出比的发展趋势，还可以得出一个有意思的结果，按照资本—产出比，1989～2008年江西规模以上工业企业生产资本和产值比例保持稳定，并没有发生资本深化的迹象，但是从资本—劳动比来看，却在不断的增加，资本深化在规模以上工业企业

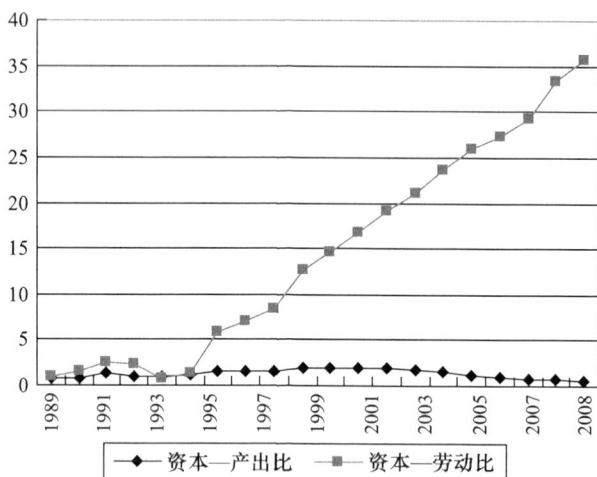

图 6 – 3　资本—产出比和资本—劳动比趋势

中必然的发生着。由于江西属于欠发达地区，资金比较缺乏，政府在技术创新方面的投入也是非常有限的，大部分的技术创新成本都是由企业自行负担的。为此，企业技术进步的投入相对较大，降低了企业的资本积累额度，以至于规模以上的企业投资非常有限，资本—产出比一直维持较低水平；同时企业有限的技术进步导致了资本对劳动力就业的挤出效应，企业的规模扩展有限也是劳动力就业不能增加的原因。

　　可以得出的结论是规模以上工业企业必须加大投入，进一步扩大规模，以吸收更多的劳动力就业。同时有必要加大技术进步，实现技术进步效率的劳动使用偏向效应，使劳动力就业增长率与资本增长率协调发展，从而促进就业。

　　2. 资本深化对劳动力就业挤出效应的回归分析

　　以上主要是从规模以上工业企业资本—劳动比和资本—产出比对江西资本深化过程做了一个总体上的认识和分析。为了更加清晰地认识规模以上工业部门资本—劳动比和资本—产出比与就业增长率的关系，下面将利用表 6 – 4 中的数据对其关系进行回归分析，利用 Eview 3.0 回归结果如表 6 – 5 所示。

表 6 – 5　资本—劳动比和资本—产出比对江西就业增长率的回归模型

Y 对 X	回归方程	T 值	R^2	F	D. W
L 对 K/Y	L = 2. 375 - 0. 213（K/Y）	- 2. 68	0. 876	19. 768	2. 056
L 对 K/L	L = 5. 637 - 1. 879（K/L）	- 6. 23	0. 838	28. 680	1. 203

表 6 - 5 的结果表明，工业部门资本—产出比上升 1%，整体就业增长率就下降 0.213%；资本—劳动比上升 1%，整体就业增长率就下降 1.879%。这些数据说明了资本深化的结果是就业增长率下降。1994 年以后，江西规模以上工业企业有资本深化的倾向，走资本深化的工业化发展道路，一方面确实起到了促进经济增长的作用，另一方面也降低了生产过程中资本对劳动力的吸纳率，使较高的资本投资率不能带来相应的较高的劳动需求增长率。江西最充裕的要素是劳动力，但劳动力要素没有发挥比较优势，这有悖于工业化发展规律，不仅不利于经济增长，也不利于劳动力就业的增长。

这一结论也可以通过公式（4 - 33）来加以证明，我们通过收集到的工业部门就业和资本的增长率，分解了资本积累和技术创新导致的资本深化对劳动力就业增长率的影响，结合图 6 - 1 发现，在工业化进程中，江西工业部门的就业年平均增长率一直低于工业总产值增长率，并且差距较大，这意味着改革开放以来，技术创新在一定程度上呈现了劳动力节约的偏向，从而导致了工业部门就业增长率明显下降的趋势。因此，技术创新的劳动力节约偏向决定了工业部门对农业剩余劳动力的吸收能力削弱。这些结果进一步表明，工业部门的就业比重不仅没有随着产值比重上升而上升，剩余劳动力也没有得到有效转移就业。技术创新的劳动节约偏向对工业部门就业的吸收能力产生了不利影响，并使得工业部门就业能力呈现明显下降的趋势。

（二）资本深化对劳动力就业的补偿效应

资本深化对劳动力就业有挤出效应，但是技术进步下的劳动使用型偏向的资本深化，工业部门会提高劳动力生产率，增加劳动者收入，刺激其他产业的发展，起到产业就业关联效应的作用，从而产生资本深化的间接就业补偿效应的作用。同时资本深化带来劳动力生产率的提高，会增加劳动力收入，促进消费，进一步促进工业的发展，并带动其他产业的发展，促进劳动力就业。

1. 工业部门劳动力生产率提高对劳动力就业的回归分析

资本深化首先是从工业部门开始的，为此，在分析江西资本深化对就业的补偿效应时，可以分析工业部门资本深化及劳动力生产率提高对整体收入、第三产业发展、整体就业及第三产业就业的影响。为了更好地做好回归分析，我们将选择以下指标（见附表 7）：工业部门劳动力生产率对整体收入增长率、第三产业产值增长率和整体就业增长率；整体收入增长率对第三产业经济增长率；第三产业产值增长率对三产劳动力就业增长率。由于对第三产业产值增长率对第三产业就业增长率的实证影响在第五章已经分析过，第三产业产值增长与第三产业劳动力就业是高度正相关的，在此我们就不过多赘述。查阅 1998～2008 年江西历年统计年鉴，可以计算出整体收入（当年职工工资总额）增长率、第三产业产值增长率、整体就业增长率、工业部门劳动力生产率（当年工业部门生产总值/当年工业部门就业人数），进行回归分析（见表6-6）。

表6-6　1998~2008年江西工业部门劳动力生产率对收入、

产值增长和就业影响的回归分析

回归变量 Y 对 X	回归方程	T（Sig.）	R^2	F（Sig.）	D.W
整体收入增长率对工业部门劳动力生产率增长率	$Y_1 = 0.174 + 0.589L$	0.038	0.825	0.038	2.536
第三产业产值增长率对工业部门劳动力生产率增长率	$Y_2 = 0.214 + 0.252L$	0.386	0.951	0.386	2.187
整体就业增长率对工业部门劳动力生产率增长率	$Y_3 = 0.238 + 0.056L$	0.057	0.812	0.957	1.575
整体收入增长率对第三产业产值增长率	$Y_1 = 0.02 + 0.738Y_2$	0.033	0.854	0.033	2.835

注：分别用 Y_1、Y_2、Y_3 表示整体收入增长率、第三产业经济增长率、整体就业增长率，用 L 表示工业部门劳动力生产率增长率。

通过表6-6的回归分析可以看出，1998~2008年江西工业部门劳动力生产率与整体收入增长率及第三产业产值增长率呈显著正相关；而整体收入增长率与第三产业经济增长率呈正相关，第三产业产值增长率与第三产业就业是高度正相关的。因此，在这里可以判断工业部门劳动力生产率的提高一方面对整体就业作用很小，为0.056，没能较好地促进整体就业的增长；另一方面由于工业部门劳动力生产率的提高，对整体收入的提高具有较大的作用，从而促进生产型服务业等第三产业的大力发展，从而增加第三产业就业，实现了劳动力就业的补偿效应。

2. 对回归结果的协整检验

表6-6的回归分析结果表明，工业部门劳动力生产率的提高对整体就业具有阻碍作用，第三产业产值增长对就业增长确具有重要的推动作用，为了对这一结果的可靠性进行有效的分析，我们可以利用统计分析中的协整理论进行检验。通过对1998~2008年工业部门劳动力生产率与整体就业增长率、第三产业产值增长率、整体就业增长率进行单位根检验（ADF），以确定其平稳性。为避免数据的波动和序列的异方差性，可以对整体收入、劳动力生产率、整体就业人数、

第三产业产值及第三产业就业人数取对数，其一阶差分表示收入增长率、工业部门劳动力生产率的增长率、整体收入增长率、第三产业产值增长率和第三产业就业增长率。用 ΔY_1、ΔL、ΔY_3、ΔY_2 表示，如表 6-7 所示。

表 6-7　1998~2008 年江西工业部门劳动力生产率与收入、产值增长和就业单位根检验

Y 对 X	变量	检验类型 (C, T, K)	ADF 检验值		各显著水平下的临界值			检验结果
			T	Prob	1%	5%	10%	
收入增长 率 Y_1	Y_1	(C, 0, 1)	0.828988		-4.420595	-3.259808	-2.771129	不平稳
			0.9872					
	ΔY_1	(C, 0, 1)	-2.185218		-4.803492	-3.403313	-2.841819	不平稳
			0.2245					
工业部门劳动 力生产率 L	L	(C, T, 1)	-3.490344		-5.521860	-4.107833	-3.515047	不平稳
			0.1039					
	ΔL	(C, 0, 1)	-5.024999		-4.582648	-3.320969	-2.801384	平稳
			0.0060					
整体就业 增长率 Y_3	Y_3	(C, 0, 1)	-3.546582		-4.420595	-3.259808	-2.771129	平稳
			0.0334					
	ΔY_3	(C, 0, 1)	-3.871033		-4.803492	-3.403313	-2.841819	平稳
			0.0287					
第三产业 产值增 长率 Y_2	Y_2	(C, 0, 1)	0.708929		-4.582648	-3.320969	-2.801384	不平稳
			0.9819					
	ΔY_2	(C, 0, 1)	-22.53421		-4.582648	-3.320969	-2.801384	平稳
			0.0001					

从表 6-7 可以看出，在 5% 和 10% 的显著水平下，时间序列 Y_1、L、Y_3 和 Y_2 均受存在单位根的原假设，是非平稳序列，对其一阶差分序列进行平稳性检验，则在 5% 的显著水平下均拒绝存在单位根的原假设，说明它们的差分序列是平稳的时间序列。在此基础上可以进一步利用 Johansen 协整检验方法来判断序列之间的长期均衡关系，其检验结果如表 6-8 所示。

从表 6-8 可以看出，工业部门劳动力生产率与整体收入增长率、第三产业产值增长率、第三产业就业增长率与第三产业产值增长率之间存在较为稳定的长期协整关系；而工业部门劳动力生产率与整体就业增长率之间不存在较为稳定的长期协整关系。从这里可以说明工业的发展有利于促进第三产业产值和就业的发展，同时可以促进整体收入的增加，促进消费，增加有效需求，从而进一步促进

表 6 – 8   1998 ~ 2008 年江西工业部门劳动力生产率与相应
增长率的 Johansen 协整检验

协整关系变量	零假设：协整向量的数目	特征值	迹统计量	临界值	
				5% 显著水平	Prob
工业部门劳动力生产率 L 对整体收入增长率 Y_1	0	0.994369	49.66071	25.87211	0.0000
	至多一个	0.642341	8.225392	12.51798	0.2338
工业部门劳动力生产率 L 对整体就业增长率 Y_3	0	0.810800	17.70632	25.87211	0.3640
	至多一个	0.422090	4.386701	12.51798	0.6857
工业部门劳动力生产率 L 对第三产业产值增长率 Y_2	0	0.983253	39.68601	25.87211	0.0005
	至多一个	0.581552	6.969615	12.51798	0.3477
第三产业就业增长率 Y_3 对第三产业产值增长率 Y_2	0	0.997480	62.44616	25.87211	0.0000
	至多一个	0.838371	14.57959	12.51798	0.0223

工业的发展，带动其他产业的发展，增加更多的劳动力就业。江西工业化进程刚刚迈入中期阶段，工业化尚未完成，新型工业化的发展可以使投资形成的资本积累拉动经济的发展，并成为主要动力之一，在技术进步成为劳动使用型偏向的情形下，投资增加能够直接引起生产性资本的增加并促进劳动力就业。投资的乘数效应在后金融危机的环境下就显得更为重要，增加投资作为短期就业应急策略也不失为一个好的方法，但从长期来看，投资应该与劳动力就业达到协调发展，使资本深化实现促进劳动力就业的积极作用。

三、资本深化、技术进步下重工业化对劳动力就业效应的实证分析

基于技术进步的资本深化对劳动力就业有直接的挤出效应和间接的补偿效应，同时，它们又是推动工业化进程的基本要素。根据产业经济学中的产业结构演变规律：轻纺工业→基础型重化工业→加工型重化工业，工业化在这两个基本动力作用下将朝重工业化方向发展，而重工业化发展对劳动力就业也会产生深远的影响，重化工业资本有机构成较高，投资对就业的拉动作用减小。为此，我们还要研究江西工业化进程中重工业对劳动力就业效应的影响，为重工业的发展和劳动力就业的协调性提供实证依据。

（一）重工业发展对劳动力就业效应的回归模型

根据第四章基于技术中性理论的重工业化对劳动力就业效应的理论分析可以看出，重工业在技术进步和资本深化双重作用下，对劳动力就业会产生替代效应与收入效应。为了从实证角度论证江西工业化进程中重工业对劳动力就业是否也存在这一效应，必须借鉴和建立相应的模型来进行分析。鉴于模型分析的需要，先设定相应的函数变量，其中主要有：反映就业量的指标、反映重工业发展水平的指标、反映资本劳动投入比的指标；另外还要考虑社会总产出水平的指标，作为衡量重工业发展对就业影响的控制项。在此，我们利用 L 表示江西省全部从业人数，反映就业人数的指标；利用 H 表示霍夫曼系数，反映江西轻工业的增加值与重工业增加值的比率，可以有效地避免采用重工业的实际产值或增加值时与GDP 的共线性问题；利用 K 表示按不变价格计算的当年固定资产投资额，结合社会总体就业人数，计算江西资本—劳动投入比指标；利用 X 表示江西 GDP，反映总产值水平。在朱劲松、刘传江（2006）模型基础上构建相应的实证分析模型，其分析模型分为两个：一是重工业发展对社会总体就业的影响，包括替代效应和收入效应；二是假定 GDP 不变基础上，也是排除了收入效应后的技术进步条件下的重工业发展对劳动力就业的影响。

1. 模型一：重工业发展对劳动力就业效应的综合影响

由于高新技术往往从重工业行业开始，其产品在销售过程中需要得到市场的检验，导致重工业产品并不能立即为社会的其他部门和行业所采用，这种新技术、新产品的推广过程需要一定的时间，并且推广以后的影响也是长期的。因此，重工业的发展对就业的影响存在一定的滞后期，可以建立分布滞后模型来进行分析，模型设定如下：

$$L = \sum_{i=0}^{k} b_i H(i) + c + \varepsilon \tag{6-1}$$

式中：L 为当年全部社会从业人数；H 为滞后 i 期的霍夫曼系数（i = 0 时，为当期）；b 为回归系数；c 为常数项；ε 为随机误差项；i 为滞后的期数（从 0 到 k 期）。

2. 模型二：基于技术演进特征的重工业发展对劳动力就业效应的影响

模型一反映的是重工业发展对就业的整体影响，包括替代效应与收入效应。而通过在模型中加入当年的 GDP 这一回归因子，表示在 GDP 保持不变的情况下可以论证剔除收入效应后对资本—劳动比的变化情况，进而可以了解到技术演进的特性，即属于何种技术中性的技术进步，以及此种技术进步对劳动力就业的影响情况。同样，也要考虑霍夫曼系数变化带来的滞后影响。此时回归模型设定如下：

$$\frac{K}{L} = aGDP + \sum_{i=0}^{k} b_i H(i) + c + \varepsilon \qquad (6-2)$$

式中：K 为按不变价格计算的当年固定资产投资量；GDP 为当年江西国内生产总值（按当年价格计算）；a 为回归系数。

（二）相关数据的收集与整理

从历年《江西省统计年鉴》中，可以得到 1981～2008 年江西社会从业人员数、轻工业增加值、重工业增加值、投资总额、商品零售价格指数以及 GDP 的数据，如表 6-9 所示。由于无法直接获得全部的轻、重工业增加值，在此采取如下的统计口径：1981～1998 年的轻、重工业增加值的统计口径为江西独立核算工业企业，1999～2008 年的轻、重工业增加值的统计口径为江西全部国有及规模以上非国有工业企业。因此，计算所得的霍夫曼系数并不能真实反映江西工业总体情况。但由于本书的目的是研究轻、重工业所占比例的相对变化对就业的影响，并且这一统计口径包括了江西绝大多数重要工业企业，因此，采用这种缩小口径的霍夫曼系数对本书的结论不会有太大的影响。另外，独立核算工业企业与全部国有及规模以上非国有工业企业的统计口径会有所差别，但这种差别不是很大，因为它们基本上都包括了全国绝大多数重要的工业企业，对研究结果的影响不大。

表 6-9　1981～2008 年江西社会从业人员数、霍夫曼系数和 GDP

年份	社会从业人员数（万人）(1)	轻工业增加值（亿元）(2)	重工业增加值（亿元）(3)	固定资产投资（亿元）(4)	商品零售价格指数(1978年=100)	霍夫曼系数 (2/3)	GDP（亿元）(5)
1981	1409.8	15.3420	20.7680	17.0858	104.6	0.738733	121.26
1982	1434.0	18.3420	25.4350	24.4972	102.9	0.721132	133.96
1983	1498.2	18.6790	29.5690	28.0948	101.4	0.631709	144.13
1984	1537.3	19.8670	30.6740	35.208	102.5	0.647682	169.11
1985	1584.8	20.5670	33.8760	44.0297	108.3	0.607126	207.89
1986	1622.6	23.2430	35.4980	53.3527	105.8	0.654769	230.82
1987	1668.4	26.0164	38.1009	58.7729	106.9	0.682829	262.90
1988	1723.0	33.2130	45.7120	78.1751	121.8	0.726571	325.83
1989	1760.4	35.9538	52.9857	73.2849	118.6	0.678557	376.46
1990	1816.5	36.7342	50.8076	70.6532	101.3	0.723006	428.62
1991	1874.5	41.2948	59.1787	91.0773	102.4	0.697798	479.37

续表

年份	社会从业人员数（万人）（1）	轻工业增加值（亿元）（2）	重工业增加值（亿元）（3）	固定资产投资（亿元）（4）	商品零售价格指数（1978年=100）	霍夫曼系数（2/3）	GDP（亿元）（5）
1992	1870.4	48.5475	75.7558	125.3607	105.6	0.640842	572.55
1993	1903.7	85.4408	86.9095	185.5038	111.1	0.983101	723.04
1994	2007.7	105.2187	147.2243	237.4548	123.9	0.714683	948.16
1995	2100.5	72.8397	140.2781	284.1825	115.9	0.519252	1169.73
1996	2107.2	108.1777	166.6101	355.8519	106.6	0.649287	1409.74
1997	2120.6	116.5289	167.9267	384.3045	99.7	0.693927	1605.77
1998	2094.3	106.1552	172.1762	454.7650	98.8	0.616550	1719.87
1999	2089.0	107.8099	178.6316	491.4811	96.8	0.603532	1853.65
2000	2060.9	119.4623	188.3054	548.2004	98.5	0.634407	2003.07
2001	2054.8	111.9811	196.2419	660.4942	98.4	0.570628	2175.68
2002	2130.6	124.9589	237.7248	924.6027	100.2	0.525645	2450.48
2003	2168.2	151.2098	295.5711	1379.969	100.1	0.511585	2807.41
2004	2214.0	208.4106	418.6513	1819.659	103.0	0.497814	3456.70
2005	2276.7	304.9920	577.3098	2168.971	100.9	0.528299	4056.76
2006	2321.1	419.0056	869.0855	2683.574	101.2	0.482122	4670.53
2007	2369.6	590.9952	1231.2400	3301.942	104.0	0.480000	5500.25
2008	2405.0	790.1000	1533.5000	4318.000	106.1	0.5152266	6480.00

　　德国著名学者霍夫曼曾经提出过一个经典理论，即重工业一旦在全部工业产出中的比重达到一半就进入了工业化中期阶段，而达到 2/3 以上，一个国家的工业化就算是基本完成了，从重工业与轻工业的比率关系看，一半就是 1，2/3 就是 2，这就是著名的霍夫曼系数。按照这一标准在江西的规模以上工业中霍夫曼系数达到了 1 左右，江西也刚刚进入工业化中期，可以说其结论与霍夫曼得出的结论具有一致之处。从表 6-9 较难看出江西全省劳动力就业增长率与霍夫曼系数的发展趋势，为了更清晰地认识它们之间的关系和趋势，可以画出相应的趋势图，如图 6-4 所示。

　　从图 6-4 可以看出，1981～2008 年江西霍夫曼系数在波动中有不断下降的趋势，其中 1981～1991 年属于对改革开放前的产业投资结构的调整期，改变了改革开放前畸形的工业结构，轻工业得到发展，霍夫曼系数有所增长；1992～1997 年有

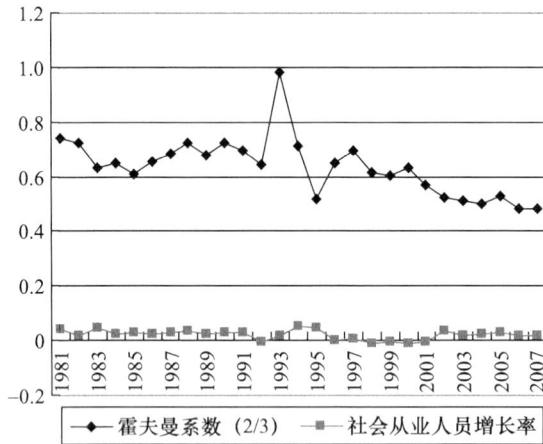

图 6 - 4　江西社会从业人员增长率与霍夫曼系数趋势

较大的波动，说明此时工业部门发生了较大的投资结构的转型；1998 ~ 2000 年在发生转型后变化不大，说明工业投资结构相对稳定；2001 年至今，霍夫曼系数明显下降，工业化进程进一步推进，工业结构有重型化趋势。而社会整体就业增长率在 1981 ~ 2008 年波动较小，也没有太大的增加，说明工业结构的变化对全社会整体就业的拉动不大。在此也很难看出它们之间的关系，为此，还必须利用前面建立的模型对其进行回归分析。

（三）重工业发展对劳动力就业效应的回归分析

重工业对劳动力就业的影响从趋势图上不能具体地看出，其关系也不是很清晰，为此，必须通过模型对其数据进行回归，才能看出它们的特点。

1. 模型一的回归分析

重工业指为国民经济各部门提供物质技术基础的主要生产资料的工业，主要包括钢铁工业、有色冶金工业、金属材料工业、化工工业和机械工业等。其产品特点决定了其在全社会推广和应用的时间相对较长，一般在 10 年以内，而且在信息技术高速发展的今天，企业的技术、设备更新换代加快，重工业将会得到更广阔的发展空间。在应用分布滞后模型来进行分析时，首先要确定好滞后期限，在此我们确定的滞后期限为 10 期。由于加入了滞后因变量，为了避免缺失值对回归模型的影响，我们选择的是 1991 ~ 2008 年的共 18 个观测值参与回归。使用 SPSS13.0 统计软件，对上述 18 期的霍夫曼系数采取逐步回归法进行回归拟合，回归因子的取舍标准是回归方程 F 值的显著性小于 0.05（选取）或大于 0.1（舍弃）。最后进入模型中的变量有：当期的霍夫曼系数（首先进入）和滞后三期的霍夫曼系数。各回归因子的回归系数、系数的 T 值及其显著性如表 6 - 10 所示。

表 6 - 10　模型一的回归系数及相关参数

Model Summary[c]

Model	R	R Square	Adjusted R Square	Std. Error of the Estimate	Durbin - Watson
2	0. 826[b]	0. 682	0. 640	93. 4326	0. 121

Coefficients[a]

Model		Unstandardized Coefficients		Standardized Coefficients		
		B	Std. Error	Beta	t	Sig.
2	（Constant）	2928. 441	146. 428		19. 999	0. 000
	H （ - 1）	- 771. 013	191. 831	- 0. 607	- 4. 019	0. 001
	H （ - 3）	- 547. 094	196. 656	- 0. 420	- 2. 782	0. 014

注：a. Dependent Variable：l.

从表 6 - 10 可以看出，各解释变量的系数都是非常显著的，整个回归方程的拟合度（R^2）为 0. 682，调整后的（R^2）为 0. 640，显著性近乎等于 0。这些指标说明回归方程的拟合效果较好，能够较好地论证江西重工业化对劳动力就业的影响。从表 6 - 10 的回归结果看，重工业发展对就业的综合影响主要体现在对就业影响较大的当期和滞后三期的霍夫曼系数，证明重工业发展对就业既存在短期的效应，也存在中长期的效应。从回归系数的符号性质看，都是负号，证明重工业发展水平和霍夫曼系数与劳动力就业是呈反方向变动的。即随着重工业化水平的不断提高和霍夫曼系数的下降，会增加全社会的就业人数。当期的霍夫曼系数每下降 1%，就业人数会增加 0. 607%，而三年以后还会增加就业人数约 0. 420%。

2. 模型二的回归分析

由于模型二是在模型一的基础上加入了固定资产投资和 GDP 因素，模型的左侧用当年全社会固定资产投资总额比当年商品零售价格指数，再除以当年就业人数，得到回归方程的被解释变量；而模型的右侧为解释变量，为当年 GDP 和霍夫曼系数及其滞后项。在此，我们还是将滞后期的长度设为 10 期，在 SPSS13. 0 统计软件中采用逐步回归法（取舍标准同上）进行回归，最后进入模型中的解释变量只有 GDP 和当期的霍夫曼系数，然后我们对这两个变量采用 EN-TER 法进行回归，发现回归方程的拟合度、系数的显著性都非常好，所得到的相关参数如表 6 - 11 所示。

表6-11　模型二的回归系数及相关参数

Model Summary[h]

Model	R	R²	Adjusted R Square	Std. Error of the Estimate	Durbin – Watson
7	0.999[g]	0.999	0.998	0.00021	1.481

Coefficients[a]

Model		Unstandardized Coefficients		Standardized Coefficients		
		B	Std. Error	Beta	t	Sig.
7	(Constant)	0.011	0.001		9.637	0.000
	GDP	2.471E – 6	0.000	0.868	47.775	0.000
	h8	− 0.004	0.001	− 0.078	− 6.862	0.000
	h6	− 0.003	0.001	− 0.068	− 5.145	0.000
	h7	− 0.004	0.001	− 0.080	− 6.377	0.000
	h9	− 0.003	0.001	− 0.056	− 4.909	0.001
	h5	− 0.002	0.001	− 0.038	− 2.764	0.020
	h4	− 0.002	0.001	− 0.036	− 2.444	0.035

模型的 D.W 值为 1.481，大于在没有常数项的情况下，具有 24 个自由度和两个解释变量（1% 的显著性）正的自相关的 D.W 极限值 0.889，因此，可以有 99% 的置信度认为该模型不存在自相关问题。各解释变量的系数也非常显著，整个方程的拟合度（R²）为 0.999，调整后的（R²）为 0.998，方程 F 值为 998.7013，显著性近乎等于 0。同样该模型拟合效果也比较好，能够很好地论证在剔除收入效应的情况下重工业化对劳动力就业的影响。在模型二中引入了 GDP 这一变量，用于控制总产出，可以分析在总产出不变的情况下，技术的进步引起的资本—劳动投入比例的变化。表6-11 的回归结果表明，H 在滞后各期的回归系数都是负数，霍夫曼系数每减少一个标准单位，则资本—劳动比（K/L）会上升 0.078 个标准单位，即资本—劳动比会提升。这从实证角度论证了在三种改进型技术中性中，江西的技术进步属于一种索洛技术中性的进步，在总产出不变的前提下，即会增加资本的投入量而相对减少劳动的投入量，对劳动力就业会产生替代效应。由于所有霍夫曼系数的滞后项中只有当期被选入模型中，说明这种由重工业发展和技术进步引起的替代效应对就业的影响是非常迅速的，在当期就能体现出来。而在模型一中，由于综合影响因子中存在霍夫曼系数的滞后项，说明劳动力就业还受到滞后项的影响，重工业产品推广和应用需要一定的时间，因此，重工业对劳动力就业的收入效应是滞后的。

四、本章小结

基于有效需求的工业化对劳动力就业的实证分析论证了工业化发展战略的选择会通过有效需求影响工业部门的劳动力需求，进而影响社会整体就业。通过分析工业化进程中工业化与就业需求的关系，可以看出，江西工业部门产值对工业部门劳动力就业和非农就业都具有重要的影响，资本和劳动密集型工业发展战略的有效选择可以促进劳动力就业，并增加劳动力收入，从而促进消费，进一步促进工业产业的发展。同时通过回归分析可以发现，非农产业就业对工业产值的增长具有重要的推动作用，而城镇居民收入的增加对工业产值作用不大，进一步说明促进农村居民收入的增加才能更好地加速工业化进程，因此，增加整体收入和促进就业是工业化进程中必须首先考虑的问题，这是最基本的最重要的民生工程，也是工业发展的主要目标。为此，选择好工业化发展战略，使资本和劳动密集型工业均衡发展，围绕工业化做好产业创新，走资本、劳动密集型工业，是充分解决劳动力就业问题的关键。

基于技术进步的资本深化对劳动力就业的实证分析论证了资本深化对劳动力就业具有挤出效应和补偿效应，而江西目前工业企业要得到大力发展，必须加大投资，扩大规模；同时要不断地加大技术投入，实施自主创新战略，实现技术效率的提升，使资本和劳动力就业都得到发展，资本深化的方向是高度劳动使用型的。当然技术进步促使的资本深化可以发挥好产业关联效应，使其他产业得到更广阔的发展空间，从而增进就业，实现资本深化的补偿效应。通过研究基于技术进步的工业化进程中资本深化对劳动力就业的影响可以看出，江西在 1994 年以后工业部门确实存在资本深化的迹象，资本—劳动比呈不断上升趋势，通过对基于技术创新的资本深化与劳动力就业增长率的回归分析，由于技术进步的劳动节约，工业部门资本深化的结果使就业增长率下降，资本深化对就业产生挤出效应；然而工业部门劳动力的提高，对第三产业产值增加和劳动力就业增加具有重要的推动作用，对整体收入的增加也进一步促进了社会的有效需求，从而进一步促进工业的发展，增加劳动者收入，实现劳动力就业的补偿效应。

基于技术进步、资本深化的重工业发展对劳动力就业的实证分析论证了江西重工业的发展对劳动力就业具有替代效应和收入效应。在重工业发展对劳动力就业的总效应中，从数据分析中可以看到收入效应是大于替代效应的，社会从业人数是不断增加的，虽然增加幅度不大；同时经过实证研究也证明，随着重工业的发展、技术的进步、资本深化、资本有机构成提高，江西劳动力就业呈现出索洛技术中性的状态，资本—劳动比增加，对劳动力就业存在挤出的现状；但是从长期看，重工业发展会对社会带来具有滞后影响的收入效应，它会不断地促进劳动力就业，对就业的综合影响是有利的。工业化进程总是要不断推进的，重建重工业是江西经济崛起的关键，因此，在满足当前相对规模就业的前提下，应该有选择地大力发展重工业，因为从长期来看再次到来的重工业化不仅不会减少社会的就业量，相反还会大大增加就业量。它也不同于改革开放前由于国内外环境的问题，工业发展出现了畸形发展的状况，重建重工业化是改革开放 30 年来工业经济自身发展的必然结果，是经济发展和产业结构调整的必经阶段，这也符合工业发展向重工业发展的经济学规律。

综上分析，本章主要通过从推动工业化进程的基本动力出发，论证了技术进步、资本深化以及由这两大动力推动下的重工业化对劳动力就业的影响。分析的结论有：一是由于工业化进程的加速推进，工业化战略途径的选择会直接影响农村剩余劳动力的转移、社会整体的就业。在选择工业化发展战略时，要充分考虑劳动力就业，选择好资本和劳动密集型工业。二是资本和劳动密集型工业对劳动力就业的影响深层原因是技术进步和资本深化，基于技术进步的资本深化对劳动力就业具有挤出效应和补偿效应。在扩大工业投资时，要选择好技术进步劳动偏向型的资本深化，从而更好地促进第三产业的发展，发挥好产业的关联效应，实现劳动力就业的补偿效应。三是在技术进步和资本深化作用下的重工业化对劳动力就业具有替代效应和收入效应，收入效应大于替代效应。为此，在保证相对规模就业的前提下，应该选择好重工业发展的路径，大力推进重工业的发展，充分发挥好重工业的收入效应作用，促进未来劳动力就业的增加。

第七章　江西加速工业化进程与
劳动力就业策略选择

通过对江西工业化进程中劳动力就业效应的实证分析，可以看出要实现劳动力的充分就业，就要实行产业创新，实现产业发展和劳动力就业的协调发展；选择好适宜的工业化发展模式，在资本和劳动密集型工业中寻找适合江西劳动力就业的均衡点；进行资本深化和技术进步的合理选择，发挥资本深化和技术进步对劳动力就业的积极效应，使重工业发展真正走上新型工业化道路，促进其他产业发展，发挥就业的收入效应作用，增加对劳动力就业的吸收能力。要实现这几个方面的目标，就必须有相应的策略作为支持，主要体现在江西实现相对规模就业的工业化进程推进策略选择和工业化进程加速推进的劳动力就业策略选择。当然，受始于2008年美国次贷危机的国际金融危机的影响，虽然它不是本书分析的重点，但也是工业化进程中周期性事件之一，对当前经济发展和劳动力就业会带来巨大的影响，特别是对劳动力跨省转移的大省，就更有必要进行相应研究并提出相关对策，在后危机时期，要大力实现劳动力的有效就业和社会稳定。

一、基于相对规模就业的工业化进程推进策略选择

在加速推进工业化进程时要充分考虑劳动力就业，因为江西毕竟还是一个欠发达的劳动力大省，使工业化进程在相对规模就业（既不影响社会稳定又有利于工业化进程的推进）的前提下得以有效推进，为此，在前面章节实证研究结果的基础上推进工业化进程就需要提出更加有效的策略，使工业化进程与充分就业能够均衡发展。

（一）围绕工业化实现产业创新，增强产业对劳动力就业的吸收能力

江西在工业化进程中，由于工业化对产业结构的优化升级作用不强，未能有

效促进第三产业的发展，特别是生产型服务业的发展，以至于第三产业劳动力就业达到饱和，未能有所增加；同时对第一产业劳动生产率的提高非常有限，使农村剩余劳动力就地转移有限。因此，由于第二产业创新不足、第三产业发展滞后不仅使三次产业的就业结构发生扭曲，阻碍了农村剩余劳动力向第二产业、第三产业的顺利转移，而且会固化城乡的二元结构，无法实现钱纳里所说的经济结构转型，进而保持经济的可持续增长。江西在发展第三产业时必须以第二产业为基础和前提，因为从第二产业与第三产业的关系来看，第三产业中的大部分行业是为第二产业服务的，第三产业的发展离不开第二产业这一巨大的市场需求，没有第二产业的高度发展作为支撑的第三产业的过度发展，将会导致经济的泡沫化，降低经济运行的质量，较易受到外部经济风波的影响。为了更有效地促进劳动力就业，围绕工业化必须从以下几个方面进行产业创新。

1. 转变工业化发展思想，实现产业发展体制、机制创新

制度创新就是将一种新关系、新体制或者新机制，引入人类社会的经济活动中，并且推动社会和经济发展的过程。制度创新是中国下一阶段改革的核心。江西属于欠发达地区，观念、制度和体制机制较东部发达地区严重滞后。要解决工业发展中的矛盾和问题，提高工业发展质量，就必须从根本上破除体制和机制性障碍，深化改革，构建并完善有利于工业科学发展的体制机制，转变工业发展方式、创新产业发展模式，把工业发展切实转入全面协调可持续发展的轨道。为此，江西在新时期要创新以下机制：一是创新政府体制、机制，为工业企业发展提供有效服务。江西要崛起，政府要真正成为服务型政府，就必须进一步解放思想，创新体制机制。要进一步解放公务员思想，减少企业不必要的麻烦，为企业纳税申报、行政审核和培训服务等方面提供有效支持。同时落实好政府对企业支持的各项资金（中小企业创新基金等）的有效安排，并加强监督，使各项资金确实起到支持江西工业发展的作用。二是创新国有企业改制模式，为国有工业企业发展提供后劲。国有企业改制的目的应该是提高企业的发展后劲，促进企业可持续发展。针对这一目的，企业选择好适当的改制模式，考虑到国家的利益，又要兼顾企业管理层、员工和当地政府等改制主体的利益。如可以考虑使用优先股的改制模式，即做到政企分开，又让企业有较大的发展空间。三是创新科技发展机制，为工业发展提供发展动力。江西要不断加强科技基础条件资源建设和整合力度，加强科技人才的培养，创新科研人员激励模式和科技基础条件资源开发共享机制，为新型工业化的有效推进提供科技基础条件支撑体系与资源共享机制。

2. 转变工业发展路径，实现新型工业化产业创新

鉴于江西工业发展质量不高，能源使用程度较低、能源消耗量大的现状，转变工业发展路径，走新型工业化道路是必然选择。新型工业化道路是未来工业化

发展的必然趋势，是中部工业健康发展的保证。江西由于工业基础薄弱，技术、人才和资金等要素都比较缺乏，因此，新型工业化要发展得好，就必须有所突破，在产业方面要有所创新。具体来讲，在发展工业园区时，必须利用科学发展、生态环保的思想，坚持生态理念，走循环发展之路，在高新开发区和工业园区内构筑资源—产品—再生资源—再生产品的循环经济发展模式，形成产业生态经济链，使得整个经济系统以及生产和消费的过程基本上不产生或者只产生很少的废弃物，其特征是自然资源的低投入、高利用和废弃物的低排放，从而根本上消解长期以来环境与发展之间的尖锐冲突。在承接东部发达地区产业转移时，要注意承接企业的质量，注意环保、生态和节能，按照地区产业发展特色有针对性地引进相应的企业，实现本地区企业特色品牌。在发展城乡工业时，要利用统筹思想，把城乡工业发展纳入一体化发展轨道，走二元工业化之路，形成城乡工业的空间联动性，以避免重复建设，实现城乡工业的互补效应。在自主创新能力方面，要不断深化对提高自主创新能力重要性和紧迫性的认识，从培育企业主体地位、提高利用外资质量、推进企业集团重组、创造政策环境和扩大市场需求等方面入手，努力提高自主创新能力，提升江西工业核心竞争力。

3. 转变工业发展结构，实现江西工业产业的联动效应

根据产业集聚理论的指导，在江西崛起过程中，各地市要从实际出发，因地制宜地采取各项政策，下大力气培育特色产业，警惕和防止产业雷同，促进江西各地市工业协调发展。站在全国高度，立足江西，兼顾各地区特色，紧紧围绕淘汰落后生产能力、推进联合重组、支持骨干企业产品结构升级等方面加快结构调整，形成江西各地区特色企业，实现区域产业集聚。为此，一是要培育特色产业基地，形成产业集聚。要重点建设江西技术创新能力强、经济发展速度快、创新创业环境好的特色产业基地，形成产业增长极，对各地区工业发展起到辐射作用。二是江西崛起过程中工业产业发展要实现以下突破：①消除江西各地区联动性制度障碍，突破新型工业化资源"瓶颈"。促进资本、技术、劳动力和信息资源在江西各地区的有效流动，为新型工业化的发展提供优势资源，实现资源的优化配置。②打破江西工业化趋同现象，实现新型工业化下的产业创新。江西产业集群和各地区特色产业方面有所突破，江西各地区可以联合实现优势产业的集群，处理好特色产业和集群产业的关系，消除资源的浪费，减少重复建设，走真正意义上的新型工业化之路。③消除江西各地市"孤岛"现象，实现江西各地区与发达地区的有效协作，各地市要加强协作意识，在与发达地区进行合作与竞争时形成合力，加强谈判实力，实现在招商引资、资源流动和交通运输等方面信息互通和政策对接。

江西工业化推进注定是一个艰巨的过程，基础薄弱又不能走东部发达地区工

业化原始积累的老路，而必须在技术、制度和资金的制约下走高科技作为支撑的新型工业化。江西可以发挥积极的区域优势，转变工业发展方式，在新型工业化基础上实现产业创新。当然，要做到这一点江西还必须进一步解放思想，在体制机制方面实现创新，以保证江西工业健康发展。

（二）走二元工业化之路，实现劳动力区域和就地转移就业

二元结构是中国特色也是江西特色，它已经是一个客观存在的事实，缩小城乡差距但不一定要消除二元结构，一个问题的解决可能是另外一个问题产生的原因，因为有许多国家和地区消除了二元结构但是又产生了相当数量的城市贫民窟或城市边缘人。为了实现农村和城市共同富裕，更重要的是促进农民就业、提高收入，为此走二元工业化之路，可以说是解决劳动力区域和就地转移就业的工业化有效实现途径。

1. 二元工业化与城镇化相结合的工业化实现途径

二元工业化结构，是指在中心城市一元工业结构的基础上，在广大的农村去发展工业，形成城乡二元工业结构体系，实现农村劳动力不仅向中心城市工业转移，而且更直接向就近农村的工业转移。由城市化带动工业化，再到工业化带动城市化，一个是现有中心城市的工业化，另一个是农村的工业化，通过二元工业化结构实现全面的城市化。与以往城市化带动工业化的模式不同，江西工业发展战略要使目光离开中心城市，转向广大的县城或乡镇，去开辟新型的工业园（或产业园）；通过工业化的过程，逐步带动信息与服务业、交通运输业、金融业和房地产开发业并举发展，实现农村富余劳动力向非农产业和城镇的转移。通过全面实现广大农村的工业化，以工业化带动城镇化建设，走二元工业化结构与城镇化相结合的发展道路。在农村工业化的实现形式上，应大力发展乡镇中小企业，培育若干个有地区竞争优势的大、中型龙头企业。小企业是小城镇的支撑点，要尽量降低进城企业用地成本，积极吸引乡镇企业向小城镇工业园区集中。对分散在村落的乡村企业，根据其占地面积大小和土地质量好坏，可通过等量置换、异地置换来获得非农田保护区的土地。并采用适当方式，尽量降低其用地成本，促使其向城镇集中。在城镇第一产业、第二产业不断壮大的基础上，积极发展城镇交通运输、信息、服务等第三产业，形成合理的城镇产业结构。同时，要扩大社会保障制度的覆盖面，逐步建立城乡统一的社会保障制度，解决农民进城的后顾之忧。

2. 实现工业对农业的反哺，促进农业的深化和广化

针对农业市场，工业部门要大力开发出适合农业发展的生产资料，为综合农业的开发提供更好的生产工具，促进农业向深化和广化发展。农业的深化就是延

长农业生产的产业链，使工业和农业形成有机对接；农业的广化就是根据地区特色发展具有区域特点的多元化的农业产品，使农业产品做成精品、做成品牌。通过利用工业对农业的深度和广度进行开发，可以扩大农业内部的劳动力容量，减少农业剩余劳动力数量。农业产业化经营是转变中国农业增长方式，提高中国农业技术含量和农业综合效益、加速中国农业现代化进程的有效途径，也是彻底解决中国农业剩余劳动力的必由之路。江西是一个农业大省，农业产业化应该做到：一是以工业技术大力发展精细农业和绿色农业。发展绿色农业不仅是环境保护对农业发展的要求，更是解决农村剩余劳动力的需要。随着对农业科学技术投入的增加，可以提高农业的生产率和农产品的利用率，使广大农民的收入水平得到普遍提高。这样做不但可以极大地刺激农民的种田积极性，而且还将扩大对农业劳动力的需求。在加大对农业科学技术投入，大力发展高产、优质、高效农业的带动下，也会使广大农民投入大量的人力、物力和财力。二是培育和完善农产品物流系统，提高农产品流通效率。通过建立农业产品与工业产品物流系统的对接，可以加速农业产品的流通效率，为此，要在通信、交通、邮电、金融和信息等方面加强配套建设，使农业生产和流通成为运行成本低、效率高、触角延伸到农村每一个角落的大市场。在农业物流系统中也将会吸收大量的农村剩余劳动力。

（三）合理选择工业化发展战略，使资本和劳动要素投入均衡

工业化发展战略的选择通过资本和劳动要素的投入来影响劳动力就业，资本密集型工业的发展在一定程度上会阻碍劳动力就业，而劳动密集型工业可以大大促进就业，这是前面章节从理论上和实证上加以证明的。为此，在工业化发展战略选择上，要充分考虑工业化进程的加速推进和劳动力就业，使资本和要素投入达到均衡发展。

1. 兼顾资本和劳动密集型产业，大力支持光伏、光电产业的发展

西方发达国家在实现工业化的过程中，偏重生产的机械化和自动化，以至于机器排斥劳动力，导致失业问题比较严重。中国传统的工业化主要以资金密集型的重工业为主导，主要依靠要素的大量投入，且严格限制劳动力自由流动，工业发展走向了畸形发展，工业对吸纳剩余劳动力的作用有限。江西的省情决定了要选择好资本和劳动密集型产业，在解决劳动力就业的同时促进工业化的加速发展。为此，江西在市场经济新体制机制不断改革和完善下，要做好以下工作：一是政府政策引导，企业以就业为先。必须摆正政府与企业各自不同的目标取向，在产业政策上明确将吸纳就业能力强的劳动密集型产业和雇用员工多的中小企业，列入优先支持的序列。这不仅是为了缓解江西的就业压力，保持社会稳定，

而且对于发挥江西人力资源的作用，实现江西农村劳动力的有效转移，都有极其重大的意义。二是继续发展劳动密集型产业。江西产业结构转换所具有的客观经济条件决定了劳动密集型产业还有巨大的生命力，目前不但应允许劳动密集型产业的存在，而且应该采取得力的政策引导该产业迅速发展。通过实行产业内部重组、激发企业存量资产、组建大型企业集团，使企业能够发挥好规模经济效应的作用。同时要加强劳动密集型产业的技术研究和开发，把高新技术引入劳动密集型产业内部，提高劳动生产率。三是要有选择地发展资本密集型产业，把资本和劳动密集型结合起来，发展技术密集型产业，如江西目前正在起步并得到较好发展的光伏产业、光电产业，这些产业资本投入量大，但是对未来相关产业的发展和劳动力就业的增加作用是不可估量的，不仅能够促进其他产业的发展，而且能实现就业的关联效应作用。

2. 结合各地区实际选择好工业化发展模式，促进劳动力就业

由于江西省各地区经济发展与自然条件的差异，工业化呈现多重性、多元性的特点，为此，在进行工业化发展模式的选择时，应因地制宜、因时制宜。以赣州、吉安、上饶为代表还处于工业化初期的地区，而且赣州、吉安地理位置靠近广东、福建，而上饶靠近浙江，应充分利用地理位置优势和农产品丰富的特点，积极承接沿海发达地区产业转移的良好机会，选择加工型二元工业化模式。根据这一模式，可以通过建立粮食、果业和畜牧养殖生产基地，充分利用种植业、养殖业和山区土特产的资源优势，发展食品与日用品加工型产业，发展绿色经济产业化体系；景德镇、九江濒临长三角，应依托优越的地理环境以及原有的工业基础，选择资本技术型工业化模式，发展技术装备型产业，逐步建成具有一定规模的先进制造业、高新技术业的工业化体系；萍乡、鹰潭、新余等工业化发展稍快的地区具有较好的工业基础和丰富的矿产资源，但是矿产资源的稀缺性决定了资源型工业化模式并不是工业发展的长效模式，因此，应利用技术创新发展能源循环工业，依靠循环经济理论发展能源加工型产业，依托生态工业园区，建成循环工业化体系。只有根据各地特色选择好工业发展模式，才能增加各地区劳动力就业，增加居民收入，从而促进有效需求，进一步促进工业的发展，使工业发展和就业实现协调发展。

（四）适宜选择资本深化和技术进步的方向，增加劳动力就业

资本深化和技术进步对劳动力就业产生挤出效应，也产生补偿效应。为了既能够促进劳动力就业，又有利于工业化的发展，就要选择好资本深化和技术进步的方向。

1. 围绕实现产业创新目标选择技术进步方向

产业创新是增加劳动力就业的重要途径之一，鼓励和促进产业创新，最重要

的就是产业技术水平的提高，技术进步的方向应该围绕产业创新。当前，江西六大支柱产业在经济发展中发挥着越来越大的作用，增加值也在不断地增加，因此，技术进步的方向应该是围绕着这六大支柱产业展开，采取技术引进和自主创新相结合的模式，朝应用研究方向发展，培育具有核心竞争力的产业；而产业创新的主体是企业，企业才是市场的微观主体，要不断激发企业的创新激情，改变过去只依靠政府投入的技术创新体制和环境，建立起以企业为主体的新型技术创新机制。就业增长的原动力是核心就业的扩张，依赖企业的创新活动。创新活动不仅为本企业带来了更多的就业机会，而且还以启发、模仿手段的更新和信息传播等功能为整个经济社会带来更多的市场开发和就业开发的机会；加强产、学、研合作，实现创新成果在产业发展中的有效转化，建立好自主创新的动力机制、条件机制、转化机制和调控机制，实现技术成果能有效而迅速地转化为商业生产。同时在光电、光伏和医药等已有产业基础上在关键核心技术上进行突破，对传统中小企业应用已有的技术，对企业技术进行革新，实现产业结构的转换和升级。

2. 围绕实现产业关联效应目标选择资本深化方向

资本深化随着技术进步，资本积累的增加，资本的投入速度超过劳动的投入速度，资本—劳动比发生变化，这对于江西劳动力就业是不利的。因此，我们要发挥好资本深化的补偿效应，使资本深化的方向围绕实现产业关联效应目标，资本投入到能够最大限度地发挥关联效应的产业和企业中，从而促进其他产业的发展，促进劳动力就业。为此，可以加快信息产业的发展，从发达国家和地区的发展经验来看，制造业中的新兴产业各部门的信息、通信和金融产业，知识服务产业中的软件、咨询和信息服务将成为21世纪前期产业结构优化的方向，网络经济和信息产业的发展能迅速减少经济运行中的信息成本、生产成本和销售成本，从而在物流、生产组织和经济运行方式等诸多方面产生影响，进而推动经济总体的长期增长；江西工业园区是发展工业产业的主要载体，也是江西经济发展的特色，工业园区在江西经济发展中的贡献已经越来越大了，因此，可以在高新技术集聚和产业关联性强的工业园区对龙头企业、品牌企业加大投入，激励和引导其资本深化的方向，从而促进相关产业的发展，促进劳动力就业。

（五）促进重工业健康发展，增强劳动力就业的收入效应

重工业化是工业化发展的必然趋势，江西工业化进程已经进入中期，按照霍夫曼定理，重工业在全部工业中将占到一半以上。2007年江西规模以上工业企业重工业增加值是1231.4亿元，而全部工业企业总产值是2277.69亿元，占到了54%，可以说，江西工业化未来发展趋势是重工业化趋势。当然重工业的发展对劳动力就业会产生替代效应和收入效应,因此,在促进重工业发展时,要充分考虑劳动力就业的增加。

1. 根据新型工业理念保证重工业健康发展

新型工业化战略其实就是基于科学发展观、循环经济理论、生态经济理论和可持续发展观念提出来的,它更加注重以人为本、以自然为本,使经济增长更加适合当前和未来的需要。因此,在加快重化工业的发展过程中,要运用新型工业化理念来保证重工业的健康发展。重化工业是产业结构调整升级的内在需求,是工业化过程中不可逾越的阶段,发展健康的重化工业就是发展和推进健康的工业化,就是发展江西新型工业化。新型工业化的实现主要体现在企业的经营生产过程中,企业走新型工业道路、实现跨越式发展就必须做到:利用生态理念变工业园区为生态园区,使企业真正走上循环经济道路;利用信息技术进行流程再造和组织再造,使企业走上信息化道路;鼓励企业开发清洁生产工艺与装备,支持发展环保工程设计与承包、环保科研开发等,为实现社会可持续发展提供技术和经济支撑;引导企业采用先进的清洁生产工艺和技术,积极防治工业污染,从污染物源削减角度推动企业的产业升级、产品和技术科技含量的提升工作,实现经济效益和环境效益的统一;要牢固树立科学的发展观,以科学发展观的理念来指导重工业的发展。我国进入重化工业发展阶段,标志着我国进入了重要的战略机遇期,因此,在重化工业阶段,实施科学的发展观就显得更为重要,相对而言,重化工业具有原材料消耗大、产生污染可能性大等特点,这就要求我们既要发展重化工业,又要实施科学的发展观。我们要实现低投入、高产出、低消耗、可持续的经济增长路径,发挥政府的宏观调控作用,防止经济的大起大落,坚持正确的发展观,加大科技含量,保持经济的快速、健康发展。在科学发展观指导下的重工业化路径不仅能保证重工业的健康发展,而且还能增加环保、工业废品的回收再利用、工业废料等产品加工的产业,可以充分发挥重工业对劳动力就业的收入效应。

2. 根据江西经济发展特色选择好重工业发展的方向

江西重工业发展的市场潜力很大,适当加快发展重化工业,对于产业结构的优化和升级,农村市场的开发,对于进一步更好地发挥轻工业的优势都是十分必要的。为此,要结合江西新型工业化,做好江西各地区和各行业重化工业发展的中长期规划,找准在重化工业发展中成长性强、目前还处于弱势的产业进行扶持和培植,以利于重化工业的健康、长期发展。一是要以汽车航空及精密制造产业、特色冶金和金属制品产业、中成药和生物医药产业、电子信息和现代家电产业、食品工业和精细化工及新型建材产业六大支柱产业为龙头,加大对这些产业的投资,进一步朝重工业方向发展,从而带动相关产业的发展,形成纵向和横向的产业链。二是要建立好重工业发展的产业体系，促进重工业的组织结构的优化，对符合国家产业政策鼓励发展的重工业行业及企业，要通过重点技术改造资金、产业创新基金等支持其发展壮大，使之在较短的时期内成长为大型企业或国际性的超大型品牌企业，提高其在国内和国际市场上的竞争能力。三是优化重工业的行业结构，促进重工业企业素质提高。要以数控机床、发动机、大型水电机组和火电机组、交直流输变电设备、石化设备、汽车及零部件、粮食加工设备、环保设备、医疗设备和电子设备等为重点，通过关键技术和科技创新，提高工业的素质。同时，要依托南昌、九江、赣州、景德镇等中心城市的科技和人才优势，利用南昌、新余等地的光伏、光电产业优势，大力发展高新技术产业。这不仅有利于江西重工业的发展，而且也可以进一步实现劳动力就业的产业关联效应。

二、基于工业化进程加速发展的劳动力就业策略选择

劳动力素质的提高、就业结构的合理、劳动力就业市场信息的充分都能够很好地促进工业化的发展，劳动力的有效就业，可以通过收入和有效需求来影响工业，因此，对劳动力就业策略的有效选择也是保证工业化进程加速发展的需要。

（一）创新劳动力就业机制，为工业发展提供健康保障

工业化进程的有效推进，需要高素质的劳动力，需要有创业动机、文化底蕴和体制机制环境。为此，创新和完善各项劳动力就业机制是必要的。

1. 形成全民创业机制，促进中小工业企业的发展

和谐发展思路源于科学发展观，但通过把其从中独立出来，社会赋予了它更深刻的内涵。和谐发展，就是经济社会各方面工作应该协调发展，不能有失偏颇。江西要实现在中部崛起，就应坚持和谐发展思路，走全民创业之路。利用和谐发展思路，培育居民健康的创业思想、完善良好的创业机制、营造和谐的创业环境，对江西全民创业具有极其重要的作用。江西为了加快经济发展步伐，曾经提出过许多外部刺激的战略，如引进资金、技术、人才等，但见效不佳。为了更有效地促进江西经济的发展，应该在更大程度上通过提高自身的潜力方面来促进产业的发展。江西可以运用就业奖励、劳动成本补贴、减免税等政策工具，鼓励创造就业。同时要创新体制机制，重点考虑把政策支持的重点放在鼓励中小型民营企业创造就业上，各级政府可以考虑从财政拿出一部分专项资金，根据在一定

时期内创造就业岗位的数量多少，对企业主给予奖励；或根据其支付的劳动成本，给予一定比例的补贴。另外，也可以对创造就业超过一定规模的企业主，在地方可减免的权限内提供税收优惠。通过全民创业，可以带动一系列中小工业企业的发展，这也有利于整体工业链的延伸以及增加居民收入，从而进一步促进工业的发展。

2. 创新用人机制，促进竞争就业

劳动力就业的市场化改革和竞争性就业机制的形成，需要一批综合素质高、能担当改革和发展重任的年轻优秀人才，而从传统选人用人机制上来说，这些年轻优秀人才要到能发挥其作用的岗位层级上履行对应的职务职责，有较漫长的过程。国有事业单位应根据企业实际，在相关业务领域推行岗位通道和职务通道分类管理制度，岗位层级和职务层级相对分离，一个职务层级的人选可以由其对应岗位层级的上下两个层级的人员担任，根据能力、潜质与岗位匹配的原则，以职务选拔为主要目标，通过竞争上岗、双向选择和组织配置等办法灵活地选拔人才，打破论资排辈现象，打破岗位层级与职务层级——对应的关系，实现人才公平竞争的就业机制。这样有利于工业部门形成竞争活力，也有利于企业人才的有效流动，促进工业企业的发展。

3. 建立城乡劳动力就业统筹机制，突破二元结构

解决城乡二元结构，只能从城乡一体化的角度动态地调整和统筹就业政策，构建城乡劳动力市场联动机制，站在全省的角度来统筹城乡劳动力的就业。要达到这一目标，政府就必须在信息化、市场化和产业化方面做好工作。首先，要完善统一的城乡劳动就业信息平台，促进农村信息基础化建设，让农民参与到全省乃至全国的就业信息的好处中来，减少农民就业的盲目性；其次，整合城市和农村劳动力市场，提升农村劳动力市场的水平，形成一个层次较高的统一的劳动力市场，以调节全省劳动力就业，提高劳动力就业的质量；最后，按照二元工业化的要求建立统一协调的城乡产业体系，按照城乡优势互补、互相帮扶的原则促进农村非农产业的发展。

4. 完善社会保障机制，为人才合理流动创造机遇

完善保障机制主要是提高统筹层次，由省级来统一基金的调度。在条件成熟时，完全可以通过信息化手段解决区域基金的转移问题，实现社会保险基金在全省范围的统一收缴、统一管理和统一调度，解除劳动力转移就业的社会保障问题。同时完善社会保障机制，就要突破计划经济体制下形成的限制劳动力自由流动的各项体制、机制，由市场来调节劳动力的就业。建立健全同经济发展水平相适应的包括养老、失业、医疗、社会救助在内的社会保障体系，是社会稳定和国家长治久安的重要保障，也是解决就业问题的底线。江西要积极筹措社保基金，

对于在不同所有制、不同地区、不同规模企业就业的各类职工，都应该创造条件，进入社保覆盖范围，企业和个人按规定的标准缴纳社会保障金，扩大社会保障的覆盖面。江西和各地区地方财政都要拨出一定的资金用于非自愿失业人员的保险和救助，促进失业人员再就业，维护社会稳定。为农民工和失地农民提供有效的保障，使之能够提高自身素质，减少工业化进程中的结构性失业。

（二）提高劳动力素质，以适合工业化发展要求

江西虽然是一个劳动力输出大省，但是由于劳动力素质较低，在劳动力竞争过程中并没有发挥其竞争优势，对于工业化进程来讲，也是不适合的，以至于影响了许多工业企业的发展。

1. 大力发展教育和培训，提高人力资本存量

江西人力资源状况与发达地区相比，存在很大的缺陷，又由于人才使用政策的滞后，人才流失比较严重，导致了江西人才的缺失。为此，应该大力发展教育和培训事业，提高从业人员的人力资本存量。人力资本是经济发展中最重要最基本的要素，实现劳动力的合理配置需要进行产业结构的调整和升级，而产业结构的调整与升级又要求劳动力具有较高素质，这样才能与现代化的技术装备相结合。劳动力素质包含许多内容，仅就其中的劳动力的科学文化素质而言，包括劳动者的文化教育程度和技术熟练程度两个方面，这两个方面水平的提高直接影响劳动生产率的提高。江西各级政府要克服一切困难加大教育投资力度，通过各项激励政策鼓励和支持各种形式的社会力量办学；政府要通过兴办各种技工学校，训练大批技术人员，使原来一些无专业劳动技能的劳动力成为具有一技之长的劳动力。现在中技、中专学校生源严重不足，可以有计划、有步骤地将之改为农民技能培训中心，使第一产业劳动力向第二产业、第三产业转移。大力发展农村职业教育，逐步形成完善的农村职业培训体系，为促进地区均衡发展和缩小工业化发展差距提供动力。为了减少落后地区人力资本转移和人才流失，还要注重区域环境的塑造会增强地区环境的磁力。

2. 政府支持与企业自主的培训相结合，提升劳动力就业水平

政府有关部门、群众组织、学校、企业、社区和就业服务等机构，应根据自己的特点和条件，根据劳动力市场需求变化，积极开展以提高就业和创业能力为目标的培训。然而在政府支持的各项培训费用，在现实中存在较大的不合理使用，甚至根本就没有使用到企业培训当中，经过实践调研，我们发现大部分的培训费用都没有落到实处，培训有时候仅仅是一种形式。为此，要实现培训的有效性目标，就必须构建政府支持与企业自主相结合的培训形式，其做法是政府对企业培训的经费支持不通过中间各级政府机构，由江西各级财政直接拨付到各级中

小企业培训专用账户中；同时政府可以为企业提供培训的相关信息，企业可以根据自己的需要自由选择培训机构、培训课程和培训讲师，其基金不足部分由企业自行负担；同时要保证政府的培训支持资金真正用作企业的培训支出，为此，政府可以通过政府审计对企业培训费用的使用情况进行审查，以确保资金的有效使用。

3. 以职业培训集团模式促进职业技术人才跨区域有效就业

江西职业技术培训集团可以由江西省劳动厅引导建立一个下属单位"江西职业技术培训学院"来承载。这样一方面有利于在政府的指导下，加强与全国其他省市政府、企业等相关部门的联系，整合省外教育培训资源；另一方面可以整合省内大中专教育机构，各类职业技术培训机构，大型企业、就业指导介绍机构，以构成主要进行职业培训的非盈利性自收自支教育机构。通过这一模式可以实现市场引导培训，以培训促进就业，使江西省和其他省市地区优势互补、资源达到优化配置。以资本和契约为纽带把集团的核心成员结成利益共同体，集团各成员均具法人资格，依法享有民事权利和承担民事责任；构建江西培训集团必须是以市场化为导向，针对宁波、广州、深圳等发达地区的人才就业信息有针对性地培养高质量各种紧缺人才、打造品牌化的职业培训集团。其运作模式是，根据宁波、广州、深圳等发达地区的人力资本信息市场，包括收集当地企业未发布的信息，提出对职业技术人才的要求，职业培训集团根据职业技术人才的要求确定教育培训内容、确定培训方案、选择好培训机构和方式，制定严格职业培训集团管理规范。也可以直接采取校企合作的方式，通过收集企业技术人员的要求，为企业培训专门人才；同时接受企业职员的岗前培训或后续教育培训。

三、后金融危机时期江西农民工就业策略选择

世界金融危机发生后对于以出口为导向的中国工业化模式产生了较大的影响，沿海发达地区许多中小企业破产，给以劳动力输出为主的省份带来了较大的就业压力。正是在这种背景下，2008年，江西省政府高度关注农民工问题，要求农民工回流必须一月一报。就业是最基本、最重要的民生工程。在新的经济背景下，要对江西劳动就业的现状和趋势进行认真分析，切实化解就业难题，以保障经济和社会健康稳定发展。

（一）江西劳动力资源及农民工就业状况

为了更好地促进江西劳动力的有效就业，就有必要对劳动力就业的总体状

况、劳动力跨省转移就业状况和农民工就业状况做出基本分析。

1. 江西劳动力就业总体状况

从表 7 – 1 可以看出，2000 ~ 2008 年全省就业人员年均增长 68. 82 万人，2008 年比 2007 年就业增长了 35. 4 万人，城镇就业增加了 33. 5 万人，年末失业率为 3. 42% ，与 2007 年相比有所上升。

表 7 – 1 2000 ~ 2008 年江西劳动力就业总体情况

单位：万人

指标 年份	全省劳动力资源	全省就业人员	城镇就业人员	年末城镇失业率（%）
2000	2898. 2	2060. 9	513. 8	2. 90
2002	2911. 6	2130. 6	553. 2	3. 40
2004	3073. 5	2214. 0	608. 6	3. 56
2007	3290. 6	2369. 6	700. 5	3. 37
2008	3353. 0	2405. 0	734. 0	3. 42

资料来源：历年《江西省统计年鉴》。

如果考虑全省劳动力资源，可以看出 2008 年比 2007 年增加了 62. 4 万人，也就是说新增加的劳动力资源比新增加的就业岗位多了 27 万人，经济发展并没有带来超过劳动力资源增加的就业岗位，这也可能是年末城镇失业率上升的主要原因之一。根据江西省统计局最新数据显示：江西省 2008 年城镇新增就业人数 47. 3 万人，2009 年完成城镇新增就业人数 43 万人目标；2008 年城镇净增就业人数 33. 5 万人，2009 完成城镇净增就业人数 30 万人。

2. 江西劳动力跨省转移就业情况

工业化进程伴随着劳动力跨地区转移就业，江西也不例外，劳动力跨区域转移包括省内和省外转移。江西是我国农村劳动力外出就业的大省，1993 年以后，江西每年都有数以百万计的农村剩余劳动力走出家乡，外出务工（见表 7 – 2），农民进城就业已经成为江西农村劳动力转移的主要渠道，也是农民增收最直接、最有效的途径。

表 7 – 2 2003 ~ 2008 年江西农村劳动力跨省转移就业数量

单位：万人

年份	2003	2004	2005	2006	2007	2008	2009
数量	445	502. 6	541. 4	551. 11	480. 6	558	551. 8

资料来源：历年《江西省统计年鉴》和《江西省统计公报》。

从表 7 - 2 可以看出,劳动力在 2003 ~ 2008 年跨省转移数量在逐年增加,年均增加 18.8 万人,劳动力跨省流动带来的劳动力收入也得到了大量增加,据测算,按劳务收入每年每人 8000 元计算,2007 年江西农民跨省劳务收入就达 500 多亿元。江西省 2007 年农民人均纯收入 4098 元,比上年增长 14.3%,务工收入成为农民增收的主要来源。与江西劳动力资源总量比较,2008 年江西劳动力资源是 3353 万人,全省解决的就业是 2405 万人、跨省就业是 558 万人,还有将近 390 万人需要解决就业。

3. 国际金融危机对江西农民工就业的影响

(1)农民工就业数量的影响。国际金融危机致使各地农民工短暂回流,其回流数据可以参考人力资源和社会保障部(人保部)2008 年 12 月初完成的一份《金融危机对就业影响最新数据调查报告》,如表 7 - 3 所示。而且在 2008 年 11 月 20 日举行的国新办新闻发布会上,人力资源和社会保障部部长尹蔚民提到,劳务输出大省江西在外省打工人员约 680 万人,目前约 30 万人返回家乡,[①] 返乡比例不足 5%。尹蔚民认为,江西省的情况具有代表性,由于沿海发达地区一些企业关闭、破产或者停产,部分农民工失去工作岗位返回家乡是一种正常流动和理性选择。

表 7 - 3   2008 年十省份农民工返乡情况

省份	11 月底前返乡人数(万人)	占所有外出农民工比例(%)	9 月底前外出务工总数(万人)
四川	75.1	5.80	1295
重庆	16.5	2.10	785
河北	40.8	6.50	627
安徽	51.6	4.00	1291
江西	26.5	5.60	473
河南	107.5	5.00	2150
湖北	64.9	9.10	710
湖南	49.0	5.40	907
广西	35.0	10.00	350
甘肃	17.8	4.20	425
合计	485.0	5.45	9013

资料来源:人力资源和社会保障部. 金融危机对就业影响最新数据调查报告 [R] . 2008.

①   江西省劳动和社会保障厅认为达到了 33 万人,这一数据估计随着年关将近,会大幅度上升。

江西省劳动和社会保障厅认为,未来农民工一旦大规模返乡,势必加剧省内本已十分严峻的就业形势。虽然现在还没有出现大规模返乡状况,但这并非只是一种担忧。来自江西省劳动和社会保障厅的数据显示,2008 年前 9 个月,江西省城镇登记失业人数约 26.5 万人,城镇新增劳动力约为 20 万人,省内农村富余劳动力新增转移就业 29 万人左右,供给总量达到 75.5 万人左右;而前 9 个月,江西省城镇实际新增就业岗位仅 36.6 万个,供求相差近 40 万个,就业压力之大不言而喻。

（2）农民工就业观念的影响。但是江西农民工在 2009 年第二季度随着经济回暖,并没有出现太大的波动,农民工就业进入正常轨道,农民工跨省转移就业数量并没有比金融危机前减少。这一良好的状态与江西各级政府所采取的多渠道疏导农民工策略是分不开的,创业、失业保险、培训和小额贷款等措施发挥了相当大的作用。当然,更重要的是说明江西自身经济发展,有能力更多地消耗农民工数量,促进就业。另外世界金融危机洗礼下的农民工针对就业问题变得更加理性,农民工就业观念发生了较大变化。一是减少了盲目性,就业更有针对性。农民工更多地倾向于劳动力市场寻求合适的工作,更加相信市场的作用,从而使政府的宏观调控政策和市场调节手段能够起到较好的作用。二是由单纯的挣钱转向学好一门技术,为创业服务。城市化进程的加快,使农民工更好地融入了城市的范畴,农民工创业意识增强,学技术成为其主要追求的目标之一。三是逐渐向真正的产业工人转变,就业意识增强。农民工知识的增加,能够较好地面对失业,并在失业的时候通过培训、资助和创业等手段重新就业。

（二）后金融危机时期推进农民工有效就业的策略选择

在世界金融危机背景下,既要促进经济的发展,又得实现相对规模的就业,这是江西劳动力就业的难题。随着沿海发达地区企业困境的增加,劳动力回流数量加大,从而需要解决就业的人员数量将大幅度增加。因此,在保持经济增长的同时,扩大就业成为未来几年需要重点关注的问题。为此,应选择就业优先的经济发展模式,重点从以下几方面做好工作。

1. 继续推进工业化进程,实现产业创新

继续推进工业化进程和实现产业创新是实现劳动力就业的长效机制,是未来经济发展和劳动力充分就业的保证。工业化是实现现代化的前提和基础,在保证相对规模就业（既不影响社会稳定又有利于经济发展的状态）的同时,要大力推进工业化进程,促进工业化与劳动力就业的和谐。在前文中有分析到,工业化对劳动力就业的吸收能力较低,在当前未能实现劳动力就业与工业化进程的一致性,这一方面是工业化进程还刚刚进入中期,未能提供更多的就业;另一方面是

工业化对产业创新的作用还不强，劳动力就业的关联效应较小。为此，在推进工业化进程中，应该更好地选择工业化实现途径，在当前应大力调整产业结构，实现产业创新。在世界金融危机背景下应更加注重就业优先的工业化模式，工业化应该更倾向于选择新型工业化战略思路指导下的新型的劳动密集型产业，如光伏产业，以尽可能地实现劳动力就业，增加收入，刺激需求，促进经济的发展；同时要变危机为机遇，积极实现第二产业的产业创新，通过创新产业推进第三产业的发展，从而发挥好第三产业可以大量吸收劳动力就业的优势。

2. 加大基础设施项目投资，增加就业

扩大投资增加就业是被经济学规律和实践所证明的，在世界金融危机背景蔓延全球的过程中，各国都提出了要扩大投资，加大基础设施建设，以增进就业。2009 年江西投资 6000 亿元，以促进劳动力就业，解决 100 万人的就业。加大基础设施投资建设本身是一项解决就业的好途径，但是正如吴敬琏所担忧的，这些投资是否能够合理有效地用到正确的项目上，是否会造成新的腐败。为此，在进行项目投入的过程中，应该做好如下工作：一是投资方向的确定和选择，江西劳动力大部分属于农村剩余劳动力，投资的方向更多地应该倾向于农村，对农村的基础设施建设加大投入，使农民直接受益，又能实现农民的就地转移就业；二是加大对投资资金的监管力度，尽可能发挥资金的最大价值，实现相关利益者价值最大化；三是对项目投资要有一套完整的评价机制，实现对项目的事前、事中和事后的有效控制，资金落到实处、项目有益民生。

3. 积极承接东部发达地区产业转移，增进劳动力就业

在世界金融危机背景下，沿海许多企业难以承受世界金融危机背景所带来的成本和市场压力，这正是江西等欠发达地区承接产业转移的好时机。积极地、有选择地承接东部发达地区产业转移可以极大地解决当地劳动力就业问题，实现劳动力的就近转移。当然承接产业转移应该做到：一是承接应该更加注重质量，有选择地引进劳动密集型、绿色环保型企业。对环境破坏较大的，应该予以限制，而不是一味地、盲目地引进。二是引进企业能够很好地融入本地经济环境中，最好是能够有效地发挥本地资源优势和产业优势，从而实现产业的集聚优势，促进本地经济的发展，解决相应规模的劳动力就业。三是为引进企业提供尽可能优惠的服务，为引进企业提供水、电和通信方面的最大帮助，以降低企业成本，提高效益，从而吸收更多的劳动力。

4. 积极鼓励农民工回乡创业，以创业带动就业

农民工回流对于江西来讲，可能是一件需要担忧的事情，但是绝不能把其看作是一个包袱，应该有目的地引导他们留乡创业。有一部分农民工回流自然可以为江西技工市场带来更多的劳动力，这些劳动力的失业是属于暂时性的，加大劳

动力市场的资源配置作用，能够很快地补充到省内各工业园区企业中；另外一部分拥有一定经验、技术和资金，甚至掌握某行业市场规律的农民工完全可以自己创业，政府在税收、贷款和市场各方面予以支持，这些企业完全可以在江西这块土地上发展起来，解决更多的就业服务；还有一部分农民工可能会留乡务农，这也可以为许多地方因打工经济而荒芜的土地得到重新开垦，促进农业的发展。因为中小企业是解决劳动力就业的主要生力军，因此政府采取一些积极措施扶持他们的发展是非常有必要的。在资金方面可以设立创业扶持基金，与中小企业创新创业基金结合起来，对创业项目进行有效评价，予以支持；在企业注册、设立和税收等方面，政府部门应该提供简洁有效的一条龙服务，减少企业的公共服务成本，降低创业的政府和市场进入门槛。

5. 促进非正规部门的发展，增加非正规就业

新型工业化的发展，会不断地创造新的现代产业部门，从而推动非正规就业的发展。国际劳工组织认为，非正规部门主要是指规模很小的从事商品生产、流通和服务的单位，主要包括微型企业、家庭型的生产服务单位、独立的个体劳动者。非正规部门的发展为劳动力就业提供了多元化的就业途径，从而促进劳动力就业。在当前世界金融危机背景下，江西更应该鼓励和积极扶持非正规部门的发展。为此，一是在加大基础设施建设时，尽可能让当地劳动力能够充分参与，提供各种服务，实现劳动力的非正规就业；二是政府应该出台相应的资金、培训和税收等优惠政策，使非正规部门能够得到政府的引导和支持，为非正规部门提供专业的培训服务，使这些部门能够很好地利用市场规律，掌握充分的信息，从而得到快速有效的发展。

6. 加大技能培训力度，提高就业成功率

加大技能培训力度，可以提高劳动者素质并掌握一技之长，从而提高劳动者就业的成功率。2009年江西安排了2亿元免费培训返乡农民工，江西省劳动和社会保障厅为切实做好返乡农民工就业工作，采取上门登记返乡农民工就业意向、为返乡农民工提供免费就业服务并对低保户家庭成员、失地农民优先安排职业技能培训等一系列优惠措施。落实这一措施最好是能够实现培训与企业劳动力需求、未来劳动力需求相结合，针对市场需要培训相应的劳动力；同时还要注重培训效果，而不是把培训流于形式，使培训资金真正落到实处，产生效应，促进就业；可以采取学校和企业联合培训的模式，在学校培训理论、在企业培训实践操作，这样可以真正做到实践技能的培训。为农民工培训是一个方面，也应该大力为中小企业提供培训服务，在技能和专业素质方面要加大培训力度，从而能够保证中小企业劳动力就业的稳定性，减少失业。

四、本章小结

本章从基于相对规模就业的工业化策略选择出发，结合前面章节的理论与实证研究的结果，从五个方面提出了相关对策。主要体现在：①围绕工业化实现产业创新，增强产业对劳动力就业的吸收能力；②走二元工业化之路，实现劳动力区域和就地转移就业；③合理选择工业化发展战略，使资本和劳动要素投入均衡；④适宜选择资本深化和技术进步的方向，增加劳动力就业；⑤促进重工业健康发展，增强劳动力就业的收入效应。

从基于工业化进程加速发展的劳动力就业策略出发，结合第三章工业化进程的综合评价结论中论证的结果，产业就业结构的优化是推动江西工业化进程的主要动力之一，为此，在充分考虑劳动力就业对工业化进程的反作用基础上，提出相应的劳动力就业策略。主要体现在：①创新劳动力就业机制，为工业发展提供健康保障；②提高劳动力素质，以适应工业化发展要求。

考虑国际金融危机对江西劳动力就业的影响，通过对当前江西劳动力就业状况、劳动力转移就业状况、劳动力回流状况的实证分析预测江西劳动力就业情况及就业目标，提出后金融危机时期的相应对策。主要表现在：①继续推进工业化进程，促进产业创新；②加大基础设施项目投资，增加就业；③积极承接东部发达地区产业转移，增进劳动力就业；④积极鼓励农民工回乡创业，以创业带动就业；⑤促进非正规部门的发展，增加非正规就业；⑥加大技能培训力度，提高就业成功率。

第八章　江西新型工业化路径选择[①]

新型工业化道路给我国的经济发展指出了战略思路，各地区应根据该战略思路结合本地实际找寻最适合自身发展的途径。由于区位、资源、文化以及经济发展水平等不同，经济发展模式不可能是单一的，而必须按照各地的资源、文化和区位走多元化的经济发展模式，积极的发展具有本地区特色的经济，增强地区经济竞争力。在新型工业化思想的指导下，江西更应根据本地区实际选择好途径。江西走新型工业化道路，实施跨越式发展战略，既要解放思想、拓宽思路，同时又要从实际出发，实事求是。在选择走新型工业化道路的途径时，要做到前瞻性与适当性的统一；要"有所为，有所不为"；要认清形势、剖析问题、抓住机遇、迎接挑战；要以市场为导向进行产业结构调整，发挥江西的区域特色和区域优势，形成具有区域经济发展的核心竞争力。

一、主要原则

我国正处于工业化快速发展的过程中，推进工业化是实现社会主义现代化这一宏伟目标的根本途径。在新的历史条件下实现工业化不能沿用传统的方式和途径，必须走出特色、走出传统、走出误区。在世界经济坐标系中，中国属于新型的发展中国家；在中国经济坐标系中，江西属于中西部地区弱势省份。在全国推进工业化的进程中，提出了要走新型工业化的道路；作为欠发达的工业基础薄弱、自然条件相对恶劣、人力资源匮乏的江西，也必须从自身的实际出发走具有地区特色的工业化道路，在途径选择时要注意以下原则。

---

① 本章内容主要参考作者硕士学位论文《江西走新型工业化道路研究》。

（一）以市场为导向原则

在选择新型工业化道路的途径时，在资源配置上要坚持以市场化为导向的原则。资源的配置方式无非是指令性的计划配置和市场配置两种方式。世界各国的经验和教训已经充分证明，计划经济配置资源必然是低效率的，市场机制是实现资源配置效率最优化的根本途径。而市场机制发挥作用的平台就是市场。发达地区经过多年的发展之后，有了相对发达的市场特别是生产要素市场，各种生产要素能够通过市场进行有序流动。东部发达地区已经进入了提高和规范的阶段。而江西市场发育程度仍然比较低，特别是生产要素市场基本上还处于起步期。政府面临的主要任务是培育市场，特别是要培育生产要素市场。在没有市场的时候，规范市场就无从谈起，确立先培育后规范的观念。以市场化为主导，并不排斥政府的功能和作用，相反强化了政府的功能。但是强化的不是政府的指令性的计划和干预功能，而是对市场的调控功能。市场越是发育，越是发达，越需要加强政府的宏观调控。在市场经济条件下，政府的职能不是少了，而是多了；不是弱化了，而是强化了。也就是要由传统计划经济体制下的政府直接干预企业的政府—企业模式转换为市场经济条件下的政府调控市场，市场引导企业的政府—市场—企业模式。

（二）发挥比较优势原则

在选择新型工业化道路的途径时，在产业选择上要充分发挥比较优势，以资源的深加工和江西特色为主导，突出江西品牌和特色品牌。发达地区在工业化道路的过程中，依靠开放的优势和吸引外资的优势不约而同地选择了以加工业为主导的产业，并带动相关产业的发展。虽然江西也采取了扩大开放的政策，为吸引更多的外部资本和更先进的技术提供优惠条件，但最终由于江西的交通运输、地理位置、市场和人才等方面都处于相对劣势而难以实现。故在工业化道路的起步期，要大量地吸引外资是不现实的，现实的选择是把目光放在国内。同时江西刚起步的市场环境与东部地区有重大差别，东部地区是在短缺经济和卖方市场极为有利的条件下起步的，江西面临的却是相对过剩的买方市场。要在激烈竞争的市场夹缝中生长起来，就必须选择特色产业，突出特色品牌。江西拥有丰富的矿藏和极具特色的农产品、旅游等方面的优势。所以，江西的主导产业要锁定在矿藏的合理开发和深加工，特色农产品的培育、深加工以及旅游产品的开发上。从一定意义上讲，江西走新型工业化道路是通过第二产业带动第一产业促进第三产业的各个产业相互协调共同发展的道路。

（三）有所为，有所不为原则

江西走新型工业化道路，应该有所为，有所不为，结合江西的实际走有地区特色的新型工业化道路，避免重复建设，特别是在某些具有比较优势的学科和产业领域，可以大力发展。不能再停留于引进、消化、吸收发达地区技术和一般性的模仿与跟踪，而必须具有实现跨越式发展的胆识和魄力，增强做原始性科学创新、做世界一流技术创新与集成的信心和勇气，大力加强自主创新能力，掌握具有自主知识产权的核心技术，占领对国家发展至关重要的科技与产业发展制高点。江西的科技创新战略的指导思想必须转变，再也不能跟在他人之后亦步亦趋，要坚持有所为，有所不为的原则，选择优势和重点，实现跨越式发展而带动整体发展。同时要调整科技创新的管理体制，牢固树立以人为本的价值观，从注重物的发展转变为注重人的发展。

二、途径选择

作为工业基础薄弱、自然条件相对恶劣、人力资源匮乏的欠发达地区，必须从自身实际出发，走出具有欠发达地区特色的新型工业化道路。通过对欠发达地区的优劣势以及机遇和挑战的分析，本部分主要从宏观的产业发展层面和微观的实现机制层面来阐述欠发达地区（主要以江西为例）走新型工业化道路的途径。

（一）产业发展层面

欠发达地区要走好新型工业化道路，实现工业的跨越式发展，促进经济和社会的全面发展，就应不断地完善经济增量结构、提高产业经济贡献度、增强产业竞争优势、优化城市功能等方面的主体作用。

当前，在产业发展层面上的途径可以归纳为：通过不断发挥比较优势，不失时机地发展劳动密集型产业、有条件地发展高新技术产业、采用信息技术提升传统产业能级以及重点培育和发展支柱产业。

1. 继续走劳动密集型的产业发展道路

适当的技术（Proper Technology），是发展经济学中的一个重要概念。其含义主要是：对于发展中国家来说，并不是技术越高新越好；在一定的阶段上，由其生产要素、资源禀赋结构和各方面条件所决定，只有某些技术和某些技术构成的产业，对于这个国家或这个企业来说是能够赢利的，是具有国际竞争力的。简言之，适当的技术就是在一定发展阶段的一定成本条件下，使企业能够赢利而不是使其亏损的技术。① 适当的技术概念的优点就在于，它是一个动态的概念：当条件发生变化时，什么是适当的本身也就随之发生变化。技术的进步、技术构成的提高、产业技术结构的提升，都是一个过程，而不可能一下子实现我们的梦想。但是当企业赢利了，资本积累增多，这样就有资本去发展教育，增加研发投入，同时随着各种技术的应用和生产的发展，使得工人的技术水平逐步提高，我们的适当的技术的水平也就会不断提高，最终达到我们自己也能创造出具有国际竞争力的高新技术水平。

对江西来说，采用适当技术和发展劳动密集型产业，是从发挥比较优势出发的。在存在大量社会劳动力资源得不到充分利用时，在目前经济体制、教育水平，职工的技术熟练程度还不理想等制约因素下，不要盲目追求技术密集型产业或利用高新科技技术，不然企业将会因缺乏市场竞争力而造成生存危机。从社会角度看，巨大的劳动资源本身是社会财富，扩大就业是经济发展的本义，是政府工作的第一要务，劳动者如果没有充分就业，不仅是资源的浪费，而且会由于劳动权利的不平等而陷入社会危机，使经济增长与社会进步的进程难以为继。

采用适当技术和发展劳动密集型企业，在江西，要做好承接产业转移、引进外资发展来料加工业、发展各种加工装配业和能够体现低成本优势的各类产业。江西工业化水平尚处于初期向中期过渡时期，增加工业经济的总量，扩大就业，特别是让更多的农民从农业生产转移到从事工业生产，这是具有战略性意义的。虽然这样的途径，的确不能获得与技术、资本相联系的高附加值，但它却能吸纳大量的劳动力，能增加国民收入，并能加速城市化进程，是江西实现工业化过程中的能量积聚过程。它并不排除同时采用高新技术改造传统产业和发展高新技术产业，这两者之间是相辅相成的。

2. 优势传统产业和高新技术产业互动发展

江西走新型工业化道路，应采取继续发展传统产业、不失时机地发展高新技术产业、利用高新技术提升传统产业的能级的策略。在江西，传统产业在产业结构中占有绝对大的比重。如江西制造业占 84.5%，传统产业的技术水平和经营状况将会极大地影响地区工业经济增长。2000 年世界 500 强的前十位，基本上是传统产业，其营业额是 500 强营业总额的 11.3%，而且这个比重比上年还提高了0.2 个百分点。

江西发展好传统产业具有重要意义。一是传统产业在相当长时期内仍然具有巨大的市场需求，是经济增长率的重要源泉。中国的人均 GDP 才 1000 美元，江

---

① 攀钢. 利用比较优势与利用"适当的技术"——新阶段中国发展战略问题思考之三［R］. 北京50 人论坛.

西则不足800美元（而发达国家如日本3.5万美元，美国3.2万美元，瑞士达到4万美元），我们的消费层次不高，传统产业产品还有巨大的市场需求。二是人们的基本生活消费需求主要还是由传统产业来提供的。如纺织业、服装帽业、食品加工业、家电业等，有一些传统产业对发达国家或地区来说，由其比较经济利益决定，已不适宜生产，如香港地区在20世纪90年代初就将制造业转向了珠江三角洲。江西可以利用自身的低成本优势和资源优势，大力挖掘传统产业的发展潜力。三是传统产业有利于吸纳更多的劳动力并培养和提高劳动者素质。一般来说传统产业的资本有机构成比高新技术产业要低一些，可以提供更多的就业岗位。同时，传统产业并不意味着低技术结构，恰恰是因为技术素质的不断提高，才使其具有旺盛的生命力。传统产业的技术进步不仅提高了劳动者素质，而且创造了更多的技术革新者、创业者。

江西必须将发展高新技术产业和改造传统产业结合起来，使之相互补充，互为动力，共同发展。一方面，通过大力引进高新技术成果，实现产业化的方式，培育高新技术产业；另一方面，通过招商引资的方式，直接引进高新技术企业，并发挥高新技术企业产品科技含量高的优势，吸引一些科技型企业为其上下游产品配套，形成高新技术企业集群。同时，加大技术创新力度，重点对关键技术、共性技术进行攻关，不断开发高科技产业化项目，尽快使高新技术成为江西国民经济新的成长链。

与此同时，充分利用高新技术为传统产业提供技术平台，实行"重心下移、高位嫁接"。要在传统的优势产业中，重点培植一批实力雄厚、核心竞争力强的大型企业和企业集团，把传统的优势产业、优势企业和优势产品做大做强，提高规模经济效益和市场竞争力。如江西应在钢铁、建材、造纸、纺织、烟草等行业，采用先进技术，实施一批重大技改项目，迅速提升行业科技水平。政府要制定企业进行技术改造的鼓励政策；支持企业用好用足技术进步方面的优惠政策；为企业牵线搭桥，促成产、学、研结合，帮助企业建立技术中心，推动企业技术创新体系的建设。

3. 有条件地发展高新技术产业

发展高新技术产业，是江西走新型工业化道路，实现跨越式发展的一个重要条件。江西在继续走劳动密集型产业时，应不失时机地、有条件地发展高新技术产业。国际上发展高新技术产业的模式主要有：

（1）硅谷等高新技术产业带模式。高新技术产业带，是一种无确定边界、无事先规划、因某些优越条件而自然形成的高新技术研究开发生产集中区域。产业带地域宽广、企业多、从业人员数量大，是高新技术企业和科研机构的大规模集结地。尽管这些产业带没有严格的计划和规划。但当地政府或其他主持机构往往往会采取一些措施来吸引高新技术科研与生产单位。各国在发展本国的高新技术产业时，常常对高新技术产业带的发展环境和经验加以研究，如建设科学城、技术城与科技工业园区时均借鉴产业带的某些条件与做法。但是，毕竟高新技术产业带发展因素较多，只能在某些具备特定条件的地区试验，不宜过多模仿。

（2）技术城模式。这是一种以技术为发展支柱，注重产、学、研高度结合，为振兴后进地区的新型城市的发展形式。技术城一般由一两个母城和周围一些村镇组成，要求对产业区、教育区、住宅区、服务区及环境有全面规划。一方面以高新技术为发展支柱，另一方面以地方为开发主体，充分发挥地方积极性，充分利用原有基础，以最少投资、最佳途径来实现整个地区向高新技术新型城市的转化，为落后地区的振兴提供了一条新途径。由于其涉及面广、影响大，比其他模式的作用有过之而无不及，它可以迅速带动全民族素质的提高。尽快脱掉落后的"帽子"，走上高新技术产业发展道路。

（3）科学城模式。科学城主要是科研机构和大学的集结地，有助于图书、情报、计算机设施及其他科研、生活服务设施的共享，有利于科学技术的交流与合作，提高科研效率和投资效益。与技术城相比，两者都是高新技术密集型城市，但科学城投资巨大，多数为官办，技术城则在政府指导下，由地方联合企业自己建设；科学城以综合性基础研究和应用研究为主，技术城则致力于开发地区特色技术；科学城不仅孵化高新技术企业，为高新技术产业发展提供科技资源，还借以树立"科技大国"形象，技术城则是振兴地方产业，形成地方经济起飞的据点；科学城往往设在资源流通较快的大都市附近，而技术城则分布在全国各地。

（4）尼克斯的科技工业园区模式。科技工业园区是政府或当局开发者将已经完成基础设施建设的地盘出售给经过挑选而进入园区的企业和科研机构，从而使园区产出高新技术产品和科研成果。科技工业园区将科学性、文化性和艺术性融为一体，通过良好的基础设施、优美的环境与高质量的服务来吸引企业和科研机构，成为以高新技术工业生产为特色的基地。科技工业园区规模一般较大，占地从几平方公里到几十平方公里不等。与以上三类模式相比，科技工业园区更多的是以利用外国技术、资本和智力等资源建设本国本地区的高新技术产业，比它们具有更大的对外依赖性。但仍不失为一条快速发展高新技术产业的道路。

以上几种形式，各地可以根据本地区实际，对其进行有机的结合，采取多种形式，混合性地建立高新技术开发区。为此，江西也应不失时机地发展高新技术产业，在有条件的地区根据自身的特点发展和建立高新技术开发区，促进高新技术产业的发展。在江西，其企业往往是以中小型企业为主，因此各级政府应为各种所有制形式的中小企业大开方便之门，让其充分利用市场机制进行创新，从而形成高新技术产业发展中的大企业和中小企业互相补充、共同发展的开发体制：一是中小企业依附于大企业，与大企业保持密切协作关系，形成以大企业为核心的企业群；二是相对独立，各自依靠自身的力量进行研究开发，形成互相竞争促进的良性互动关系。

4. 重点培育和发展支柱产业

推进工业化的主要任务是通过支持支柱产业快速发展，构筑支撑江西的新型工业化产业体系，增强整个工业经济实力和竞争力。而选择支柱产业的主要依据有：一是现有基础较雄厚，在全省占有比较重要的地位；二是具有技术水平先进，市场竞争力强，市场前景好，后续爆发力强的核心企业和主导产品；三是核心企业和主导产品的产业关联度较大，产业成长性好，有较强的产业带动作用；四是就业容量大，有助于城乡富余劳动力的转移和安置；五是有一批懂经营、善管理的优秀企业家队伍；六是利税高，能较大地增加财政收入，有利于扩大出口，能推动开放型经济发展。江西就是在这些依据的基础上，按照走新型工业化道路的要求，围绕发挥比较优势，反复筛选，选出了全省今后着力培育壮大六大支柱产业，即汽车航空及精密制造产业、特色冶金和金属制品产业、中成药和生物医药产业、电子信息和现代家电产业、食品工业、精细化工及新型建材产业，并且在培育和发展支柱产业的过程中形成了各自的发展方式和途径。

（1）汽车航空及精密制造产业。坚持走开放和合作的道路，支持汽车工业与跨国公司和国内汽车企业合资、合作、兼并、重组，增强汽车工业竞争力和抗风险能力。重点增加品种，发展商务用车、开发家用轿车和客车，通过资本运作等措施来实现产量的扩张。建立完善售后服务和消费金融服务等配套服务体系，扩大市场份额。引进一批汽车零部件生产企业，增强汽车生产配套能力。发展民用支线飞机、教练机和直升机。大力发展工程机械、特种变压器、环保设备等。

（2）特色冶金和金属制品产业。钢铁工业重点发展汽车用钢、宽厚钢板、细径高强盘条、H型钢等特色、新型钢材。有色工业着重培植两大产业基地：一是发展铜精深加工，开发电解铜箔、电子引线框架、铜板带等高附加值产品，把江西建成全国最大的世界一流的铜产业基地；二是发展钨、钽铌、稀土深加工，重点发展钨制品、硬质合金、微型钻头和钽丝、高纯钽粉以及发光材料、磁性材料等新型金属制品，把江西建设成为全国一流的钨、稀土产业研发、生产加工基地和贸易中心。

（3）中成药和生物医药产业。抓好中药基地建设，重点发展中药饮片、中药材GAP种植、中药标准提取物、中成药、中药保健食品及卫生产品和生物医药等，进一步扩大江西知名品牌的市场占有率，把江西建成全国重要的中药现代化产业基地。

（4）电子信息和现代家电产业。进一步加强和突出江西电子元器件产业优势，重点发展数字信息产品和现代家电，争取第二代手机在江西布局，积极跟踪第三代手机，做大做强软件产业。通过一批重大产业化项目建设，使江西成为我国 LCOS 数字电视、LED 发光二极管、无氟压缩机等的主要生产基地和空调器、数码相机和电子元器件等的重要生产基地。

（5）食品工业。整合卷烟生产企业，组建江西烟草工业集团，做强做大烟草产业；进一步提高江西白酒市场占有率，重点发展果酒，稳定发展啤酒；发挥江西生态优势和农产品资源优势，加快发展绿色食品、有机食品、保健食品、功能性特色食品加工。培植一批在全国有影响力的食品工业龙头企业，引进一批国内外食品工业巨头，建设一批农产品深加工特色工业园。

（6）精细化工及新型建材产业。加快调整石化和化工行业产品结构，重点发展精细化工，扩大有机硅单体及其精深加工以及白炭黑、丙烯酰胺和聚甲醛等产品的生产。重点发展大中型新型干法水泥和散装水泥；加快特种陶瓷、功能陶瓷、建筑卫生陶瓷生产基地建设；发展高强、轻质、多功能、低能耗的新型墙体材料；发展中、高档建筑装饰装修材料。

（二）实现机制层面

走新型工业化道路需要有相应的作用机制，在这里我们不打算面面俱到地勾画这一实现机制，而是针对欠发达地区存在的突出问题，对其中一些主要方面进行分析。通过前面部分对欠发达地区突出问题的分析，其走新型工业化道路要有明确的发展目标、有合理的资源配置机制、有完善的所有制结构、有合适的工业发展载体、有适当的技术创新途径。

当前，在实现机制层面上的途径可以归纳为：遵循可持续发展的目标，走自然—经济—社会协调发展的生态系统路线；资源配置机制要遵循在市场经济条件下政府调控市场、市场引导企业的"政府＋市场＋企业"模式；所有制创新要突出民间资本这个主体，积极扶持各类中小企业，促进多种所有制经济共同发展；工业园区建设必须以市场化为导向，按照政府引导，实体经营，市场运作原则，积极探索建立园区开发建设的良性运作机制；技术创新可以利用自主开发和引进消化相结合的方式，走引进、吸收、开发、创新的路子。

1. 发展目标的选择

江西走新型工业化道路，在发展目标上，要突出可持续发展这个目的，建设全面小康社会。可持续发展是社会和经济发展的必然要求，也是发展新型工业化必须遵循的原则，江西要严格地遵守可持续发展的原则，处理好自然—经济—社会系统与发展的关系，通过调整能源利用结构、开发利用新能源，调整产业结构、增强科技创新能力，开发引进环保技术、加强治理环境污染、制定完善的环境保护政策等，建立起资源节约型产业体系和循环经济发展模式，促进经济结构调整，提升经济运行质量，建立社会、经济、环境协调发展，物质、能量、信息高效利用的工业发展模式。

可持续发展包括人口、生态、资源等的可持续发展。要走生态化发展之路，把城市美化成山水园林城市，森林绿化成生态旅游森林，要尽可能地避免污染和对环境的破坏，做到边增长边治理而不是先增长后治理，在增长中保护环境，实现经济和环境的良性互动。资源的可持续发展是指既要经济增长又要节约资源，做到资源的永续利用。江西资源虽然丰富，但必须高效有序地加以开采和利用，严禁乱采和滥采以及采富弃贫。要积极开发植被，搞好江河防护林、退耕还林等工程建设，努力争取国家速生丰产工业原料林基地建设项目，增加对资源的回收利用率和可持续性利用率，同时增加资源开发的科技含量，提高产品的附加值，提高人民生活水平，为实现全面小康打下良好的基础。

2. 资源配置机制的选择

在资源配置机制的选择上，要突出市场这个中心，促进资源整合。大力转变政府职能，加强政府宏观调控能力，减少政府微观管理环节，要由传统计划经济体制下的政府直接干预企业的"政府＋企业"模式，转换为市场经济条件下的政府调控市场、市场引导企业的"政府＋市场＋企业"模式。

江西走新型工业化道路，进行资源配置必须充分利用国内和国际两个市场、两种资源，打破新型工业化进程中严重的资金、技术、人才等"瓶颈"。首先是立足全球利用资金。积极寻求跨国、跨地区、跨所有制的联合重组，吸引其直接投资，带动产业结构调整和升级。其次是面向"高新"吸收技术。江西不能被动接受产业梯度转移，而应该吸收最新的技术革命成果，走出一条高资本投入、低资源消耗、低污染排放的全新的可持续发展道路。重视引进高新技术，突出引进制造业、医药化工、机电一体化、生物工程等领域的高新技术。加大自主创新力度，加强产学研结合，进一步吸收高校、科研院所的最新科研成果，实现产业化，提高江西工业化的水平。最后是优化环境吸引人才。按照"不求所有，但求所用"的原则，建立和扩大人才信息网络；制定更加优惠的政策，增强企事业单位对优秀人才的吸引力；更新人力资源管理的思维模式，从管理人才转向服务人才，为他们打造个人事业发展的平台；从单纯消耗人才转向"养才优先"，在全区逐步建立起人才分布高密度、人才素质高水准、人才结构高对应、人才流动高活力、人才产出高效益的人才高地。

江西走新型工业化道路，按市场为导向配置资源时，不能等待市场机制自发地推进新型工业化的发展，必须发挥政府的作用，双管齐下，重点突破，以点带面,推动全局。一是培植优势产业。二是推进体制创新。大力实施企业开放式改制,对重点企业按照公司制和上市公司的要求进行规范改制,推进资本经营,力争在规模企业上市上有新的突破。三是抓好园区建设。进一步加快基础设施建设,加大招商引资力度,努力使一大批投资规模大、技术含量高、附加值高的工业项目入驻园区,使园区成为工业经济发展的聚宝盆、推进新型工业化的强磁场。

3. 所有制的选择

在所有制选择上,要突出民间资本这个主体,积极扶持各类中小企业,促进多种所有制经济共同发展。从解放生产力,扩大就业的高度,结合江西的实际,尽快研究制定相关促进中小企业发展的配套政策,为其发展创造良好条件。加强服务体系建设,提高服务机构的服务质量和水平,培育和引导各类中介组织提供信息、咨询、培训、融资等多方面的服务,满足各类中小企业的服务需求,加大促进非公有制经济发展的力度,转变观念、大胆实践,放宽民间资本的市场准入领域,在投融资、税收、土地和对外贸易等方面采取措施,完善服务,为非公有制经济平等参与竞争创造条件。同时,还要引导非公有经济依法经营,切实维护职工合法利益和社会公共利益。发展民营经济要彻底放手、放胆、放开、放活,创新体制,集民智、民力多方之合力发展民营经济。要通过改制把一些国有、集体企业改造成民营企业,支持下岗职工创办民营企业,鼓励国有、集体职工"转岗"创办民营企业,引导农民走出山村创办民营企业等方法,大力发展民营经济,促进地方发展、人民富裕。

与此同时,要探索国有企业多元化改制的新途径,规范建设现代企业制度。按照投资主体多元化、产权结构合理化、利益格局分散化的要求,大力发展混合所有制经济,把工作重点放到制度建设和规范运作上。积极利用外资改造国有企业,要把利用外资与经济结构调整、企业改革重组、扩大就业结合起来,引导外资特别是具有较强实力的中长期投资者参与国有企业改组、改造,促进大企业重组,进一步推进上市公司规范运作。

4. 工业载体的选择

江西走新型工业化道路,促进工业的跨越式发展,要不断地推进工业园区的建设,突出工业园区建设这个载体。构筑好工业发展平台可以吸引企业向工业园区集中,发挥工业园区在政策、信息、环境、管理和基础设施等方面的整体优势与功能。

综观各地区工业园区建设情况,工业园区的发展主要有四种模式:

(1)政府主导型。这种模式大都采用多渠道筹资、合作,以地换园、股份制等方式进行,由政府授权机构筹资负责园区建设和管理。其特点是规模相对大、规划较好，可以结合全市产业布局进行基础设施建设，容易选择档次高、效益好的企业落户，从而形成具有一定特色的产业园区。但是政府资金投入过大，风险比较高。

（2）民间合作、政府引导型。这类园区开始由非政府组织（主要是高等院校）开发，后根据发展需要或资金落实等原因改由政府统一开发。工业园区开始建立时是以多家单位股份合作的方式建立起来的，后来随着产业发展及资金落实等原因改由地方政府接手开发、管理。这种方式可以凝聚社会多方面的力量，减轻政府负担。但是由于开发区从一开始就是在民间组织的发动下建立的，因此，在园区的管理和协调上存在问题。江西南昌大学科技园就是在这种模式上建立起来的。

（3）企业主导型。这类型的园区政府基本不投入，由企业自主经营，即由被引进企业自行购地开发建设工业园区。由于缺乏政府的引导，只是由市场自发作用而形成的工业园区可能会存在许多问题，如园区规模小、入园企业个数少、扩展空间有限等。因此对这类工业园区政府应加强指导，尽可能的给予优惠条件，扩大其发展空间，形成产业聚集区，增强园区工业辐射力、节约成本，让资源得以优化配置。

（4）资源整合型。为便于布局基础设施、服务设施、管理机构，实现资源共享，降低园区生产和管理成本，一些县（区）以行政手段将现有的工业区改造整合，形成新园区。这类园区较快形成规模，但园区的规划先天不足，管理、服务等工作相对滞后。

江西可以结合本地区的实际条件建立工业园区，但无论以何种模式，都应该合理地建立和发展工业园区。首先要科学规划。工业园区建设既要有总体规划，也要有专业规划，既要有远景规划，也要有近期规划。其次要搞好整体基础设施建设。在建设资金上，除财政安排一定专项资金外，还要大力吸引民间、外资等资金投入园区建设。同时，实行土地按揭贷款，搞好土地运营聚财，坚持政府统一管理、统一开发。最后要创新管理机制和运作模式。建立工业园区管委会，在工业园区的运作模式上，园区建设必须以市场化为导向，按照"政府引导，实体经营，市场运作"原则，积极探索建立园区开发建设的良性运作机制。江西要继续推动工业园区建设、创新开发模式、创新投资主体、创新管理方法、淡化有形政策，强化无形服务，提高工业园区的运行质量，避免工业园区的重复建设，形成各地区工业园区的特色，实现优势互补，充分发挥本地区的比较优势。

5. 技术创新途径的选择

江西走新型工业化道路，应不断地提高技术创新能力。发展高新技术产业有三种技术创新模式，需要根据条件选择合适的模式。

（1）自主开发模式。主要依靠自身的科技力量进行研究开发，取得技术上的突破，在此基础上形成自己的核心技术，获取自主知识产权和独占性的商业利润。但自主开发投入大、风险高、成果前期要经历中试和孵化过程，须有大批高素质的科技人才和必要的研发设施，要在有优势的领域和较容易实现技术跨越的领域选择这种模式。

（2）引进消化模式。通过引进技术，在引进的专利或专有技术的基础上，加以改进完善或做进一步的开发。在我国加入 WTO 以后，技术贸易环境正在逐渐改变，我们将有更多的机会了解和在比较后择优引进技术；将使国内技术研发部门和企业扩大引进技术的选择范围和提高科技创新水平。对引进技术的消化吸收、系统集成，并进行模仿的二次创新模式，在沿海发达地区的很多企业中获得了成功。如上海在 10 年前主要采取这一技术创新模式，把引进外资与引进技术结合起来，对传统产业进行改造，在较短的时期内就建立了一批技术领先的大型合资企业，缩短了与世界先进水平的差距。江西的"江铃"、"江铜"也是走引进技术的吸收消化创新的路子。该模式的缺点在于引进技术多在专利保护期内，购买费用较高，同时关键技术难以引进，模仿中技术破译难度大；模仿技术如果有利可图，可能引发更激烈的市场竞争。

（3）自主开发与引进技术相结合的模式。它是前两种模式相结合的混合型技术创新过程。对高技术产业和重点传统工业产业及农业产业的发展，可以根据自身的技术优势和企业发展目标，走"引进、吸收、开发、创新"的路子；对已经兴办的高新技术企业，通过这种模式进行产品开发和拓展；对传统产业领域，通过这一模式可以提高产品质量和改善性能，降低生产成本，优化技术结构和产品结构。

在江西，自主开发的原始创新由于其投资和风险大，要仔细选择领域和项目，以便能集中资源、发挥自身的比较优势，在较容易实现技术跨越的领域，获取关键技术突破，在某些领域走在全国甚至世界的前列。因此，该模式适合在有强研发实力的大型企业和高新技术企业以及科研院所采用，并且需要国家财政资助。如江西在下述领域具有比较优势，较有可能实现自主开发的技术突破：光电子及通信器件、光机电产品、软件、新型中成药、稀有金属、有色金属、非金属材料等。需要抓住重点，在有限目标上集中力量，实现后发优势。

引进消化的二次技术创新是大多数产业和企业可以运用的技术进步模式。它要与招商引资相结合，与产业结构和产品结构调整相结合，通过引进大批技术含量高、附加值高的有规模的项目，在较短时期内实现技术和经济发展的跨越。既解决改造传统产业或发展高新技术产业的资金来源问题，又解决先进技术的来源问题。二次技术创新能够在创新链的中后期投入力量，进行产品革新，提高质量降低成本，获取市场优势地位。在技术创新投入上的方向性、集中性和针对性都较强，避免重复研究和重复投资，并且可以降低和回避创新风险。

在高科技突飞猛进中，我们不可迟疑和懈怠，需要不失时机地在有优势的领域加快扶持一批高新技术产业化项目，构筑经济发展的新高地、新亮点。在高科技产业日新月异的背景下，只要选准了突破点，在某一方面或某几个方面捷足先登，实现技术跨越，就将带来社会生产力的跨越和经济的快速增长，就可能快速缩小差距，实现超常规发展。用信息化带动工业化，是形成江西后发优势的关键。江西需要有选择地发展以信息技术为代表的高新技术，在有限目标上实现重点突破，在有限领域抢占制高点。

第九章 结论与展望

一、主要结论

本书主要基于工业化进程中劳动力就业效应问题而展开，分别从产业结构、资本深化和技术进步角度对劳动力就业效应进行了理论分析，并以江西历年统计数据为基础进行了实证分析。概括来说，主要研究结论如下：

（1）通过对江西及各地区的工业进程的实证研究，2008 年江西各地区工业化进程向"橄榄"形转变，差距虽然较大（发展最快和最慢的地区工业化综合指数相差 51），但是工业化进程在逐渐优化升级，朝更加稳定的方向发展，工业结构的优化升级、城市化进程的加快和产业就业结构的调整将分别成为推进江西各地区工业化进程的主要动力。1978 年以来工业化进程的推进导致了就业经历了大幅增加、持续增长、就业下降和平稳增长四个阶段特征，工业化水平就业弹性平均为 0.1，工业化产值就业弹性平均为 0.4。工业化进程的加速推进，并未与劳动力就业效应呈现同向趋势，工业化与劳动力就业在江西经济发展的各个阶段也没有呈现协调一致的状态。

（2）在工业化不断推进的过程中，通过实证分析产业结构对劳动力就业结构的偏离效应，从纵向偏离系数来看，发现第二产业结构偏离度较大，从 2000 年的 -10.6 下降到 2008 年的 -24.6，第一产业结构偏离继续维持在 20 的水平，未能有太多的变化，第三产业结构偏离度在不断地缩小，从 2000 年的 -11.8 到 2008 年的 -8.2，其原因是虽然第二产业有劳动力转入的空间和可能性，但对第一产业剩余劳动力吸收能力较小，第三产业对劳动力吸收能力达到饱和。从横向偏离分析来看，萍乡、鹰潭、吉安、宜春和上饶差异转移分别为 -12.5%、-0.4%、-19%、-88.1%、-13.5%，原因是这些地方第三产业竞争力相对较弱,阻碍了第三产业就业的增长速度;其他地区第三产业的增长都是由结构转移和差异转移共同推进的,结构转移对相对净变化量的贡献度大于差异转移,地区差距还大,新余市第三产业结构转移与差异转移较大,原因是工业化对第三产业的发展起了巨大的促进作用,带动了第三产业就业的增长速度。

(3)通过实证分析产业结构对劳动力就业结构关联效应,从相关系数看,第二产业产值对第一产业就业中度负相关(-0.602),第二产业产值对第二产业就业中度正相关(0.490),第二产业产值对第三产业劳动力就业中度正相关(0.634),原因是江西工业化发展对第一产业的反哺程度很低,几乎没有作用,对第三产业促进作用也较小,对第二产业产业结构调整、创新程度不够,从而影响到了各产业的就业水平,各产业就业结构优化率较低。从灰色关联系数看,第二产业产值对非农就业做出了较大贡献(0.83),第三产业次之(0.74),第一产业最弱(0.69),说明大力发展第二产业是解决劳动力就业的主要途径,实现第二产业对第一产业的反哺、对第三产业的产业关联效应是就业结构优化的关键。

(4)通过实证分析工业化进程中劳动力就业结构弹性效应,第一产业作为劳动力的"蓄水池",其就业弹性不断下降;第二产业就业弹性呈平缓趋势,原因是就业吸纳力的增长速度有所减慢,就业进入缓慢增长时期,第二产业所吸纳的劳动力数量远远低于劳动力从第一产业的减少量,第二产业的发展依然是解决就业的关键,大力发展第二产业还是可以不断吸收农村剩余劳动力就业;第三产业就业弹性显示出较强的波动性,但一直维持正值并且数值较大,其就业弹性值远高于第二产业,一直保持在较高的水平上,是吸收农村剩余劳动力和新增劳动力的主要领域,但是第三产业就业弹性发展很有限,在第二产业没有得到充分发展的基础上,第三产业就业弹性将会不断降低。

(5)通过实证分析工业化进程中劳动力就业结构熵数效应,江西就业结构变化方向符合经济发展规律,但是由于工业化发展水平有限,使劳动力就业结构处于第一产业就业结构集中化朝第二产业就业结构集中化方向发展的过渡阶段。江西各地区劳动力就业结构熵数从正面进一步论证了工业化对劳动力就业结构优化的作用,工业化发展得好的,其就业结构协调性、分散性强;而各行业劳动力就业结构熵数从负面进一步论证了工业化对各行业劳动力就业协调性和分散性的影响,其原因是2003~2008年江西各行业劳动力就业结构熵数变化非常小。因此,大力推进工业化,促进第二产业的发展,实现产业创新是提升产业就业结构水平,实现劳动力就业结构进一步优化、协调和均衡的基础。

(6)通过实证分析工业化对劳动力就业的影响,工业化发展战略的选择通过有效需求影响工业部门的劳动力需求,进而影响社会整体就业。江西工业部门产值对工业部门劳动力就业和非农就业都具有重要的影响，资本和劳动密集型工业发展战略的有效选择可以促进劳动力就业，并增加劳动力收入，从而促进消费，进一步促进工业产业的发展。同时通过回归分析可以发现，非农产业就业和居民收入对工业产值的增长具有重要的推动作用，因此增加收入和促进就业是工业化进程中必须首先考虑的问题。

（7）通过实证分析工业化进程中资本深化对劳动力就业的影响可以看出，江西在 1994 年以后工业部门确实存在资本深化的迹象，资本—劳动比呈不断上升趋势，通过对基于技术创新的资本深化与劳动力就业增长率的回归分析，由于技术进步的劳动节约，工业部门资本深化的结果使就业增长率下降，资本深化对就业产生挤出效应；然而工业部门劳动力的提高，对第三产业产值增加和劳动力就业增加具有重要的推动作用，对整体收入的增加也进一步促进了社会的有效需求，从而进一步促进了工业的发展，增加了劳动者收入，实现了劳动力就业的补偿效应。

（8）通过实证分析重工业发展对劳动力就业的影响，在重工业发展对劳动力就业的总效应中，从数据分析中可以看到收入效应是大于替代效应的，社会从业人数是不断增加的，虽然增加幅度不大；同时随着重工业的发展，技术的进步、资本深化，资本有机构成提高，江西劳动力就业呈现出索洛技术中性的状态，资本—劳动比增加，对劳动力就业存在挤出的现状；但是从长期看，重工业发展会对社会带来具有滞后影响的收入效应，它会不断的促进劳动力就业，对就业的综合影响是有利的。

（9）结合劳动力就业效应的理论分析及江西的实证分析结果，从三大方面提出了相应的策略：基于相对规模就业的工业化策略选择；基于工业化进程加速发展的劳动力就业策略选择；世界金融危机下江西劳动力就业策略选择。

二、研究展望

结合本书的研究思路，为了能够使后续研究更好的开展，这里提出一些展望：

（1）在研究产业结构对劳动力就业结构效应的各模型中，其分析是相对独立的，在以后的研究中可以设计综合影响模型，在考虑结构偏差、相关性、弹性和熵数指标的基础上研究劳动力就业的综合效应。

（2）基于有效需求的工业化对劳动力就业的模型，只是工业化产值和居民收入对劳动力需求进行了单因素循环分析，在以后的研究中可以在模型中加入交通变量、区位变量以及资本密集变量，以多元化模型分析对劳动力就业的影响，以确定影响劳动力就业的主要因素。

（3）资本深化对劳动力就业的影响只分析了工业整体部门资本深化对劳动力就业的影响，在以后的分析中还可以结合整体产业部门资本深化对劳动力就业进行分析，并且在工业产业上也可以按照标准分部门进行实证分析。

（4）进一步比较产业结构与技术进步对劳动力就业的影响，可以发现未来工业化进程中促进工业发展和劳动力就业的主要动力是产业结构还是技术进步，或两者兼而有之。

工业化进程对劳动力就业效应是多方面的，本书仅就与工业化联系比较紧密的几个要素，产业结构、资本深化和技术进步对劳动力就业效应进行了分析。而除此之外，还有许多有待研究的问题，如劳动力要素本身对就业的影响、工业化进程中的城市化对劳动力就业的影响、新农村建设对劳动力就业的影响等。

附录　基本数据表

附表1　1995年各地区工业化评测值及综合指数

指标 地区	人均GDP 各地GDP（万元）	人均GDP（元/人）	汇率平价法（美元/人）	评测值	一、二、三产业产值比（%） 一	二	三	评测值	制造业增加值占比（%） 指标值	评测值	人口城镇化率（%） 指标值	评测值	一、二、三产业就业比（%） 一	二	三	评测值	综合指数
江西省	12051100	2896	1046.4	0	31.1	37.4	31.5	28.42	6.3	0	20.88	0	51.0	25.0	24.0	19.80	7.84
南昌市	2400781	5943	2147.3	25.29	16	46.0	38.0	46.20	12.1	0	38.79	14.5	43.0	31.0	26.0	37.40	24.00
景德镇	541052	3771	1362.5	3.89	16	46.9	37.1	46.20	17.0	0	34.62	7.62	43.2	33.3	23.5	36.96	15.43
萍乡市	540068	3149	1137.8	0	19.9	50.9	29.2	33.33	4.0	0	29.26	0	40.2	34.8	25.0	43.56	10.82
九江市	1430763	3295	1190.5	0	31	40.7	28.3	28.46	3.8	0	19.33	0	54.9	19.0	26.1	11.22	7.16
新余市	490650	4737	1711.6	13.41	21.2	50.8	28.0	32.51	6.5	0	29.32	0	46.4	32.1	21.5	29.92	14.37

续表

指标 地区	人均GDP				一、二、三产业产值比（%）				制造业增加值占比（%）		人口城镇化率（%）		一、二、三产业就业比（%）				综合指数
	各地GDP（万元）	人均GDP（元/人）	汇率平价法（美元/人）	评测值	一	二	三	评测值	指标值	评测值	指标值	评测值	一	二	三	评测值	
鹰潭市	315863	3140	1134.5	0	25.7	34.4	39.9	30.65	3.5	0	26.16	0	58.8	14.4	26.8	2.64	6.95
赣州市	1618154	2127	768.5	0	44.3	30.2	25.5	0	2.7	0	15.30	0	61.4	14.5	24.1	0	0
吉安市	982798	2208	797.8	0	43.7	34.6	21.7	0	3.9	0	16.33	0	64.0	13.5	22.5	0	0
宜春市	1236515	2492	900.4	0	43.2	29.3	27.5	0	7.5	0	19.36	0	43.2	29.3	27.5	36.96	2.96
抚州市	763416	2143	774.3	0	47.4	30.5	22.1	0	5.4	0	19.43	0	60.4	15.2	24.4	0	0
上饶市	1253258	2011	726.6	0	41.7	30.7	27.6	0	5.2	0	14.66	0	51.7	15.0	33.3	18.26	1.46

附表2　2000年江西各地区工业化评测值及综合指数

指标 地区	人均GDP				一、二、三产业产值比（%）				制造业增加值占比（%）		人口城镇化率（%）		一、二、三产业就业比（%）				综合指数
	各地GDP（万元）	人均GDP（元/人）	汇率平价法（美元/人）	评测值	一	二	三	评测值	指标值	评测值	指标值	评测值	一	二	三	评测值	
江西省	20030700	4851	1530.5	5.26	24.2	35.0	40.8	31.27	22.8	4.62	27.7	0	46.6	24.4	29	29.48	12.15
南昌市	4651400	10774	3399.2	42.49	10.9	45.8	43.3	63.03	30.1	16.67	40.5	17.33	39.5	26.2	34.3	45.10	38.52
景德镇	937900	6365	2008.2	17.20	13.3	51.9	34.8	55.11	40.5	34.65	34.5	7.43	35.0	34.3	30.7	55.00	31.23
萍乡市	995600	5676	1790.8	11.77	14.4	54.3	31.3	51.48	17.7	0	28.1	0	43.4	35.9	20.7	36.52	18.48

续表

指标 地区	人均GDP				一、二、三产业产值比（%）				制造业增加值占比（%）		人口城镇化率（%）		一、二、三产业就业比（%）				综合指数
	各地GDP（万元）	人均GDP（元/人）	汇率平价法（美元/人）	评测值	一	二	三	评测值	指标值	评测值	指标值	评测值	一	二	三	评测值	
九江市	2131200	4771	1505.3	4.63	20.2	45.0	34.8	32.92	19.6	0	21.4	0	46.7	17.1	36.2	29.26	11.25
新余市	690400	6420	2025.5	17.64	21.5	42.5	36.0	32.38	29.7	16.01	30.8	1.32	47.7	23.8	28.5	27.06	19.32
鹰潭市	539500	5207	1642.8	8.07	20.1	41.1	38.8	32.96	47.9	59.07	26.7	0	53.3	14.2	32.4	14.74	24.33
赣州市	2662000	3407	1074.9	0	34.6	29.4	36.0	0	11.0	0	17.1	0	55.2	15.7	29.1	10.56	0.84
吉安市	1648600	3663	1155.7	0	37.3	32.0	30.7	0	11.1	0	18.4	0	59.8	11.9	28.3	0.44	0.04
宜春市	1999700	3875	1222.6	0	35.2	34.1	30.7	0	14.9	0	21.5	0	48.4	18.3	33.3	25.52	2.04
抚州市	1391300	3814	1203.3	0	35.3	37.3	27.4	26.69	13.9	0	20.4	0	60.1	14.3	25.6	0	5.87
上饶市	1860200	3056	964.2	0	32.6	29.2	38.2	0	14.8	0	17.1	0	49.4	11.8	38.8	23.32	1.87

附表3 2002年江西各地区工业化评测值及综合指数

指标 地区	人均GDP				一、二、三产业产值比（%）				制造业增加值占比（%）		人口城镇化率（%）		一、二、三产业就业比（%）				综合指数
	各地GDP（万元）	人均GDP（元/人）	汇率平价法（美元/人）	评测值	一	二	三	评测值	指标值	评测值	指标值	评测值	一	二	三	评测值	
江西省	24504800	5829	1980.3	14.94	21.9	38.8	39.3	32.22	24.4	7.26	24.1	0	45.3	22.7	32.0	32.34	16.65
南昌市	5523746	12552	4264.4	51.55	9.2	48.9	41.9	68.64	31.5	18.98	42.1	19.96	39.5	26.8	33.7	45.10	43.84
景德镇	1162452	7750	2633.0	30.66	10.0	53.3	36.7	66.00	42.8	42.24	35.0	8.25	34.0	33.1	32.9	57.20	40.42

续表

地区	各地GDP（万元）	人均GDP（元/人）	汇率平价法（美元/人）	评测值	一、二、三产业产值比（%）				制造业增加值占比（%）		人口城镇化率（%）		一、二、三产业就业比（%）				综合指数
					一	二	三	评测值	指标值	评测值	指标值	评测值	一	二	三	评测值	
萍乡市	1204051	6758	2295.9	22.54	12.7	56.1	31.3	57.09	22.9	4.78	28.3	0	39.0	36.2	24.8	46.20	25.42
九江市	2633549	5791	1967.4	14.63	18.5	45.7	35.8	37.95	20.8	1.32	22.3	0	49.4	17.8	32.7	23.32	15.77
新余市	900100	8240	2799.4	33.84	15.7	48.3	36.0	47.19	35.2	25.08	32.7	4.46	41.0	28.5	30.4	41.8	31.96
鹰潭市	656671	6221	2113.5	18.15	18.0	43.6	38.4	39.6	43.9	45.87	27.5	0	49.5	17.9	32.6	23.10	27.19
赣州市	3091679	3880	1318.2	0	31.4	30.5	38.1	0	13.1	0	18.4	0	51.4	14.5	34.1	18.92	1.51
吉安市	1800000	3932	1335.8	0	33.5	33.7	32.8	27.43	11.8	0	20.5	0	58.4	12.6	29.0	3.52	6.32
宜春市	2214287	4252	1444.6	2.04	32.9	34.4	32.7	27.68	15.8	0	22.9	0	47.3	18.8	33.9	27.94	9.06
抚州市	1492000	4017	1364.7	0.11	31.5	40.2	28.3	28.26	13.4	0	23.4	0	54.6	22.2	23.2	11.88	7.21
上饶市	2183475	3524	1197.2	0	27.1	33.8	39.1	30.07	13.7	0	17.9	0	50.7	13.1	36.2	20.46	8.25

附表4　2004年江西各地区工业化评测值及综合指数

地区	各地GDP（万元）	人均GDP（元/人）	汇率平价法（美元/人）	评测值	一、二、三产业产值比（%）				制造业增加值占比（%）		人口城镇化率（%）		一、二、三产业就业比（%）				综合指数
					一	二	三	评测值	指标值	评测值	指标值	评测值	一	二	三	评测值	
江西省	34567000	8097	2597.7	26.53	19.2	45.3	35.5	35.64	28.1	13.37	26.1	0	41.0	27.0	32.0	41.80	23.68
南昌市	8511066	19042	6109.2	68.28	8.1	50.4	41.5	72.27	34.6	24.09	44.9	24.59	34.0	26.9	39.1	57.20	53.31
景德镇	1667330	10948	3512.4	40.25	10.7	51.8	37.5	63.69	36.8	27.72	38.1	13.36	32.7	33.5	33.9	60.06	41.01

续表

地区	人均GDP				一、二、三产业产值比（%）				制造业增加值占比（%）		人口城镇化率（%）		一、二、三产业就业比（%）				综合指数
	各地GDP（万元）	人均GDP（元/人）	汇率平价法（美元/人）	评测值	一	二	三	评测值	指标值	评测值	指标值	评测值	一	二	三	评测值	
萍乡市	1909257	10574	3392.4	38.87	12.6	56.6	30.8	57.42	29.9	16.33	30.3	0.49	36.7	40.6	22.6	51.26	34.38
九江市	3602200	7803	2503.4	24.37	17.3	49.7	33.0	41.91	29.4	15.51	26.4	0	58.3	21.3	20.4	3.74	21.70
新余市	1440600	13022	4177.8	47.87	14.2	53.3	32.5	52.14	45.7	51.81	34.0	6.6	37.1	35.0	27.9	50.38	44.92
鹰潭市	1003928	9366	3004.9	34.43	15.9	45.9	38.2	46.53	62.2	100.00	29.1	0	41.0	21.0	38.0	41.80	47.98
赣州市	4262257	5263	1688.5	5.69	28.9	32.2	38.9	29.33	20.4	0.66	20.3	0	50.8	19.9	29.2	20.24	10.27
吉安市	2599126	5591	1793.8	8.11	30.4	33.2	36.4	28.71	18.5	0	21.4	0	55.2	15.0	29.8	10.56	10.08
宜春市	3246400	6141	1970.2	12.15	28.8	38.8	32.4	29.37	21.5	2.48	24.3	0	46.5	24.0	29.5	29.70	13.76
抚州市	2270043	6014	1929.5	11.22	28.7	38.6	32.7	29.41	18.4	0	25.7	0	49.9	18.6	31.4	22.22	12.29
上饶市	3337332	5307	1702.6	6.02	23.4	40.9	35.7	31.6	17.5	0	19.5	0	49.0	17.0	34.0	24.20	11.05

附表5 2005年江西各地区工业化评测值及综合指数

地区	人均GDP				一、二、三产业产值比（%）				制造业增加值占比（%）		人口城镇化率（%）		一、二、三产业就业比（%）				综合指数
	各地GDP（万元）	人均GDP（元/人）	汇率平价法（美元/人）	评测值	一	二	三	评测值	指标值	评测值	指标值	评测值	一	二	三	评测值	
江西省	40567600	9440	2790.5	28.80	17.9	47.3	34.8	39.93	33.4	22.11	26.3	0	39.9	27.2	32.9	44.22	27.56
南昌市	10077025	22390	6618.5	70.17	7.2	52.8	40.0	75.24	38.2	30.03	46.1	26.56	32.7	25.9	41.3	60.06	56.41
景德镇	1930985	12596	3723.4	41.23	10.0	52.7	37.3	66.00	40.5	34.65	39.6	15.84	31.8	33.3	34.9	62.04	43.85

续表

地区	人均GDP				一、二、三产业产值比（%）				制造业增加值占比（%）		人口城镇化率（%）		一、二、三产业就业比（%）				综合指数
	各地GDP（万元）	人均GDP（元/人）	汇率平价法（美元/人）	评测值	一	二	三	评测值	指标值	评测值	指标值	评测值	一	二	三	评测值	
萍乡市	2280989	12559	3712.5	41.11	11.3	57.7	31.0	61.71	40.2	33.66	29.7	0	35.6	40.5	23.9	53.68	40.08
九江市	4289161	9231	2728.7	27.43	16.8	50.1	33.1	43.56	32.6	20.79	26.3	0	56.4	22.2	21.4	7.92	24.67
新余市	1773193	15935	4710.4	52.16	12.5	55.7	31.8	57.75	51.1	69.63	35.3	8.74	33.1	36.3	30.6	59.18	52.59
鹰潭市	1235280	11450	3384.6	37.48	14.2	49.4	36.4	52.14	71.1	100.00	29.2	0	40.4	21.9	37.8	43.12	50.41
赣州市	5001106	6134	1813.2	7.16	25.8	36.4	37.8	30.61	27.5	12.38	20.0	0	50.8	21.9	27.3	20.24	13.65
吉安市	3031422	6477	1914.6	9.40	27.5	36.1	36.4	29.91	26.6	10.89	22.0	0	54.5	15.5	30.0	12.10	13.33
宜春市	3722066	6995	2067.7	12.79	26.3	42.0	31.7	30.40	26.9	11.38	25.8	0	42.8	24.9	32.3	37.84	16.83
抚州市	2620040	6894	2037.9	12.13	26.8	40.4	32.8	30.20	21.1	1.82	25.4	0	49.2	19.1	31.7	23.76	13.31
上饶市	3881089	6130	1812	7.13	21.2	42.4	36.4	32.51	21.6	2.64	18.0	0	43.2	22.6	34.2	36.96	13.26

附表6　1998~2008年江西工业部门相关指标

年份	工业总产值增长率	非农就业增长率	人均可支配收入增长率
1993	0.39	0.195	0.0272640
1994	0.15	0.077	0.3989622
1995	0.17	0.168	0.2159896
1996	0.2	0.028	0.1195536
1997	0.17	0.059	0.0770083
1998	0.09	−0.001	0.0442286
1999	0.06	0.001	0.200446
2000	0.08	−0.020	0
2001	0.11	0.005	0.0788620
2002	0.16	0.055	0.1506625
2003	0.23	0.078	0.0893043
2004	0.32	0.039	0.0953714
2005	0.28	0.048	0.1402289
2006	0.24	0.033	0.1080592
2007	0.26	0.039	0.1749222
2008	0.21	0.024	0.1465112

附表7　1998~2008年江西工业部门相关指标

年份	工业部门劳动生产率（L）	整体收入增长率（Y_1）	第三产业产值增长率（Y_2）	整体就业增长率（Y_3）
1998	0.18244461	0.0124	−0.1050	0.0002
1999	0.15455111	0.0432	0.1831	0.0333
2000	0.20460210	0.0500	−0.0050	0.0139
2001	0.17828305	0.0528	0.1016	0.0425
2002	0.23026914	0.0445	0.0807	0.0959
2003	0.23336775	0.1239	0.1121	0.0106
2004	0.41896276	0.1611	0.1268	0.0267
2005	0.22248565	0.1610	0.1730	0.0590
2006	0.27015876	0.2005	0.1640	0.0327
2007	0.30423298	0.2771	0.1974	0.0404
2008	0.22413906	0.1289	0.1478	0.0296

参考文献

[1] Acemoglu, Daron, Fabrizio Zilibotti. Productivity Differences [J] . NBER Working Paper, No. 6879, 1999.

[2] Aying Liu, Shujie Yao, Zongyi Zhang. Economic Growth and Structural Changes in Employment and Investments in China, 1985～1994 [J] . Economic Planning, 1999 (32) .

[3] Banerji R. , Riedel J. Industrial Employment Expansion under Alternative Trade Strategies: Case of India and Taiwan: 1950 – 1970 [J] . Journal of Development Economics, 1980, 7 (4) .

[4] Bcmcister, Tumovsky, S. J. Capital Deepening Response in an Economy with Heterogeneous Capital Goods [J] . American Economic Review, 1972, 62 (December) .

[5] Berman, Eli, Bound, John, Machin, Stephen. Implication of Skill – biased Technical Change: International Evidence Quarterly [J] . Journal of Econometrics, 1998 (2) .

[6] Berman, E. , Machine, S. Skill Biased Technology Transfer around the World [J] . Oxford Review of Education, 2000 (5) .

[7] Borjas, George J. , Ramey, Valerie A. Market Responses to Interindustry Wage Differentials [J] . NBER Working Paper, No. W 7799, 2000.

[8] Bratti Massimiliano, Nicola Matteucci. In There Skill – biased Technological Change in Italian Manufactrring? Evidence from Firm Level Data [J] . The Employment Prospects in the Knowledge Economy Project, Working Paper No. 202, 2004.

[9] Casler S. D. A Theoretieal Context for Shift and Share Analysis [J] . Urnal Regional Science, 1989 (18) .

[10] Chenery H. B. The Structuralist Approach to Developmentpolicy [J] . The American Economist, 1975 (20) .

［11］Chenery H. Comparative Advantage and Development Policy ［J］. American Economic Review, 1961, 51 (1) .

［12］Chun H. Information Technology and The Demand for Educated Workers: Disentangling the Impacts of Adoption Versus Use ［J］. The Review of Economics and Statistics, 2003 (5) .

［13］Clark C. Conditions of Economic Progress ［M］. London: Macmillan, 1940.

［14］Edwin Burmeister, Stephen J. Turnovshy. Capital Deepening Responsen an Economy with Heterogeneous Capital Goods ［J］. The American Economic Review, 1972, 62 (5) .

［15］Epifani, Paolo, Gino Gancia. Increasing Returns, Imperfect Competition, and Factor Prices ［J］. The Review of Economics and Statistics, 2006 (1) .

［16］Fei C. H. , Rains G. A. Theory of Economic Development ［J］. American Economic Review, 1961 (51) .

［17］Fei J. C. H. , Runis G. Innovation Capital Accumulation and Economic Development ［J］. American Economic Review, 1963 (53) .

［18］Fothergill S. , Gudgin G. In Defendence of Shift – share Analysis ［J］. Regional and Urban Economics, 1979 (12) .

［19］Galenson, W. , Leibenstein H. Investment Criteria, Productivity and Growth ［J］. Quarterly Journal of Economics, 1955, 69 (3) .

［20］Hoffman, W. Growth of Idustrial Economics ［J］. Machester University Press, 1958.

［21］Hoppes R. S. Rejoinder: Industry – level Shift – share Analysis ［J］. Economic Development Quarterly, 1994 (8)

［22］Hornstein, Andreas, Per Krusell, Giovanni I. Violante. The Effects of Technical Change on Labor Market Inequalities ［J］. Handbook of Economic Growth, 2005 (3) .

［23］Kar – yiu Wong, Chong Kee Yip. Education, Economic Growth, and Brain Drain ［J］. Journal of Econometrics, 1999 (10) .

［24］Lewis W. A. Economic Development with Unlimited Supply of Labor ［J］. Manchester School of Economics and Social Studies, 1954, 22 (May) .

［25］Lin, Justin Y. , Yang Yao. Alignment with Comparative Advantages and TVE Development in China's Provinces ［M］. Mimeo, 1999.

［26］Liu Zinan, Liu Guy. The Efficiency Impact of Chinese Industrial Reform in the 1980s ［J］. Comparative Economics, 1996 （23）.

［27］ Murphy K. , Shleifer A. , Vishny R. Income Distribution, Market Size and Industrialization ［J］. Quarterly Journal of Economics, 1989 （106）.

［28］ M. Weiss, A. Garloff. Skill – biased Technological Change and Endogenous Benefits: The Dynamics of Unemployment and Wage Inequality ［M］. Appl Econ, 2011.

［29］ Rakshit M. Labour Surplus Economy: A Neo – Keynesian Approach ［M］. Macmillan India Press, 1982.

［30］ Ranis G. Techology Choice and the Distribution of Income ［J］. Annals of American Political and Social Science, 1981 （458）.

［31］ Raphael Barel. Rural Industrialization Objectives: The Income Employment Conflict ［J］. World Development, 1984, 12 （2）.

［32］ Solow R. M. Technical Change and the Aggregate Production Function ［J］. Review of Economics and Statistics, 1957 （39）.

［33］ Stillell F. J. B. Further Thoughts on the Shift and Share Approach ［J］. Urban Studies, 1970 （4）.

［34］ Yasusada Murata. Rural – urban Interdependence and Industrialization ［J］. Journal of Development Economics, 2002 （68）.

［35］ Zhang Y. Zhou, John L. Dillonb, Guang H. Wanc. Development of Township Enterprise and Alleviation of the Employment Problem in Rural China ［J］. Agricultural Economics, 1992, 6 （3）.

［36］ 2003 年第二季度部分城市劳动力市场职业供求状况 ［J］. 中国就业, 2003 （7）.

［37］ 阿瑟·刘易斯. 二元经济论 ［M］. 北京: 北京经济学院出版社, 1989.

［38］ 保罗·萨缪尔森, 威廉·诺德豪斯. 经济学 （第 17 版）［M］. 北京: 人民邮电出版, 2004.

［39］ 蔡昉. 发展阶段判断与发展战略选择——中国又到了重工业化阶段了吗? ［J］. 经济学动态, 2005 （9）.

［40］ 蔡建霞, 刘荷芬, 张红, 王玉霞. 河南新型工业化建设重点与对策研究 ［J］. 地域研究与开发, 2006 （1）.

［41］ 曹建海, 李海舰. 论新型工业化的道路 ［J］. 中国工业经济, 2003 （1）.

［42］ 曹建海. 以信息化带动工业化 ［J］. 光明日报, 2000.

［43］ 曹颖轶, 金光盛. 1981～2010 年青海省产业结构演进的偏离份额分析

［J］．西北民族大学学报（哲学社会科学版），2012（5）．

　［44］常进雄．对中国经济增长过程中 GDP 就业弹性问题的初步研究［J］．中国人口科学，2005（1）．

　［45］车莹．工业化：概念、发展理论和衡量指标［J］．安徽工业大学学报（社会科学版），2008（5）．

　［46］陈昊，陈哲．高学历劳动力就业困境及其原因探析［J］．统计研究，2015（4）．

　［47］陈淮．工业化仍在挑战中国［J］．北方经济，2002（10）．

　［48］陈佳贵等．中国地区工业化进程的综合评价和实证分析［J］．经济研究，2006（6）．

　［49］陈佳贵等．中国工业现代化问题研究［M］．北京：中国社会科学出版社，2004．

　［50］陈可嘉，臧永生，李成．福建省产业结构演进对城市化的动态影响［J］．城市问题，2012（12）．

　［51］陈利民．走新型工业化道路——实现大连工业跨越式发展［J］．大连理工大学学报，2002（4）．

　［52］陈柳钦．实现我国新型工业化的制约因素及其路径选择［J］．长春工业大学学报（社会科学版），2004（2）．

　［53］陈柳钦．实现我国新型工业化的制约因素及其路径选择［J］．重庆大学学报（社会科学版），2004（4）．

　［54］陈柳钦．实现我国新型工业化的制约因素及其路径选择［J］．重庆工商大学学报（社会科学版），2004（3）．

　［55］陈清仙．加快我国工业化进程的若干思考［J］．福建论坛（经济社会版），2001（2）．

　［56］陈田田，张平宇．2000 年以来长春市工业结构优化分析［J］．中国科学院大学学报，2015（2）．

　［57］陈耀．基于就业增长的工业化政策选择［J］．首都经济，2003（8）．

　［58］陈勇，唐朱昌．中国工业的技术选择和技术进步：1985～2003［J］．经济研究，2006（9）．

　［59］陈在余，张运华．就业需求与工业化相互关系的实证研究［J］．经济与管理研究，2004（1）．

　［60］陈桢．中国经济增长的就业效应问题研究——基于经济转型与结构调整视角下的分析［D］．西南财经大学博士学位论文，2006．

　［61］谌新民．沿海地区再就业的形势分析与对策思考——以广东省为例

［J］．社会学研究，1998（4）．

［62］程红莉．我国产业结构与就业结构的偏离及对失业的影响［J］．统计与决策，2006（2）．

［63］程连升．"高增长、低就业"现象研究述评［J］．理论前沿，2006（19）．

［64］程名望，潘烜．就业风险对农村剩余劳动力转移的影响——模型与实证［J］．公共管理学报，2010（3）．

［65］程名望，阮青松．资本投入、耕地保护、技术进步与农村剩余劳动力转移［J］．中国人口·资源与环境，2010（8）．

［66］程名望，史清华．非经济因素对农村剩余劳动力转移作用和影响的理论分析［J］．经济问题，2009（2）．

［67］程名望，史清华．个人特征、家庭特征与农村剩余劳动力转移——一个基于 Probit 模型的实证分析［J］．经济评论，2010（4）．

［68］程名望，史清华．农村剩余劳动力转移的一个不完全信息静态博弈模型与实证分析［J］．经济评论，2009（2）．

［69］程名望，史清华．农村剩余劳动力转移陷阱：动态模型与解释［J］．农业技术经济，2010（4）．

［70］储志峰．论工业化与城市化的关系［J］．湖北省社会主义学院学报，2005（3）．

［71］邓聚龙．灰色控制系统（修订版）［M］．武汉：华中理工大学出版社，1993.

［72］丁仁船，杨军昌．技术进步对中国劳动力就业的影响［J］．统计与决策，2002（12）．

［73］杜志艳．推进新型工业化　实现湖南全面小康［J］．湖南经济，2003（1）．

［74］多庆．浅析我区农村剩余劳动力的转移［J］．西藏研究，2002（2）．

［75］额尔敦其其格，朱敏．浅论内蒙古工业化与城市化协调发展的路径选择［J］．理论研究，2004（7）．

［76］樊万选．走可持续性的新型工业化发展道路［J］．中州学刊，2003（2）．

［77］范剑平．国际竞争力与中国新型工业化之路［J］．上海证券报，2002 - 11 - 21.

［78］菲利普·阿吉翁，彼得·霍依特．内生经济增长理论［M］．北京：北京大学出版社，2004.

[79] 费景汉·拉尼斯. 劳动力剩余经济发展 [M]. 北京: 华夏出版社, 1989.

[80] 傅卿德. 走新型工业化道路之我见 [J]. 山东经济战略研究, 2003 (2).

[81] 高德步, 吕致文. 新型工业化对我国未来就业的影响 [J]. 经济理论与经济管理, 2005 (2).

[82] 葛金田, 王昊. 创新——中国新型工业化的出路 [J]. 科学与管理, 2003 (6).

[83] 工业和经济研究领域人士. 走新型工业化道路 [N]. 深圳特区报, 2003 - 05 - 06.

[84] 龚玉泉, 袁志刚. 上海经济增长与失业演变的实证分析: 1978 - 1999 [J]. 上海经济, 2001 (2).

[85] 龚玉泉, 袁志刚. 中国经济增长与就业增长的非一致性及其形成机理 [J]. 经济学动态, 2002 (10).

[86] 关春玉. 宁夏产业结构演进实证分析——基于偏离份额分析模型[J]. 西北民族大学学报 (哲学社会科学版), 2007 (3).

[87] 郭克莎, 周叔莲. 工业化与城市化关系的经济学分析 [J]. 中国社会科学, 2002 (2).

[88] 郭云飞, 王琼海. 农村富余劳动力创业培训的工作思路及经验 [J]. 三峡大学学报 (人文社会科学版), 2009 (2).

[89] 国家经贸委综合司. 专家谈走新型工业化道路 [M]. 北京: 经济科学出版社, 2003.

[90] 韩长赋. 扎实推进社会主义新农村建设 [J]. 经济日报, 2005 - 12 - 05.

[91] 韩纪江. 一种测算农村剩余劳动力的简便方法 [J]. 统计研究, 2002 (1).

[92] 韩建新. 信息经济学 [M]. 北京: 北京图书馆出版社, 2000.

[93] 韩新宝, 王凤成. 大学生村官四位一体的创业体系构建研究 [J]. 顺德职业技术学院学报, 2013 (3).

[94] 何祚庥. 工业化阶段不能跳跃工业重型化阶段也不能跳跃 [J]. 中国科学院院刊, 2005 (3).

[95] 河北省工业化问题研究课题组. 对工业化阶段的判断及思考 [J]. 价值工程, 2000 (1).

[96] 洪银兴. 新型工业化道路的经济学分析 [J]. 贵州财经学院学报, 2003 (1).

［97］胡鞍刚，杨永恒，盛欣．经济增长转型与就业促进［J］．数理统计与管理，2004（6）．

［98］胡鞍钢．就业与发展：中国失业问题与就业战略［M］．大连：辽宁人民出版社，1998.

［99］胡鞍钢．中国就业形势分析［EB/OL］．国研网，2002－08－29.

［100］胡军，向吉英．论局域工业化的跨越模式——以深圳为例［J］．学术研究，2002（3）．

［101］胡军，向吉英．转型中的劳动密集型产业：工业化、结构调整与加入WTO［J］．中国工业经济，2000（6）．

［102］黄红．广西推进新型工业化进程的战略选择［J］．改革与战略，2004（10）．

［103］黄建新．农民工创业研究评述：进展及未来取向［J］．福建农林大学学报（哲学社会科学版），2014（2）．

［104］黄晋太．二元工业化与城市化［M］．北京：中国经济出版社，2005.

［105］黄群慧．中国城市化与工业化的协调发展问题分析［J］．学习与探索，2006（2）．

［106］黄小勇，陈学云．劳动力就业体制、机制创新研究［J］．特区经济，2008（12）．

［107］黄小勇，尹继东．我国新型工业化与劳动力就业关系研究综述［J］．经济纵横，2008（6）．

［108］黄小勇，尹继东．中国工业化进程与劳动力就业关系研究综述［J］．华东经济管理，2008（10）．

［109］黄晓玲．农村剩余劳动力转移的形势、特点及质量分析［J］．重庆社会科学，2001（3）．

［110］黄新萍，谭义英．试论新型工业化道路中的就业问题［J］．湖南大学学报（社会科学版），2005（1）．

［111］霍利斯·钱纳里，莫尔塞斯·塞尔昆．发展的格局：1950～1970［M］．北京：中国财政经济出版社，1989.

［112］吉信海．返乡创业辟开劳务经济新天地［J］．广西经济，2008（6）．

［113］贾俐贞．新型工业化道路［J］．江苏社会科学，2003（1）．

［114］简新华，向琳．新型工业化道路的特点和优越性［J］．管理世界，2003（7）．

［115］简新华，余江．重工业的发展真的不利于就业吗？［J］．中国改革报，2005 - 04 - 28.

［116］简新华．论中国的重新重工业化［J］．中国经济问题，2005（5）.

［117］简泽．技术创新、资本积累与工业化的增长和就业效果［J］.2007（1）.

［118］江波，曹雁翎．城市劳动力市场的竞争力——再看大连［J］．辽宁经济，2004（5）.

［119］江西工业经济联合会．抓住战略机遇期加快工业新崛起［J］．江西工业经济参考，2003（18）.

［120］江西省统计局．江西当前就业形势与热点问题研究［EB/OL］．江西统计信息网，2008 - 11 - 24.

［121］江西省统计局．江西统计年鉴［M］．北京：中国统计出版社，1978 ~2009.

［122］江西省统计局．新世纪新跨越——"十五"时期江西经济社会发展回眸［R］.2006.

［123］姜向荣，崔英英．山东省工业化发展阶段分析及路径选择［J］．科学与管理，2013（5）.

［124］姜晓丽，张平宇，郭文炯．辽宁沿海经济带产业分工研究［J］．地理研究，2014（1）.

［125］姜焰生．我市走新型工业化道路的产业发展战略和产业中共选择［J］．太原市委党校学报，2003（2）.

［126］蒋文定．我国产业结构演进与成品油消费关系的实证检验［J］．西北大学学报（哲学社会科学版），2012（6）.

［127］蒋选．就业压力下的技术政策选择［J］．经济理论与经济管理，2002（4）.

［128］解晓南，姚士谋，秦伯强．无锡市新型工业化的探索与实践［J］．地理与地理信息科学，2004（1）.

［129］金伟，杨明，曹峰军．关于哈尔滨市工业化水平的分析［J］．北方经贸，2002（4）.

［130］经济学家献策．江西新型工业化道路该如何走？［J］．江西政报，2003（7）.

［131］康就升．发展经济理论创新与中国新型工业化道路［J］．当代经济研究，2003（3）.

［132］柯益群．农民工回乡创业存在的问题及对策研究［J］．福建师大福

清分校学报，2010（6）.

［133］蓝庆新. 论新型工业化下的我国企业信息化建设［J］. 南方经济，2003（3）.

［134］李斌，史润林，张晶，于文. 加快工业化实现跨越式发展——内蒙古加快实现工业化的战略思考［J］. 北方经济，2002（10）.

［135］李冬明. 我省农民务工呈现新动向［EB/OL］. 江西统计信息网，2007 - 03 - 19.

［136］李鹤，张平宇. 矿业城市经济脆弱性演变过程及应对时机选择研究——以东北三省为例［J］. 经济地理，2014（1）.

［137］李怀祖. 管理研究方法论（第2版）［M］. 西安：西安交通大学出版社，2006.

［138］李吉霞. 工业化进程的实证研究［J］. 曲阜师范大学学报（自然科学版），2003（4）.

［139］李静，张平宇，刘学伟. 三江平原城乡聚落的空间格局特征分析［J］. 农业现代化研究，2014（3）.

［140］李其华. 对我省走新型工业化道路的初步认识与思考［J］. 江西工业经济参考，2003（14）.

［141］李启秀. 返乡农民创业政策及经济效益的研究［J］. 天津农业科学，2014（8）.

［142］李向阳. 我国产业结构演进与宏观经济稳定性研究［J］. 学术交流，2014（4）.

［143］李欣，张平宇，李静. 黑龙江省三江平原垦区中心城市选择［J］. 地理科学，2014（6）.

［144］李兴江，孟秋敏. 区域综合工业化指标体系及评价［J］. 西北师范大学学报（自然科学版），2006（1）.

［145］李兴文. 江西去年农村劳动力转移就业［EB/OL］. 新华网，2008 - 04 - 15.

［146］李志良. 工业化仍在挑战贵州"爬坡过坎"［J］. 理论与当代，2002（8）.

［147］厉无畏，王振. 中国产业发展前言问题［M］. 上海：上海人民出版社，2003.

［148］联合国工业发展组织. 世界各国工业化概况和趋势［M］. 中国对外翻译公司，1980.

［149］廖维卫，黄旭东，肖晓光. 论我国城市劳动力的第三次转移［J］.

中国工业经济，1996（8）．

　　［150］林兆木．关于新型工业化道路问题［J］．宏观经济研究，2002（12）．

　　［151］凌成兴．新型工业化　江西工业崛起之路［J］．江西工业经济参考，2003（30）．

　　［152］刘高航，罗明．信息化：推动江西在中部地区崛起的强劲动力［J］．江西工业经济参考，2003（26）．

　　［153］刘惠英，周曙东，杨基富．南京农村剩余劳动力转移状况分析及对策［J］．南京农业大学学报（社会科学版），2002（4）．

　　［154］刘俊杰．城市劳动力市场供多需少［J］．中国职业技术教育，2001（12）．

　　［155］刘乾瑜，徐一鸣，欧本谷，黄晓玲．中国当前农村剩余劳动力转移培训的现状、问题及对策分析［J］．西南师范大学学报（人文社会科学版），2002（3）．

　　［156］刘文超．陕西产业结构演进的就业效应研究［J］．西安财经学院学报，2009（3）．

　　［157］刘晓燕．可持续生计视角下的失地农民创业政策体系研究——以西安市为例［J］．天水行政学院学报，2013（4）．

　　［158］刘肖仙．农村劳动力与城市劳动力的就业关系［J］．农村·农业·农民（B版）（三农中国），2005（6）．

　　［159］刘永华．西藏工业化的必然性分析［J］．西藏大学学报（自然科学版），2013（2）．

　　［160］刘云．浅析城市劳动力"上山下乡"［J］．决策探索，1997（10）．

　　［161］鲁道夫·吕贝尔特．工业化史［M］．上海：上海译文出版社，1983．

　　［162］吕文静．发达国家农村富余劳动力转移经验及对中国失地农民就业的启示［J］．世界农业，2015（5）．

　　［163］罗朝华．工业化进程中的中国产业研究［J］．经济问题，2000（10）．

　　［164］罗佐县．我国农村剩余劳动力转移问题思考［J］．阿坝师范高等专科学校学报，2002（2）．

　　［165］马斌．基于广东省产业结构变动的就业结构研究［D］．暨南大学博士学位论文，2006．

　　［166］马永春．产业结构演进对人口流动的影响研究［J］．统计科学与实

践, 2013 (2).

[167] 欧阳峣, 张杰飞. 发展中大国农村剩余劳动力转移动因—— 一个理论模型及来自中国的经验证据 [J]. 中国农村经济, 2010 (9).

[168] 潘杰, 秦雪征, 刘国恩. 体形对城市劳动力就业的影响 [J]. 南开经济研究, 2011 (2).

[169] 彭新武. 复杂性思维与社会发展 [M]. 北京: 中国人民大学出版社, 2003.

[170] 蒲艳萍, 黄怡. 我国经济发展中的资本深化过程及其就业效应 [J]. 经济问题探索, 2008 (3).

[171] 蒲勇平. 试论我国农村剩余劳动力的转移 [J]. 人口与经济, 2002 (S1).

[172] 钱家铭. 与时俱进 坚定不移地走新型工业化道路 [J]. 江西经济联合会, 2003 (1).

[173] 钱永坤. 经济增长与就业关系实证研究——以江苏省城镇就业为例 [J]. 经济科学, 2003 (1).

[174] 邱启照. 促进就业是新型工业化道路的优先政策选择 [J]. 学术交流, 2004 (3).

[175] 任保平. 中国21世纪的新型工业化道路 [M]. 北京: 中国经济出版社, 2005.

[176] 上海市经济委员会. 上海走新型工业化道路的研究与探索 [M]. 上海: 上海人民出版社, 2003.

[177] 尚启君. 我国能否跨越以劳动密集型工业为主导的工业化阶段 [J]. 管理世界, 1998 (3).

[178] 省工经联. 省工经联举行江西新型工业化道路"座谈会" [J]. 江西经济参考, 2003 (3).

[179] 省工经联. 新思路为工业崛起带来新活力 [J]. 江西工业经济参考, 2003 (7).

[180] 省工经联. 新型工业化——江西工业崛起之路 [R]. "走新型工业化道路"调研报告, 2003.

[181] 师丽. 新型工业化道路初探 [J]. 四川行政学院学报, 2003 (1).

[182] 史清华, 程名望. 我国农村劳动力外出就业活动圈的实证分析[J]. 农业现代化研究, 2009 (2).

[183] 舒元. 我国省际技术进步及其空间扩散分析 [J]. 经济研究, 2007 (6).

［184］苏东水．产业经济学（第二版）［M］．北京：高等教育出版社，2005.

［185］苏帆．我国铁路货物运输发展的灰色关联分析［J］．数学的实践与认识，2005（10）．

［186］孙文生．经济预测方法［M］．北京：中国农业大学出版社，2005.

［187］谈学明．无锡走新型工业化道路［J］．经济世界，2003（3）．

［188］谭崇台．发展经济学［M］．太原：山西经济出版社，2001.

［189］谭俊涛，张平宇，李静．2001～2010年黑龙江省城市创新能力格局与发展过程［J］．地理科学进展，2014（4）．

［190］谭俊涛，张平宇，李静．三江平原垦区基础设施建设对区域城镇化的影响［J］．地理研究，2014（3）．

［191］田凤．浅析我国当前的结构性失业问题［J］．经济师，2007（1）．

［192］佟亮，张丽．新疆产业结构演进对劳动生产率增长的效应分析［J］．新疆财经，2011（6）．

［193］王爱民，谭宁，康伟．返乡创业企业的发展环境、生存能力与政策扶持——以重庆市江津区为例［J］．西部论坛，2014（4）．

［194］王宝琛．加快四川工业化进程的对策研究［J］．软科学，1999（1）．

［195］王春超．推动城镇化和城市化的合理发展——兼谈我国农村剩余劳动力的转移［J］．高等函授学报（哲学社会科学版），2002（2）．

［196］王关义．广东工业化水平的实证分析［J］．生产力研究，2000（Z1）．

［197］王建农．对上半年江西经济形势的分析与判断［J］．江西信息中心，2003（2）．

［198］王静．对农村失地妇女自主创业问题的调研与思考［J］．人口与经济，2008（2）．

［199］王君兰，邓伟，张平宇，张家武．湖泊沉积物不同粒级组分有机碳同位素差异及其对实验结果的影响［J］．湖泊科学，2014（4）．

［200］王梦奎．关于统筹城乡发展和统筹区域发展［J］．管理世界，2004（4）．

［201］王新天，周振国．新型工业化与跨越式发展——学习江泽民同志关于跨越式发展的思想［J］．求是，2003（9）．

［202］王云平．产业结构调整与升级：解决就业问题的选择［J］．当代财经，2003（3）．

［203］王志彬，徐玉龙．农村劳动力进城对城市劳动力的就业影响［J］．农业经济，2006（4）．

［204］王治莹，李春发．加权超网络视角下生态产业结构演进研究［J］．大连理工大学学报（社会科学版），2014（1）．

［205］魏礼群．新型工业化道路如何走？［J］．山东经济战略研究，2003（2）．

［206］吴江．成渝经济区产业结构与就业结构的实证分析［J］．社会科学研究，2007（4）．

［207］吴敬琏．中国应当走一条什么样的工业化道路？［J］．管理世界，2006（8）．

［208］吴灵臣．走符合濮阳实际的新型工业化道路［J］．理论前沿，2003（3）．

［209］吴明亮．市场化操作　规范化管理——丰城市劳动力市场为城乡富余劳力就业辟新路［J］．地方政府管理，2001（6）．

［210］吴伟波．对陕西省工业化水平的研究［J］．科技信息，2012（23）．

［211］吴新雄．树立科学发展观　推动经济又好又快地发展［N］．江西日报，2004 - 03 - 7.

［212］吴秀云，蔡凤兰，杨桂侠．衡水市农村剩余劳动力转移面临的形势与对策［J］．衡水师专学报，2002（4）．

［213］武力，温锐．1949年以来中国工业化的“轻、重”之辩［J］．经济研究，2006（9）．

［214］西蒙·库兹涅茨．现代经济增长［M］．北京：经济科学出版社，1982.

［215］希克斯．经济学展望［M］．北京：商务印书馆，1986.

［216］夏清滨，黄少安．中国城市全要素土地效率及其影响因素分析［J］．华东经济管理，2015（5）．

［217］肖光明．江西崛起：新起点　新跨越［M］．南昌：江西人民出版社，2007.

［218］肖卫军，李向京．究竟什么是工业化［J］．现代管理科学，2003（3）．

［219］肖文海．以信息化带动我省工业化［J］．江西工业经济参考，2003（19）．

［220］肖晓光．农村劳动力冲击波［J］．城市问题，1994（6）．

［221］谢伏瞻．当前的就业压力与增加就业的途径［J］．管理世界，2003

（5）.

　　[222] 谢千里，罗斯基，郑玉钦．改革开放以来中国工业生产率变动趋势的估计及其可靠性分析［J］．经济研究，1995（12）.

　　[223] 新帕尔格雷夫经济学大辞典［M］．北京：经济科学出版社，1996.

　　[224] 邢春冰．不同所有制企业的工资决定机制考察［J］．经济研究，2005（6）.

　　[225] 徐子青．区域联动发展指标体系与评价方法探讨［J］．福建师范大学学报（哲学社会科学版），2009（2）.

　　[226] 许大平，赵保红．新型工业化道路——对传统工业化道路的超越［J］．山西高等学校社会科学学报，2003（3）.

　　[227] 薛伟贤，孟娟．中国工业化阶段性评价实证研究［J］．经济理论与经济管理，2006（1）.

　　[228] 闫文周，王巧瑞．信息熵在农村居民家庭消费结构分析中的应用［J］．统计与决策，2005（9）.

　　[229] 严英龙，陈在余．就业需求与工业化：一个新的分析框架［J］．南京农业大学学报（社会科学版），2004（3）.

　　[230] 杨柳，沈维凤，李坤．试论湖南省的工业化阶段［J］．科技情报开发与经济，2010（32）.

　　[231] 杨云彦，徐映梅，向书坚．就业替代与劳动力流动：一个新的分析框架［J］．经济研究，2003（8）.

　　[232] 杨正午．大力推进湖南工业化进程［J］．湖南经济，2002（5）.

　　[233] 杨正午．湖南工业化大力推进湖南工业化进程［J］．经贸导刊，2002（1）.

　　[234] 姚士谋，张平宇，余成，李广宇，王成新．中国新型城镇化理论与实践问题［J］．地理科学，2014（6）.

　　[235] 姚战琪，夏杰长．资本深化、技术进步对中国就业效应的经验分析［J］．世界经济，2004（1）.

　　[236] 叶萍，高伟．资源性城市与新型工业化道路的思考［J］．理论前沿，2003（3）.

　　[237] 尹继东，黄小勇．地区工业化进程的实证研究——以江西为例［J］．生产力研究，2008（6）.

　　[238] 尹继东，彭迪云．中国中部经济发展问题研究［M］．北京：中国财政经济出版社，2003.

　　[239] 尹继东．扩大就业是最基本最重要的民生工程［M］．江西发展蓝皮

书，2008.

［240］尹继东．欠发达地区走新型工业化道路研究［M］．北京：中国财政经济出版社，2006（2）．

［241］尹继东．中部地区工业化水平与发展方式转变［J］．南昌大学中国中部经济发展研究中心学术会议论文集，2008.

［242］余清楚．江西省长黄智权：大力推进工业化进程，以工业化的崛起加速江西的崛起［N］．人民网，2002.

［243］余永定，张宇燕．西方经济学［M］．北京：经济科学出版社，2002.

［244］余永定等．西方经济学［M］．北京：经济科学出版社，2002.

［245］袁志刚，范剑勇．1978年以来中国的工业化进程及其地区差异分析［J］．管理世界，2003（7）．

［246］战梦霞．技术创新的就业效应［D］．中共中央党校博士学位论文，2007.

［247］张安良，金彦平．我国农村剩余劳动力转移的现状、问题与对策［J］．宏观经济管理，2010（12）．

［248］张静．新型工业化模式与中国社会的可持续发展［J］．经济纵横，2003（2）．

［249］张军．改革以来中国资本形成与经济增长：一些发现及其解释［J］．世界经济文汇，2002（1）．

［250］张军．资本形成、投资效率与中国的经济增长实证研究［M］．北京：清华大学出版社，2005.

［251］张雷声．中国式新型工业化道路特点分析［J］．思想理论教育导刊，2003（1）．

［252］张培刚．发展经济学教程［M］．北京：经济科学出版社，2001.

［253］张培刚．农业与工业化（中译本）［M］．武汉：华中科技大学出版社，1984.

［254］张曙光，施贤文．市场分割、资本深化和教育深化——关于就业问题的进一步思考［J］．经济探索，2003（5）．

［255］张晓旭．中国就业增长与产业结构变迁关系的考量［J］．统计与决策，2007（24）．

［256］赵国鸿．“重化工业化”之辩与我国当前的产业政策导向［J］．宏观经济研究，2005（10）．

［257］赵慧，刘德鑫，张家来．经济增长与扩大劳动力就业的相关问题分析

［J］. 当代财经，2007（6）.

［258］赵建军. 关于发展不同要素密集型产业的理论争论及其启示［J］. 当代财经，2005（1）.

［259］赵学丽，王江，张海燕. 面向农村地区开展创业教育与培训的困境及对策分析［J］. 河北农业大学学报（农林教育版），2006（2）.

［260］周国兰，黄淑华. 江西工业化与城市化互动发展探索［J］. 宏观经济研究，2004（3）.

［261］周建安. 中国产业结构升级与就业问题的灰色关联分析［J］. 财经理论与实践，2006（5）.

［262］周琳. 以产业结构演进为依托的城市化发展——黑龙江与日本的比较研究［J］. 黑龙江社会科学，2004（5）.

［263］周敏. 加快广西以信息化带动工业化发展的基本思路和对策［J］. 桂海论丛，2002（3）.

［264］周其仁. 体制转型、结构变化和城市就业［J］. 经济社会体制比较，1997（3）.

［265］周绍森. 论中国中部崛起［M］. 北京：中国经济出版社，2003.

［266］周绍森，尹继东. 江西在中部地区崛起方略［M］. 南昌：江西人民出版社，2002.

［267］周天勇. 新发展经济学［M］. 北京：经济科学出版社，2001.

［268］周耀东. 工业化过程中的模仿与创新［J］. 经济师，2000（4）.

［269］周振华. 新型工业化道路：工业化与信息化的互动与融合［J］. 上海经济研究，2002（12）.

［270］周振华. 信息化与产业融合［M］. 上海：上海人民出版社，2003.

［271］朱劲松，刘传江. 重新重工业化对我国就业的影响——基于技术中性理论与实证数据的分析［J］. 数量经济技术经济研究，2006（12）.

［272］庄龙德. 上海农村剩余劳动力转移的基本特征及对策与思考［J］. 上海统计，2002（2）.

后 记

　　本书是笔者在硕士学位论文和博士学位论文的基础上修订完成的，本书的完成，首先要感谢的是我的导师尹继东教授。从硕士研究生开始，一直师从尹老师，到现在已经有10几年了，在此过程中得到了尹老师悉心的指引和教导，把我从会计学的微观领域引入了区域经济学的宏观领域，从技术研究上升到理论研究。在尹老师的帮助下，使我顺利地完成了题为《江西走新型工业化道路研究》的硕士学位论文，通过这些年的积累和学习，通过参与尹老师的相关课题的研究工作，对工业化理论有了更深刻的理解，也正是在此基础上，博士入学不久，在尹老师的指导下，选择了"工业化与劳动力就业关系"这一主题展开了研究。在博士学位论文的选题、定题、撰写以及每个阶段的课题调研过程中，尹老师给予了我最大的帮助，使论文得以顺利完成，而且在论文修改成专著的过程中也给予了我极大的帮助。

　　本书得到了江西师范大学博士启动基金项目"地区工业化进程与劳动力就业——以江西省为例"（3540）和"江西师范大学青年英才培育计划资助"的支持，而且得到了江西师范大学财政金融学院的出版支持，在此表示由衷的感谢！

　　同时，本书的许多成果在《江西社会科学》、《华东经济管理》、《生产力研究》、《特区经济》等杂志发表，在此，表示感谢！

　　本书是硕博士学位论文的修订成果，其研究成果具有可持续性，为此，可以在未来的研究中继续推进，研究新常态下中国工业化进程对劳动力就业的影响，并提出相应的政策建议。